음식은 넘쳐나고, 인간은 배고프다

음식은 넘쳐나고, 인간은 배고프다

1판 1쇄 인쇄 2025. 5. 18.
1판 1쇄 발행 2025. 5. 26.

지은이 바츨라프 스밀
옮긴이 이한음

발행인 박강휘
편집 임지숙 | 디자인 유상현 | 마케팅 김새로미, 이유리 | 홍보 강원모
발행처 김영사
등록 1979년 5월 17일(제406-2003-036호)
주소 경기도 파주시 문발로 197(문발동) 우편번호 10881
전화 마케팅부 031)955-3100, 편집부 031)955-3200 | 팩스 031)955-3111

이 책의 한국어판 저작권은 (주)이와이에이를 통한 저작권사와의 독점 계약으로 김영사에 있습니다.
저작권법에 의해 한국 내에서 보호를 받는 저작물이므로 무단전재와 무단복제를 금합니다.

값은 뒤표지에 있습니다.
ISBN 979-11-7332-209-9 03300

홈페이지 www.gimmyoung.com   블로그 blog.naver.com/gybook
인스타그램 instagram.com/gimmyoung 이메일 bestbook@gimmyoung.com

좋은 독자가 좋은 책을 만듭니다.
김영사는 독자 여러분의 의견에 항상 귀 기울이고 있습니다.

음식은 넘쳐나고, 인간은 배고프다

바츨라프 스밀 | 이한음 옮김

김영사

차례

7장 환경 영향을 줄이면서 늘어나는 인구 먹여 살리기: 의심스러운 해결책

8장 늘어나는 인구 먹여 살리기: 무엇이 효과적일까

감사의 말

　학제 간 서적이 다 그렇듯이 식량과 세계 식량 체계를 검토하고 분석한 이 책도, 예전이든 지금이든 우리의 성취와 한계의 범위를 이해하는 데 도움을 준 논문과 저서를 낸 과학자 수백 명이 없었다면 쓸 수 없었을 것이다. 또 내가 전혀 다른 주제들을 다룬 책을 쓰는 동안 기다려준 런던의 편집자 코너 브라운, 마찬가지로 꼼꼼하게 편집해준 젬마 웨인, 원고를 읽고 고칠 점과 좋은 제안을 해준 네브래스카대학교 농학 교수 케네스 캐스먼, 15년 넘게 늘 내 책을 읽고 비판적인 서평을 하며 팬데믹 2년째에 식량에 대해 글을 써야 한다고 권한 빌 게이츠께 깊은 감사를 드린다.

서문

격변설은 계보를 따지면 역사가 깊으며, '과연 세계를 먹여 살릴 수 있을까' 하는 걱정은 토머스 로버트 맬서스Thomas Robert Malthus가 1798년 "인구의 힘이 사람의 식량을 생산하는 지구의 힘보다 무한히 더 크다"라고 경고한 《인구론Essay on the Principle of Population》을 내놓은 이래로 죽 우리 곁에 있었다.

그리하여 인구가 식량 공급량보다 더 빨리 증가하며, 그러다가 이윽고 기근·전쟁·질병 등 그 성장을 억제하는 요인들이 작용해 인구를 다시 줄인다는 개념이 탄생했다. 따라서 장기간에 걸쳐서 보면 인구는 정체 상태를 유지한다.

그러나 식량 생산의 역사와 과학은 제대로 기억되고 있지 않으며, 그조차도 더 자세히 뜯어보면 맬서스 또한 사실은 '맬서스주의자'가 아니었다. 그 책의 두 번째 판(1803)에서 그는 더 낙관적인 견해를 피력했다. "비록 우리의 미래 전망이 (…) 바랄 수 있는 것만큼 밝지는 않을지 몰라도, 완전히 절망스러운 것과는 거리가 멀며, 인류의 식량 사정이 점진적으로 개선될 가능성을 결코 배제할 수 없다." 안타깝게도 의제를 설파하는 이들은 사실 자체에는 별 신경을 쓰지 않는다.

세계 인구가 계속 증가하고 환경에 대한 우려도 커짐에 따라, 세계를 먹여 살리는 문제는 여전히 걱정거리로 남아 있으며, 꽤 심각하게 우려하는 이들도 있다. 2022년 5월 〈가디언〉에 영국의 저술가이자 정치 활동가 조지 몽비오George Monbiot는 이렇게 썼다. "지구 식량 체계는 2008년 위기로 치닫던 세계 금융 체제와 비슷해지기 시작하고 있다. 금융 붕괴는 인류의 복지를 황폐하게 만들었지만, 식량 체계의 붕괴는 어떤 결과를 빚어낼지 상상도 할 수 없다. 뭔가 심각하게 잘못되고 있다는 증거가 빠르게 늘어나고 있다."

그러나 이 말은 의심스러운 주장과 명백하게 잘못된 정보의 바다를 이루는 사례 중 하나일 뿐이다. 나는 지난 10년 동안 생물이든 기계든, 작물이든 엔진이든, 식량이든 연료든 삶의 많은 기본 현실을 제대로 이해하지 못하거나 진정으로 모르는 사람들의 모습을 보면서 실망을 거듭해왔다.

그렇다면 우리는 세계 식량 체계를 걱정해야 할까? 앞으로 수십 년 안에 기근 때문에 황폐해질 곳에 살게 될까? 사회는 무너질까? 짧게 답하면, 아마 아닐 것이다. 더 온전한 답은 (식량 생산의 역사와 최신 과학적 이해에 토대를 두고서 광합성 효율과 영양소 요구량 같은 몇몇 주요 생물물리학적 요인을 설명하는 이 책의 분량만큼이나) 좀 더 길다.

조만간 식량 체계를 개혁할 엄청난 파괴적 혁신을 다룬 내용을 원한다면, 다른 책을 찾아보시라. 이 책은 정반대다. 점진적인 변화의 힘을 주장한다. 언론 매체와 대중적인 논픽션 작가들이 비현실적 주제에 초점을 맞추면서 종종 무시하곤 하는 바로 그 힘 말이다. 게다가 나는 실제 숫자만으로도 충분히 뉴스로서 가치가 있고 주목받을 수 있는데, 왜 군이 과장법과 그릇된 주장을 펼치려 하는지 도무지 이해할 수 없다.

예를 들어, 세계 식량 생산량은 현재 1인당 평균 약 3,000kcal이고, 하루에 나오는 세계 음식물 쓰레기는 1인당 약 1,000kcal다. 그런데 이런 상황을 바꿔야 한다는 절실함 같은 것은 전혀 보이지 않는다. 당신이 버는 소득 3분의 1이 계속 사라지고 있다면, 당신은 뭔가 조치를 취하려고 애쓸 것이다. 이 책은 바로 그런 현실을 들여다본다.

또 우리는 왜 그렇게 소수의 동식물을 길들여서 식량을 생산하게 된 것일까? 우리의 옛 조상들이 오늘날의 증거를 손에 쥐고 있었다면, 다른 선택을 했을까? 현재 가장 유용한 연구들은 케토keto(저탄수화물 고지방 식이요법—옮긴이)에서 초超가공식품의 회피에 이르기까지 최신 유행하는 식사법들에 대해 뭐라고 말할까? 2050년 무렵이면 세계는 모든 가축을 다 풀어주고 기술-비건techno-vegan 유토피아에 살게 될까? 식물 기반 또는 실험실에서 기른 대체육으로 죄책감 없이 살아가도록 장려하면서? 나는 육류 섭취를 줄여야 한다는 쪽이지만(세계 곡물 생산량 3분의 1, 미국 곡물 수확량 3분의 2가 동물 사료로 쓰인다), 그렇게 한다는 것은 이를테면 과일과 견과를 더 많이 먹는다는 의미인데, 그러면 환경에 더 좋다고 할 수 없을지도 모른다.

유기농업은 어떨까? 만병통치약일까? 지난 수천 년 동안 가용 기술의 한계 때문에 모든 경작은 '유기농'이었고, 대체로 인구의 80%는 농업에 종사했으며, 똥거름을 퍼서 비료로 뿌리는 등 그다지 우아하지 못한 작업이 많았다. 오늘날 부유한 국가에서는 인구의 1~3%만이 식량 생산을 맡고 있다. 당신은 똥거름을 푸고 싶은가?

더 중요한 점은 농업이 근본적인 생존 활동이라는 개념 자체가 공격을 받고 있다는 것이다. 농경의 출현으로 인류가 번성할 수 있게 된 것일까, 아니면 많은 대중 논픽션 작가들이 주장하듯 농경의 출현은 역사상 가장 큰 재앙이었을까? 이 책에서 우리는 양쪽 주장을 비판적으로 살펴볼 것이다.

이 책은 나의 식량 연구가 반세기에 접어들었다는 사실을 기념하는 것이기도 하다. 나는 1970년대 후반에 더 전문적인 책(미국의 주요 작물인 옥수수의 에너지를 분석한 최초의 책으로 1982년에 출판했다)을 쓰기 위해 연구를 시작했다. 그리고 1980년대에 내가 내놓은 다섯 권의 책에도 작물과 식량을 다룬 장이나 절이 여럿 포함되었다.

2000년에 나는 오로지 식량의 여러 측면만을 다룬 첫 책《세계 먹여 살리기Feeding the World》를 냈다. 광합성과 작물 수율부터 축산과 식단에 이르기까지 다양한 주제를 다룬 책이다. 곧이어 2001년에는 현대 농업의 가장 근본적인 투입 요소인 암모니아에 대해 상세히 살펴본《지구를 풍요롭게Enriching the Earth》를 내놓았다. 뒤에서 살펴보겠지만, 암모니아는 모든 질소비료의 생산에 쓰인다. 또 나는 21세기의 첫 10년 동안 다시 식량 문제로 되돌아가《일본의 식단 전환과 그 영향Japan's Dietary Transition and Its Impacts》(고바야시 가즈히코小林和彦와 공저),《생물권 수확하기Harvesting the Biosphere》,《육식을 해야 할까?Should We Eat Meat?》등 세 권을 펴냈다.

2014년부터 나는 다른 주제들로 관심을 돌려 철강, 석유, 천연가스, 에너지전환, 에너지와 문명, 성장과 크기size에 대해 다룬 책을 냈는데,《세상은 실제로 어떻게 돌아가는가How the World Really Works》(2022)에서는 식량 생산의 이해를 다룬 장을 넣기도 했다. 한마디로, 식량은 내게 단순히 스쳐 지나가는 관심사가 아니다.

식량과 농업은 엄청난 사실적·지적 범위를 지닌 주제이며, 따라서 그에 대해 폭넓게 개괄하려는 모든 시도는 어디까지 다룰지 스스로 한계를 설정해야 한다. 나는 이 책에서는 세계 식량체계의 기본 특성을 설명하고자 한다. 이를 위해 나는 정량적인 접근법을 취하기로 했다. 식량을 다룰 때는 견해와 감정보다 숫자가 훨씬 더 중요하기 때문이다. 우리는 농업과 작물학에서 에너지 함량과 영양·건강에 이르기까지 모든 것을 살펴볼 예정이며, 8가지 핵심 주제를 논리적인 순서를 따라가면서 논의할 것이다.

이 책 전반부는 식량 생산의 생물물리학적 토대를 다룬다. 후반부에서는 세계 식량 체계의 실제 범위를 정량화하고, 식단의 필수 요소들을 설명한다. 아울러 이 체계의 급진적 전환을 이야기하는 최근의 일부 주장도 비판적으로 살펴볼 것이다. 오늘날 유행하는 2가지 주제('농경과 세계 기후변화', 그리고 '지속 가능한 농업')를 더 폭넓게 또는 비판적으로 다룬 내용을 기대한 독자라면, 다른 책을 찾길 권한다. 나는 또한 식량과 지구온난화를 다룬 책을 한 권 더 늘리기 위해서 이 책을 쓴 것이 아니다. 사방으로 뻗어나가는 그 주제를 다룬 책은 작은 서재를 따로 마련해도 될 만큼 이미 많이 나와 있다.

나는 이 책을 쓰면서 현대 식량 생산과 영양을 포괄적으로 검토하는 대신, 기본적인 사항들을 탄탄하게 정량적으로 평가하는 쪽에 초점을 맞추고자 신중을 기했다. 농업과 식량을 다룬 대부분의 책은 숫자를 그다지 많이 언급하지 않고 있지만, 이 책에는 숫자가 가득하다. 그렇다고 해서 미안해하지 않으련다. 숫자는 희망적인 사고의 해독제이며 현대 작물 경작, 식량, 영양의 양상과 한계를 명확하게 이해할 수 있는 유일한 방법이다. 이렇게 확고한 토대를 갖추고 나면, 식량의 기본 현실을 잘못 해석하거나 오해할 여지가 훨씬 줄어들 뿐 아니라, 세계 농업의 미래에 관한 많은 과장된 주장과 비현실적인 약속을 무비판적으로 받아들이지 않게 될 것이다.

How to Feed
the World

1장

지금까지 농업은
우리를 위해
무엇을 했을까

우리는 왜 농업이 필요할까? 우리는 일년생과 다년생 작물을 왜 재배해야 할까? 경작지는 왜 얼음으로 뒤덮이지 않은 육지 면적의 약 40%를 차지할까? 우리는 왜 수십억 마리의 가축을 기를까? 이 모든 질문에 대한 답은 이렇다. 우리가 너무 많기 때문이다. 그리고 양이 증가할 때 종종 나타나곤 하듯, 그 결과 근본적인 질적 변화가 일어난다.

　우리 종species은 약 600만 년 전 다른 영장류와 갈라졌고, 그 뒤로 이어진 진화 끝에 약 30만 년 전 호모 사피엔스가 출현했다. 바로 우리다. 소집단 형태로 뿔뿔이 흩어져서 살아가는 동안, 우리 조상은 영장류 조상들과 같은 방식으로 생존할 수 있었다. 수렵·채집인과 사냥꾼으로서 말이다. 이 사람족hominin 종들의 식단을 정량적으로 상세히 재구성할 수는 없지만(보존된 뼈와 치아의 안정적인 동위원소 분석 같은 가장 좋은 도구들도 그런 상세한 답까지는 내놓지 못한다), 침팬지의 먹이 습성은 정성적인 재구성을 하는 데 좋은 실질적 견본을 제공한다. 이로부터 우리는 사람족이 아주 다양한 식물과 우연히 마주친 동물 사체, 의도적으로 사냥해서 구한 좀 더 작은 동물, 때때로 동족 살해를 통해 얻은 고기를 먹었다고 추론할 수 있다.[1]

침팬지 식단

열대 아프리카의 침팬지 무리가 잡식성임을 규명한 연구 결과는 많이 나와 있다. 침팬지는 아주 다양한 종을 먹는다. 소화가 잘 되는 식물 부위를 선호하며, 곤충과 작은 포유동물도 사냥해 먹는다.[2] 숲속의 침팬지는 대개 200가지 넘는 식물종을 먹는데, 주로 과일이 많고(무화과를 특히 좋아한다) 꽃, 어린잎과 줄기, 고갱이, 뿌리, 씨, 견과를 곁들이는 식이다. 견과는 작은 돌망치로 두드려서 깨 먹기도 한다. 침팬지가 어떻게 곤충(특히 풀줄기로 '낚시질'해서 흰개미를 잡곤 한다)을 비롯한 무척추동물, 새알, 새끼 새를 찾는지 상세히 관찰한 야외 연구도 많다.

침팬지는 작은 포유동물(주로 콜로부스원숭이colobus monkey지만 어린 멧돼지, 부시벅bushbuck, 갈라고galago, 파란다이커blue duiker, 개코원숭이도 잡는다)도 사냥하며, 획득한 먹이는 다른 무리와 나눠 먹는다. 탄자니아 곰베Gombe 지역의 침팬지 성체는 그런 고기를 연간 최대 25kg까지 사냥해 먹는 것으로 알려져 있다. 연간 1인당 육류 소비량이 10kg에 못 미치는 가장 전통적인 농경 사회

우리의 잡식성 선배. 원숭이를 잡아먹는 침팬지 모습.

보다 상당히 많은 양이다. 작은 동물은 주로 2마리 이상의 수컷
이 함께 사냥하며, 성공률이 무려 50~60%에 달한다. 하지만 새
끼를 안고 다니는 암컷도 사냥을 한다. 그리고 세네갈의 퐁골리
Fongoli 연구 지역에서는 침팬지가 창처럼 생긴 다양한 도구를 사
용해 갈라고를 사냥하는 모습이 관찰되었다. 갈라고는 낮이면
속이 빈 나무줄기 안에서 잠을 자는 야행성 원원류原猿類다.[3] (나
뭇가지 사이를 뚫고 빠르게 추적하거나 사냥감이 저항할 때 입는 부상처
럼) 사냥에는 위험이 따르지만, 그만큼 보상을 얻는다. 어쨌거나
고기를 한 점만 먹어도 잡는 데 오랜 시간이 걸리는 흰개미 수
백 마리보다 더 많은 영양(무엇보다도 단백질)을 얻을 수 있으니
말이다.

동식물종이 풍부한 열대림 환경에서 이는 그다지 힘들이지 않고 살아갈 수 있는 생존 방식이다. 숲 침팬지는 낮 시간의 약 절반을 식량을 찾고 먹는 일에 쓰는데, 그중 60~80%는 과일을 구하고 섭취하는 데 사용한다. 따라서 쉬고, 탐색하고, 어울리고, 털을 고를 시간이 충분하다. 그러나 과일 비중이 높은 잡식성 식 단은 무리의 개체수를 한정 짓고, 따라서 가용 면적 내의 개체수 최대 밀도도 제약을 받는다. 수확할 과일나무가 그렇게 많지 않 을 뿐 아니라, 대부분 연간 한두 차례 열매를 맺을 뿐이고, 이런 한정된 생산량을 놓고 다른 종들과 경쟁해야 하기 때문이다. 일 부 숲 환경은 제곱킬로미터당 평균 1.5마리의 침팬지를 지탱할 수 있으며, 가장 과일이 많이 나는 지역조차 2마리 또는 가장 많 아야 4마리가 살아갈 수 있다. 한편, 사방이 탁 트이고 때로 건 조한 데다 황량해지곤 하는 사바나 환경에서는 대개 2제곱킬로 미터당 한 마리에도 못 미친다.[4] 그러니 오늘날의 인구밀도 높 은 도시환경에서 당신과 당신 식구들이 채집할 수 있는 작은 동 물과 야생 과일에 의존해 살아간다는 것은 단연코 불가능한 일 이다.

사람족과 초기 인류의 식단

600만여 년 전에 침팬지와 갈라진 초기 사람족은 위에서 기 술한 잡식성 식단과 비슷한 식습관을 유지했다. 식단은 식물 조직(과일, 덩이뿌리, 견과, 잎)이 주를 이루었는데, 소화가 잘 되고 필요한 영양을 제공할 수 있는 것들이었다. 여기에 무척추동물과 작은 척추동물이 적당량 곁들여졌고, 커다란 육식동물이 사냥한 먹이의 사체로부터 이따금 운 좋게 고기와 골수를 얻기도 했다.[5] 그러다가 나중에 작은 석기로 시작해서 이윽고 창과 활에 이르기까지 도구 제작 기술이 발전하면서, 더 큰 동물을 사냥하고 도살하기에 이르렀다.

현대 인류학은 먹이사슬에서 인류의 위치가 이따금 고기를 먹는 비교적 낮은 수준의 침팬지로부터 더 높은 수준의 육식동물로 진화한 끝에 호모 에렉투스(약 25만 년 전까지 살았던 종)에서 정점을 찍었다가 약 5만~1만 2,000년 전 후기 구석기 때 역행하기 시작했다는 증거를 압도적으로 보여준다.[6] 이런 증거는 전 세계에 걸쳐 발견된 인류 유골에서 관찰할 수 있는데, 시간이 흐르면서 지방 저장량과 위장의 산성도가 증가하고, (식물섬유에서 에너지 추출 능력을 제한하는) 창자의 모양과 부피가 변하고, (식단이 좋아짐에 따라 씹을 필요성이 감소해) 저작 근육이 줄어들고, (우유로 보충하고 이어서 더 영양가 있는 음식으로 대체함으로써) 더 일찍 젖을 떼는 것 등이 여기에 포함된다.

더 추운 기후에서는 기원전 9000~3000년 신석기 시대에 일어난 가장 큰 육상 포유동물, 즉 매머드 같은 거대 초식동물의 멸종이 식단 변화에 영향을 미쳤다. 이런 멸종을 설명하는 가설은 기후변화와 과잉 살육 2가지인데, 서로 경쟁하고 있다. 전자는 숲이 확장되고 이 거대한 동물의 서식지인 초원은 줄어들었다는 것이고, 후자는 (가능성이 훨씬 낮지만 끈덕지게 존속하면서 엄청난 인기를 끌고 있는 설명인데) 선사시대 사냥꾼 무리가 대형 초식동물을 대규모로 잡아 죽였다는 것이다.[7]

호모 사피엔스는 이윽고 거대 초식동물을 사냥하고 민물과 해안 수역에서 물고기를 잡는 데 이르기까지 식량 획득 기술의 범위를 확대했지만(그리하여 열대부터 북극권까지 다양한 환경에서 살아갈 수 있었다), 수렵·채집인 집단의 인구밀도는 여전히 한정되어 있었다. 고고학 기록이 단편적이어서 실제 선사시대 인구밀도를 믿을 만하게 재구성하는 것은 불가능하지만, 인류학자들의 연구 덕분에 20세기까지 살아남은 수렵·채집인의 인구와 식량 획득 방식 쪽으로는 신뢰할 만한 정량적 정보가 아주 많다.[8] 탄자니아 하드자족Hadza 수렵·채집인을 연구한 미국 인류학자 프랭크 말로Frank Marlowe는 이들 "수렵·채집인이 과거 인류와 유사하다고 보기에는 문제가 있을지 모르지만, 현재 인류의 가장 유용한 본보기임에는 분명하다"라고 했다. 그리고 이들의 집단 크기와 인구밀도가 다양하다는 점을 생각할 때(남아프리카와 중앙아프리카, 아마존, 오스트레일리아에서), 한정된 단순한 도구들에 의지했던 그 이전 집단들이 겪은 경험을 이들도 대부분 겪었을 가능성이 높다.[9]

이런 연구들로부터 우리는 생존에 필요한 수렵·채집인 집단의 최소 규모가 25~30명이고, 정착 생활을 하는 어민·사냥꾼·채집인 집단의 최대 크기는 약 500명임을 알 수 있다. 19~20세기까지 존속한 수렵·채집인 사회를 연구한 약 300건의 자료를 종합하면, 평균 인구밀도는 제곱킬로미터당 0.25명이었다. 가장 적은 값은 0.1명도 안 되었고, (제곱미터당 1명이 넘는) 가장 많은 값은 생선과 물범 같은 영양가 높은 (그리고 살진) 해산물을 먹는 정착 생활 집단에서 예외적으로 나타났다. 예를 들어, 태평양 북서부에 살았던 인구 약 500명으로 이루어진 큰 집단은 해마다 이주 시기에 쉽게 잡을 수 있는 연어에 의존했다(그리고 연안에서 작은 고래도 사냥했다).[10] 그러나 큰 정착 공동체를 지탱할 만큼 식량 공급이 풍족한 환경은 거의 없었다.

평균 체중을 고려할 때(성인 여성은 55kg, 침팬지 성체는 35kg), 수렵채집인의 인구밀도 범위는 침팬지의 밀도 범위와 (그리 놀랍지는 않지만) 확연하게 거의 겹친다. 평균적으로 환경은 제곱킬로미터당 생체중生體重(살아 있는 생물의 몸무게―옮긴이) 5~50kg을 부양할 수 있었을 것이다. 육지에 거주하는 수렵·채집인의 인구밀도는 아한대와 고지대 그리고 건조한 사바나 환경에서 가장 낮지만, 건기가 찾아오는 지중해 기후 지역과 열대우림처럼 더 살기 좋아서 인구밀도의 변이 폭이 상대적으로 넓다고 해도 이 범위를 벗어나지는 않는다. 이런 한정된 밀도 범위는 네발로 걷는 영장류든 두 발로 걷는 사람이든 수확할 수 있는 에너지라는 측면에서 볼 때 수렵과 채집에 명확히 한계가 있었음을 보여준다. 따라서 설령 더 큰 동물의 고기를 먹기 시작했을 때에도 수렵과 채집은 아주 큰 집단을 결코 지탱할 수 없었을 테고(이 맥락에서는 현재의 가장 큰 도시에 사는 수백만 명이 아니라, 수천 명을 가리킨다), 제곱킬로미터당 10명을 넘는 비교적 높은 밀도도 불가능했다(오늘날 필리핀의 마닐라는 인구밀도가 두 차수는 더 높아서 제곱킬로미터당 7만 명을 넘는다).

증가하는 인구

최근의 유전 연구와 인구 모형을 통해서 우리는 예전보다 선사시대 인구 총계를 훨씬 더 확실히 추정할 수 있게 되었다.[11] 120만여 년 전에 살았던 사람족 인류 조상의 수는 약 2만 명을 넘지 않았을 수 있다. 현재 살고 있는 침팬지와 고릴라보다 훨씬 적은 수치다. 그 뒤에 (호모 에렉투스와 호모 하이델베르겐시스 같은) 사람족 인구는 25만 년 전 약 5만 명으로 늘어났고, 약 10만 년 전에는 호모 사피엔스의 수가 10만 명으로 늘어났을 가능성이 높다. 유전적 증거는 그 후 인구가 비교적 꾸준히 착실하게 늘어나다가 2만 9,000~1만 7,000년 전 갑자기 지구 기온이 급감하고 빙원氷原이 확장되면서 갑작스럽게 줄어들었음을 시사한다.

2015년 핀란드 연구진은 유럽의 호모 사피엔스 인구가 3만 년 전 30만 명을 넘었다가 2만 3,000년 전에는 약 13만 명으로 줄어들었고, 마지막 빙하기가 끝날 즈음인 약 1만 년 전에는 다시 약 40만 명으로 늘어났다고 결론지었다.[12] 약 1만 2,000년 전 신석기가 시작될 때, 인류는 열대우림부터 북극지방까지 다양한 환경에서 살고 있었다. 열대우림에서는 커다란 동물이 드물고 대개 야행성인 데다 나무 위에 서식해 포획하기 쉽지 않

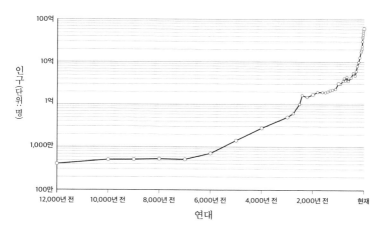

세계 인구 성장 추세: 선사시대에 정체를 겪은 뒤 서서히 증가하기 시작했다.

은 작은 동물이 주를 이루므로, 식단이 식물 위주일 수밖에 없었다.[13] 온대 지역에서는 대형 초식동물의 고기가 총에너지의 상당한 비율을 차지했다. 북극 지역에서는 지방을 많이 함유한 해양 포유동물을 잡아먹지 않는 한 생존이 불가능했다.[14]

물론 우리는 인구 성장을 촉진하는 어떤 일이 벌어졌다는 것을 안다. 요컨대 작물과 동물을 길들였기 때문이다. 이번 장의 제목을 생각하면 더욱 그렇다. 덕분에 훨씬 더 높은 인구밀도를 지탱하는 것이 가능해졌다. 영국에서 일한 오스트레일리아 고고학자 고든 차일드Gordon Childe는 많은 영향을 끼친 책《신석기 혁명과 도시 혁명Man Makes Himself》(1936)에서 이를 이른바 신석기 혁명이라 부를 수 있다고 했다. 그러나 으레 인용되곤 하는 그 개념과 정반대로, 그 과정은 점진적으로 이루어진 발전이었다. 1,000년에 걸쳐서 인류는 점점 더 심는 작물에 의존하는 경향을 보였고, 거기에 야생식물종을 채집하고 야생동물을 사냥해서 얻은 식량을 곁들이는 방향으로 나아갔다. 사실 많은 지역에서는 농경 사회가 이미 굳게 뿌리를 내렸음에도 이런 수렵·채집 활동으로 얻는 식량 에너지의 비중이 무시할 수 없는 수준이었고, 심지어 오늘날에도 아프리카와 아시아의 많은 나라에서는 정착 생활을 하는 사람들이 야생에서 수십 가지의 식량을 수확하곤 한다.[15] 길들이기(약 1만 2,000년 전 중동의 몇몇 지역에서 시작되었다)가 출현하기 이전, 세계 인구는 200만~400만 명이었을 가능성이 가장 높다. 그러다가 공통 기원Common Era(약 2,000년 전 아우구스투스가 초대 로마 황제가 되었을 때)이 시작될 무렵에는 약 100배 늘어난 1억 5,000만~3억 명에 달했을 가능성이 농후하다.[16] [공통 기원은 그리스도 탄생을 기원으로 삼는 AD(주님의 해Anno Domini)라는 용어에서 종교적 의미를 완전히 제거하기 위해 붙은 호칭이다—옮긴이.]

농경은 왜 시작했을까

여기서 나는 작물과 동물 길들이기의 기원을 파생된 혁신, 즉 인구 증가에 대한 불가피하면서도 점진적인 대응으로 단순하고 완벽하게 설명할 수 있다고 말하고 싶지 않다. 그리고 초기에 성공이 이루어지자 그 뒤에 확대되고 집중되면서 직접적으로 강화가 이루어졌다는 식으로 말하고 싶지도 않다. 이 책은 편리한 이야기보다 사실을 선호한다.

현대 과학에서 동식물 길들이기의 기원만큼 몹시 불확실한 (그리고 해결하기 어려운) 문제는 드물다. 순수한 물리적 원인부터 오로지 행동 동기에 이르기까지, 전혀 다른 원인에 초점을 맞춰 전혀 다른 방식으로 길들이기를 설명하려는 주장이 펼쳐지고, 각 주장을 뒷받침하는 증거도 제시되었다. 심지어 그 반대가 참이라는, 즉 식물이 우리를 길들였다는 주장까지 나와 있다.[17]

대기의 이산화탄소 농도가 높은 좀 더 따뜻한 세계에서는 이른바 기후변화가 결정적 역할을 했을 것이라고 여겨져왔다. 미국의 저명한 인류학자 3명은 이런 가설까지 세웠다. "마지막 빙하기가 끝난 뒤 일어났던 것처럼 일단 더 생산적인 식량 체계가 가능해지면, 시간이 흐르면서 생산성이 떨어지는 예전 체계를 대체할 것이다."[18]

아니면 식량 위기에 처한 필연적 반응으로 어쩔 수 없이 이런 전환이 이루어진 것일까? 상대적으로 빠른 인구 성장과 수렵·채집의 미흡한 식량 에너지가 결합해서 벌어진 식량 부족의 결과였을까? 미국 고고학자 루이스 빈포드Lewis Binford는 더 나아가 있을 법하지 않은 정확한 수치를 이 전환의 촉매로 제시하기까지 했다. 인구밀도가 제곱킬로미터당 9.098명을 넘어선 것이 수렵·채집에서 농경으로의 전환을 촉발했다고 말이다.[19]

이런 물리적 원인을 제시하는 설명과 완전히 대조를 이루는 것은 길들이기를 더 큰 사회화와 물질 획득의 욕구(즉, 우리는 좀 더 밀접한 연결망과 좀 더 많은 물품을 원해서 경작을 시작했다), 사회적 경쟁과 더 나은 방어 또는 공격 체제 구축의 기회를 추구했기 때문이라고 보는 이론이다. 이런 사회적 요소의 중요성을 강조하는 한 가지 강력한 논거가 있는데, 초기 경작의 순에너지 이득 net energy return(작물에서 수확한 에너지와 경작에 투입한 에너지의 비율)이 수렵·채집 활동으로 얻는 이득보다 낮을 때가 많았다는 사실이 그것이다. 그런 사례들에서는 순에너지 이득 이외의 보상이 더 중요했다.

길들이기의 기원에 관한 한 어느 편을 들 필요가 전혀 없다. 이 과정은 물리적 요인과 문화적 요인의 조합 및 상호작용임이 거의 확실하다. 초기에 기존 식량 생산 방식은 새로운 생산 방식과 공존했다. 그러나 한 지역에서 땅을 가꾸는 활동(이른바 정착 경작)의 점진적인 채택과 확산만이 (도시에 권력이 집중된) 인구가 더 많고 계층적인 사회를 지탱할 수 있었다는 데에는 의문의 여지가 없다. 침팬지와 유사한 수렵·채집이나 마지막 빙하기가 끝날 무렵의 인간 활동하고 비슷한 채집과 사냥이 조합된 방식은 도시에 사는 인구는커녕 전 세계적으로 수천만 명도 지탱할 수 없었을 것이다. 곡물, 콩 그리고 기름과 섬유를 얻을 수 있는 작물을 길들여 재배하고, 식량과 (쟁기를 끌고, 더 무거운 짐을 운반하는) 일에 쓸 동물을 길들였다고 해서 계절별 및 연별 식량 공급량의 변화가 사라진 것은 아니지만, 더 예측 가능하고 훨씬 더 집약된 생산을 통해 변화의 폭이 크게 줄어든 것은 분명하다.

게다가 이 새로운 식량 획득 방식은 한 해의 특정 시기에 식량이 남아서 나중을 위해 저장할 수 있게 되었음을 의미했다. 예를 들어, 건조한 시기에 종자는 자연스럽게 수분 함량이 줄어들므로 적절한 용기에 보관하면 다음 수확 시기가 올 때까지 버틸수 있었다. 덕분에 농경 집단은 고립된 수렵·채집 집단보다 훨씬 더 큰 규모를 이루기가 한결 쉬웠다. 농경은 몇몇 최초의 경작 사회에서조차 단위면적당 100배 더 많은 인구를 지탱할 수있었다. 이집트 고왕국 시대(기원전 2700~2200)에는 인구밀도가농경지 헥타르당 약 1.3명(즉, 경작지 제곱킬로미터당 130명)이었고,로마 시대에는 적어도 그보다 2배나 높았다.[20]

이윽고 아시아에서, 특히 청나라(1644~1912) 말기 남중국에서가장 집약적인 형태의 전통 농법이 생겨났다. 관개, 유기성 폐기물의 높은 재순환(주로 동물 똥거름과 작물 부산물을 유기 비료로썼다), 연간 이모작 이상(가용 경작지를 좀 더 집약적으로 활용했다),복잡한 돌려짓기(토질을 보호하기 위해 작물을 바꿔가며 짓는 농사)에 의존하는 방식이었다. 농경지 헥타르당 3명 이상, 많으면 5명이상, 즉 제곱킬로미터당 500명까지도 지탱하는 수준이었다.[21]19세기 초에 영국과 네덜란드에서도 이와 비슷한 요소들을 개선해 조합했다면 헥타르당 3명 이상을 지탱할 수 있었다는 의미다.[22]

더욱더 많은 식량을

19세기의 첫 10년 동안, 즉 산업화와 도시화가 확대되면서 (그리고 경제성장 덕분에 가능해진 삶의 질 향상으로) 인구성장률이 가속화하기 직전, 세계 인구는 10억 명이라는 이정표에 다다랐다. 그리고 2020년까지 거의 8배 증가했다. 그런데 세계 인구와 경작지의 총면적을 따지면, 2020년에도 경작지 헥타르당 평균 5명을 부양할 수 있었다는 것이 드러난다.[23]

그러나 이는 평균값이며, 실제 세계 식량 공급은 변이 폭이 상당히 크다는 사실을 유념하는 것이 중요하다. 부유한 나라에서 다량 섭취하는 육류와 유제품부터 인도와 아프리카 각지의 식물 위주 식단에 이르기까지 매우 다양하다. 평균 공급량도 쓰레기로 버릴 만큼 남는 수준에서부터 가장 빈곤한 아프리카 사하라사막 이남 국가들에 만연한 영양실조 수준에 이르기까지 범위가 넓다.[24] 유럽연합의 대다수 국가와 북아메리카에서는 식량 에너지 공급이 실제 필요한 양을 훨씬 초과하며, 그렇게 소비하다가는 인구 전체가 심하게 비만이 될 수밖에 없다. 이런 공급 과잉은 실제로 과식을 빚어내지만(그리하여 과체중이나 비만인 사람의 비율이 높다) 음식물 쓰레기도 엄청나게 나온다. 반면에 많은 아프리카 국가는 식량 공급이 충분한 경우가 거의 없으며, 일부 국가(에티오피아가 가장 절망스러운 사례다)는 광역적 또는 전국적 차원에서 반복적으로 기근에 시달리거나 그럴 위기에 처하곤 한다.

다른 전략도 있었을까

그런데 곡류 경작 위주의 작물 길들이기와 더불어 몇몇 동물종 길들이기가 평균 인구밀도와 세계 인구를 수백만 명에서 80억 명으로 1,000배 이상 늘리는, 게다가 그 일을 겨우 1만 2,000년이라는 진화적으로 아주 짧은 기간에 해낼 수 있었던 유일한 선택지였을까? 아니면 인구 증가, 정착 생활, 사회 계층화, 복잡한 사회, 그리고 마침내 세계 문명을 가져올 또 다른 식량 획득 전략이 있었을까? 가능성이 얼마나 있어 보이든 상관없이, 이런 대안들을 살펴보기로 하자. 하지만 그러려면 먼저 음식에서 우리가 필수적으로 요구하는 것이 무엇인지를 설명해야 한다.

우리는 무엇을 먹어야 할까

19세기 후반 이래로 사람이 음식 에너지와 3가지 다량영양소인 탄수화물, 지방, 단백질을 얼마나 필요로 하는지 알려주는 증거가 상당히 많이 축적되었다.[25] 탄수화물과 이를 보충하는 역할을 하는 지방은 음식 에너지의 주된 원천이다. 그리고 단백질은 새로운 신체 조직(근육, 뼈, 내장, 피부)의 성장과 오래된 조직의 수선에 필요하며, 탄수화물과 지방이 부족할 때에만 대사되어 에너지를 생산하는 데 쓰인다. 신체 활동량이 중간 수준인 성인은 하루에 평균 2,500kcal(영양학자들이 전통적으로 쓰는 단위인데, 영양학계에서는 때로 그냥 줄여서 칼로리cal라고도 한다. 하지만 칼로리는 1kcal의 1,000분의 1이므로 엄밀히 말하면 부정확한 표현이다), 또는 10.5메가줄(MJ, 국제단위)을 섭취해야 한다(이런 추정값은 관대한 편이라고 할 수 있다). 또 국제 및 미국 전문가 위원회가 내놓은 현대 권장 식단표는 성인의 음식 에너지 최적 섭취량 범위를 제시한다. 45~65%는 탄수화물, 20~35%는 지방, 10~35%는 단백질에서 얻으라고 권한다.[26]

우리가 소화할 수 있는 탄수화물과 단백질은 약 400kcal/100g이며, 지방은 그보다 2배 이상 많은 880kcal/100g의 에너지를 제공한다. 탄수화물·지방·단백질을 제외할 때, 갓 채집한 식물 부위나 갓 잡은 동물과 생선 고기는 대부분 물로 이루어져 있다. 과일은 대개 70kcal/100g이며(단백질이나 지방이 적다. 예외적으로 아보카도는 지방이 많다), 덩이뿌리(감자 등 주로 녹말로 이루어진 땅속 저장 기관)는 최대 115kcal/100g, 견과는 많으면 650kcal/100g에 달한다(지방 함량이 높기 때문에). 작은 야생동물의 고기에는 지방이 거의 없으며, 무게의 대부분이 순수한 단백질(약 20%)과 물이고, 에너지밀도는 150kcal/100g 미만이다. 이런 기본 정보를 토대로 우리는 경작 대신 인류가 (선택하지는 않았지만) 추구했을 수도 있는 현실적이면서 장기적인 대안들이 있었을지 여부를 추정해볼 수 있다. 작물을 기르지 않고도 대규모 인구가 번성할 만한 환경이 있을까?

경작 없는 세계

침팬지처럼 먹기

우리가 과일 위주에다 다른 식물 조직과 곤충, 그리고 어쩌다 사냥해 얻은 고기 조각을 곁들이는 전형적인 침팬지 식단의 집약된 형태에 의존할 수 있을까? 과일과 채소는 비타민과 무기질의 소중한 원천이며, 일부 열대 지역에서는 쉽게 소화할 수 있는 탄수화물을 무시할 수 없는 비율로 제공한다. 하지만 미국 성인 남성이 (자기 음식 에너지의 80%를 무화과를 비롯한 과일과 물열매에서 얻는 식으로) 침팬지처럼 먹으려 한다면 그런 신선한 과일을 하루에 4~5kg씩은 섭취해야 할 것이다.[27]

그러기 위해서는 무화과가 풍부한 환경에 산다고 해도, 매일 나무를 기어오르고 덤불을 헤치며 연간 1.5~1.8톤씩의 잘 익은 과일을 찾아내야 한다. 그럼에도 지방은 전혀 얻지 못한 채 단백질도 찔끔 섭취할 것이다. 게다가 무화과는 높은 위도에서는 자라지 않는다. 그런 지역의 다른 야생 과일(버찌에서 자두까지)은 연간 한 차례 수확이 가능하고 양도 적으며, 가공 처리를 하지 않으면 저장할 수조차 없다. 적절한 환경에서는 무화과 기반 식단이 수십 명 또는 수백 명으로 이루어진 집단을 지탱할 가능성도 있지만(길들인 품종이긴 해도 대추야자가 일부 아프리카 오아시스 지역에서 에너지의 중요한 몫을 제공하는 것과 비슷하게), 지방이나 단백질 없이 현재의 유럽연합 인구에 음식 에너지만 공급한다고 해도 연간 5억 톤 넘는 무화과가 필요할 것이다. 이는 2020년 세계 무화과 수확량의 400배가 넘는 수치다.[28] 따라서 그 어떤 강화된 형태의 침팬지 섭식 모델도 열대에서 북극지방에 이르기까지 퍼져 있는 많은 인구한테는 불가능한 대안임이 명백하다. 게다가 무화과 따 먹기 중심의 생존 방식이 어떻게 저술, 파르테논, 항생제로 이어질지 상상하기 어렵다.

고릴라처럼 먹기

그러면 무화과나 다른 어떤 달콤한 과일보다 훨씬 더 넓은 환경에서 훨씬 더 풍부하게 자라며 훨씬 더 장기적으로 수확할 수 있는 식물 부위, 즉 갓 자란 줄기와 잎만을 먹는 방식은 어떨까? 콩고 비룽가Virunga 화산 지대의 비탈에 사는 마운틴고릴라를 지탱하는 식단을 대규모로 재현한 방식이 많은 인구를 먹여 살릴 수 있을까? 풍부한 초록빛 식물을 먹으면서 생활하는 것으로 가장 유명한 이 고릴라는 먹이 중 풀과 관목의 잎이 약 68%를 차지하고, 초본 식물의 줄기가 추가로 25%를 차지한다.[29] 우리도 비슷하게 키 큰 줄기와 커다란 잎에서 연한 부위를 뜯어 우적우적 씹으며 통통하게 살을 찌울 수 있을까?

1년 내내 그럴 수 있는 지역에서조차(그리고 반半건조 초원에서 몇 달 동안 많은 눈으로 뒤덮이는 아한대림亞寒帶林에 이르기까지 지구의 많은 지역은 거기에 포함되지 않는다) 그저 음식 에너지 필요량을 충족시키는 일만 한다고 해도, 성인은 하루에 식물 조직을 약 10kg 섭취하기 위해 대부분의 시간을 물어뜯고 씹고 삼키며 보내야 할 것이다. 그 많은 양의 식물 섬유질을 대사할 수 있다고 가정할 때 그렇다. 그러려면 고릴라만큼 식물을 소화할 수 있어야 할 텐데, 호모 사피엔스는 그런 능력을 결코 가진 적이 없다. 우리의 잘록창자(섬유질 식물의 소화가 이루어지는 부위)는 소화관 총부피의 겨우 약 5분의 1을 차지하며(영장류의 약 절반), 고릴라보다 더 다양하고 더 소화하기 쉬운 먹이를 먹는 침팬지의 잘록창자보다 훨씬 짧다.[30]

고릴라는 뒤창자 소화 동물이며, 주로 풀과 나뭇잎으로 이루어진 대량의 섬유질 식물을 처리할 수 있다. 말·코뿔소·토끼·코알라 등 모든 뒤창자 소화 동물처럼, 긴 잘록창자에는 발효 미생물(세균과 혐기성 균류)이 많이 살면서 섬유질 먹이를 소화하고 짧은 사슬 지방산 형태로 에너지를 추출하는 일을 돕는다. 반면 우리 소화계는 잘해야 그런 섬유질 식물량에 든 에너지의 약 10%를 추출할 수 있을 뿐이며(대개는 그 절반에도 미치지 못한다), 그 같은 식물을 하루에 10kg 먹은 뒤에도 여전히 굶주림에 허덕일 것이다. 그리고 설령 우리의 잘록창자가 고릴라의 것에 더 가까워진다고 해도, 이런 섭식 전략은 즙 많은 새싹이 끊임없이 자라야 가능하므로 습하고 서리가 내리지 않는 기후에서만 가능하다. 따라서 정착촌이 널리 확산하고 인구밀도가 높아지고 도시와 세계 문명의 출현으로 이어질 수 있는 대안이 아니다.

빙하기 사냥꾼처럼 먹기

정반대 경로를 취한다면 어떨까? 즉, 영양 단계(먹이그물에서의 위치)의 더 높은 층으로 올라가서 더 다양한 고기를 먹는 육식에 의존한다면? 육식으로 나아가는 가장 좋은(그래도 여전히 제한적인) 방법은 털매머드를 비롯한 빙하기의 살진 거대 초식동물(털코뿔소, 곧은엄니코끼리, 오록스, 스텝들소, 큰뿔사슴 등 큰 규모의 사냥꾼 집단에게 매우 영양가 있는 식사를 제공할 수 있었던 동물)이 멸종하면서 불가능해졌다. 가장 큰 거대 초식동물 사체의 음식 에너지밀도는 190~240kcal/100g였던 반면, 사슴이나 영양 등 작은 초식동물은 120~140kcal/100g에 불과했다. 털매머드와 아메리카마스토돈은 무게가 4~9톤이었고, 가장 큰 황제매머드는 10톤이 넘었다.

1인당 하루 평균 약 2,200kcal를 먹어야 한다고 가정하면, 7톤짜리 매머드(사체 중 식용 가능 부위는 단백질과 지방 함량이 각각 20%와 15%이며, 살아 있을 때는 체중의 약 60%가 식용 가능한 부위였을 것이다)는 약 50명으로 이루어진 집단에 거의 80일 동안 충분한 영양을 제공했을 것이다. 이는 두 달 반이 넘는 기간이며, 당시엔 기온이 꽤 낮았기 때문에 상당히 오랫동안 고기와 지방을 저장하는 데 아무런 문제가 없었을 것이다. 그러나 이 대안은 돌이킬 수 없이 사라졌다. 매머드는 해수면 상승으로 고립된 북극해의 랑겔섬Wrangel Island에서 마지막까지 살아남았다가 근친교배의 치명적 결과로 약 4,000년 전에 멸종했다. 즉, 기자Giza에 피라미드가 건설되고 500년이 더 흐른 뒤였다.[31] 뒤에서 다시 언급하겠지만, 작은 초식동물이 엄청나게 많다고 해도 같은 결과를 얻을 수는 없었을 것이다. 그 농축된 영양 수준에 맞먹거나 그걸 능가할 방법은 오로지 대형 해양 포유동물을 자주 잡아먹는 것밖에 없다는 의미다.

1900년대 초 알래스카와 캐나다 북부의 사냥꾼들과 함께 살았던 아이슬란드 극지 탐험가이자 민족지학자 빌햘무르 스테판손Vilhjalmur Stefansson은 그 차이를 명확히 기술했다.[32] 그가 '지방층 동물blubber animal'이라고 부른 식량(물범, 코끼리물범, 고래)에 의존하는 이들은 가장 운이 좋은 사람들이었다. 그들은 결코 지방 부족을 겪지 않았기 때문이다. 대조적으로 숲에 사는 많은 사냥꾼은 비버나 말코손바닥사슴을 잡는 데 실패하고 주로 토끼를 잡아먹다가 토끼 기아rabbit starvation라는, 지방을 갈망하는 상태에 빠져 설사, 두통, 모호한 불편함, 전반적인 신체 쇠약 증세를 겪었다. 토끼를 잔뜩 먹어서 배가 불러도 여전히 허기에 시달렸다.

이누이트나 축치족Chukchi이 사냥한 커다란 동물(물범, 바다코끼리, 흰돌고래, 외뿔고래, 작은 고래류)은 지방층 전략의 가장 좋은 사례다. 예를 들어, 1.3톤짜리 외뿔고래(지방 25%, 단백질 18%)를 잡으면, 북극지방 주민들의 에너지 요구량이 더 많다고 해도 50명이 한 달은 먹을 수 있었을 것이다.[33] 또 물범, 바다코끼리, 흰돌고래 등 몇몇 종에서도 크기에 비례해 비슷한 결과를 예상할 수 있다. 그러나 이런 커다란 해양 포유동물의 수는 한정되어 있어 찾아내서 잡는 것도 쉽지 않다. 게다가 극지방에 국한해 분포하므로 지방층 동물 사냥 전략은 널리 채택할 여지조차 없다. 해양 포유류를 연구하는 한 생물학자는 이렇게 말했다. "외뿔고래는 늘 해안에서 멀리 떨어진 물속을 헤엄치기 때문에 보고 싶어 할 때 결코 다가오는 일이 없으며, 언제 보게 될 것이라고 기약도 하기 어렵다. (…) 몇 계절 동안 야외 조사를 계속해도 한 마리조차 보지 못한다."[34]

반면에 들소, 야생마, 순록 등 현존하는 가장 큰 초식동물은 단백질의 탁월한 공급원이 될 수 있지만(생체중의 22~24%), 지방이 거의 없고(들소는 생체중의 겨우 2%) 탄수화물은 아예 없다. 심지어 북아메리카에서 19세기까지 서식했던 대규모 들소 떼조차도 인구 수천만 명을 지속 가능한 수준으로 먹이기에는 규모가 너무 작았다. 1800년 이전에 아메리카 대륙에 살던 들소 6,000만 마리의 평균 생체중이 400kg이고 뼈를 제거한 식용 부위 무게가 생체중의 35%이며 개체수를 유지하기 위해 연간 15%만 잡는다고 (임의로) 가정할 때, 그 들소 떼로부터 얻을 수 있는 고기는 126만 톤일 것이다. 140kcal/100g가 나온다고 하면, 이 양은 연간 약 210만 명의 음식 에너지 수요를 충족시킬 것이다(모든 단백질이 대사되어 탄수화물로 바뀐다고, 있을 법하지 않은 가정을 할 때). 1770년의 미국 인구와 거의 같은 수치다. 당시 사람들이 대부분 애팔래치아산맥 동쪽에 살았고, 들소는 대부분 미시시피강 서쪽에서 서식했다는 사실은 제쳐두고 말이다. 게다가 1850년에 미국 인구는 이미 1770년보다 10배 이상 늘어났다.[35]

그리고 영양 단계의 더 높은 수준에서 섭식한다는 전망은 거의 무한정 공급되는 것처럼 보이는 사슴을 식량으로 삼는다고 가정하면 훨씬 더 가망이 없어진다. 현재 북아메리카 각지에서는 사슴을 먹는 쪽이 더 유력할 수도 있을 것 같다. 지난 80년 동안 사슴 개체수가 두 차수나 늘어났기 때문이다. 1930년 약 30만 마리에서 지금은 3,000만 마리로 불어났다.[36] 겨울에 수렵·채집인 50명으로 이루어진 집단은 음식 에너지를 겨우 충족시킨다고 해도 매주 사슴 15~20마리를 잡아먹어야 할 것이다. 따라서 미국의 사슴 3,000만 마리를 모두 도축할 경우, 현재 미국 인구의 1%도 안 되는 겨우 약 230만 명이 1년 동안 먹을 음식 에너지를 얻는 데 불과하다(에너지 함량이 120kcal/100g인 고기가 평균 50kg 나오고, 마찬가지로 모든 단백질이 대사되어 탄수화물로 바뀐다고 가정할 때).

그러나 지방을 거의 얻지 못하고(사슴 고기는 대개 지방이 2%에 불과하다) 탄수화물도 전혀 섭취하지 못하므로, 사슴 고기 섭식은 기아飢餓 식단이 될 것이다. (올가미나 총으로) 더 작은 동물을 사냥하는 방식은 아예 시도할 여지조차 없다. 50명을 먹여 살리려면 토끼나 산토끼를 매주 거의 600마리씩 잡아야 할 테니 말이다(한 마리에 평균 1kg의 고기가 나오고, 에너지밀도는 약 120kcal/100g라고 가정할 때). 게다가 이 고기 역시 지방이 거의 없고 탄수화물은 아예 없는 본질적으로 순수한 단백질 식단이므로, 모두가 극심한 영양실조에 시달릴 것이다. 또 개체수는 훨씬 많지만 몸집이 더 작은 설치류(쥐, 다람쥐, 생쥐)를 택하는 것도, 그 고기 맛을 선호하는지 여부를 떠나 사냥하고 먹는 데 한층 더 많은 노력을 쏟아야 하므로 딱히 바람직한 대안은 아니다.

소와 흰개미처럼 먹기

인간만 한 몸집과 이동성을 지닌 동물이 작물과 가축 길들이기에 전혀 의지하지 않은 채 많은 개체수와 높은 밀도를 이룰수 있게끔 해줄 대사 적응 형질이 무엇일지 생각해보면, 이론상 남은 대안은 하나뿐이다. 요컨대 우리는 뒤창자에서 소화하는 고릴라보다 훨씬 뛰어나면서 되새김동물(소, 양, 염소)과 흰개미처럼 많은 식물량을 대사할 수 있어야 한다. 인구를 크게 늘리고자 한다면, 생물권에서 가장 풍부한 유기화합물을 소화하는 능력이야말로 엄청난 이점일 것이다. 셀룰로스cellulose, 헤미셀룰로스hemicellulose, 리그닌lignin이 바로 그런 화합물이다. 이 커다란 분자들은 서로 결합해 자연에서 가장 복잡한 화합물을 만듦으로써 모든 식물의 세포벽을 구성한다.[37]

2022년 세계 인구는 80억 명에 아주 근접했고, 연령 조성과 체중 분포를 감안한 평균 체중은 약 50kg이었다. 즉, 총 4억 톤에 달했다.[38] 이 총무게를 다른 생물의 무게와 비교하려면 건조 중량dry weight(인체는 약 60%가 물이므로, 건조 중량은 약 1억 6,000만 톤)이나 탄소량(생명의 핵심 원소로서 건조량의 약 45%를 차지하므로, 약 7,000만 톤)으로 나타낼 수 있다. 놀랍게도 이 총량은 현재 야생에 남아 있는 모든 척추동물의 총량보다 훨씬 많다. 총생물량이 이보다 더 많은 척추동물은 하나뿐이다. 바로 소다.[39]

소(물소, 양, 염소, 사슴, 낙타, 기린을 비롯한 다른 되새김동물도 포함)는 씹은 (그리고 게워내서 다시 씹은) 먹이를 분해하는 효소를 생산하는 세균이 되새김위(4개의 위장 중 하나)에 서식하고 있는 덕분에 이 풍부한 식물량을 먹을 수 있다.[40] 길들이기(주로 고기 때문이 아니라 우유, 농사일, 운송 수단으로서: 수천 년 동안 대다수 사회에서는 말이 아니라 소가 이런 역할을 맡아왔다)를 통해 소의 이런 장점은 더욱 향상했고, 소는 이윽고 세계에서 생물량을 가장 많이 지닌 동물 종이 되었다. 여기서 소가 사람보다 많은 생중량을 지녔다는 것이 결코 새로운 사실이 아님을 강조해야겠다. 이는 축사에 많은 개체를 가두어놓고 (탄수화물 함량이 높은 사료인) 옥수수와 (단백질 함량이 높은 사료인) 콩을 섞어 먹여 쇠고기를 생산하는 집약적인 현대 사육 방식의 대규모 확대에서 비롯된 결과물이 아니다. (아시아, 아프리카, 라틴아메리카에 사는) 세계 소의 거의 4분의 3은 그런 농축 사료를 공급받지 않으며, 집중적인 동물 사료 공급 방식이 등장하기 훨씬 전인 1900년에도 소의 생물량은 모든 인간의 체중을 더한 값보다 많았다. 당시 소는 약 4억 5,000만 마리(탄소 약 2,500만 톤에 해당)로, 1900년 인류(16억 5,000만 명)의 생물량보다 약 75% 더 많았다.

흙을 먹이로 삼는 흰개미는 (눈에 띄는 식물 잔해가 전혀 없는) 토양에 포함된 유기물을 대사하는 반면, 나무를 먹이로 삼는 흰개미는 (되새김동물과 매우 흡사하게) 뒤창자에 사는 미생물(고세균, 세균, 원생생물)이 필요한 효소를 제공하는 덕분에 살아 있거나 죽은 나무를 먹을 수 있다.[41] 우리는 나무를 먹는 흰개미의 세계 생물량을 납득할 수 있을 만큼 정확하게 말할 수는 없지만, 그 수치가 얼마나 되는지를 시사하는 몇 가지 지표가 있다. 열대지방에서 흰개미는 같은 환경(코끼리, 코뿔소, 누 떼가 살아가는 곳)에 있는 동물들 총생물량의 10% 이상을 차지할 수도 있다. 또 모든 토양 곤충 생물량의 최대 95%까지도 차지할 수 있다. 그리고 밀도는 제곱미터당 1,000마리에 달할 수 있으며, 해마다 모든 대형 포유류 초식동물이 분해하는 것보다 많은 유기물을 분해한다.[42]

제곱미터당 최대 밀도가 약 11g이므로, 일부 열대 지역에서는 흰개미의 생물량이 헥타르당 110kg에 이를 것이다. 2020년 경작지 헥타르당 미국인의 평균 몸무게와 거의 같은 수치다(3억 3,000만 명, 1인당 55kg, 1억 6,050만 헥타르). 그렇다고 해서 흰개미의 이런 밀도가 미국 총면적에 상응하는 지역에서 유지될 수 있다는 얘기는 아니다. 그저 건조 식물량을 구성하는 리그닌과 셀룰로스를 소화할 수 있다는 사실로부터 그런 엄청난 생물량을 생산할 가능성이 있음을 보여주려는 것뿐이다. 그러나 설령 사람 족이 어떤 식으로든 흰개미와 유사한 소화 능력을 획득한다고 해도, 그런 생물의 세계 개체수는 한정적일 테고, 사회화·행동·성취 면에서도 지금과 비교할 수 없을 것이다. 그런 먹이를 섭취하는, 사람만 한 크기의 생물은 행동이나 지혜 면에서 우리처럼 될 수 없다. 그들에겐 중요한 단점들이 있을 것이다. 소는 풀을 뜯느라 하루에 10~12시간을 보내는데, 리그노셀룰로스lignocellulose 물질을 주로 먹는 사람이라면 몸집 차이를 고려할 때 설령 소나 흰개미만큼은 아니라고 해도 침팬지보다는 상당히 많은 시간을 먹는 데 써야 할 것이다.

가령 우리가 셀룰로스 분해 효소로 가득한 복잡한 위장을 지녔다고 해도, 살아 있거나 죽은 나무를 채집하면서 생존하려면 이런 화합물이 풍부한 지역을 찾아가야 한다. 주로 숲과 키 큰 풀이 자라는 초원이 그런 곳이다. 이런 적응 형질은 침팬지보다 큰 동물의 대규모 집단을 낳을 수 있지만, 그런 동물은 우리처럼 유달리 큰 뇌를 지닐 가능성이 낮다. 기계를 이용해 나무와 풀을 대량으로 수확하고 도시 운송 체계를 도입함으로써 지금의 우리 생활 방식을 재현할 수 있는 뇌 말이다. 이는 이론상 나무와 풀을 먹는 동물이 도시화를 이루는 게 불가능하다는 걸 의미하며, 비록 그런 동물이 비교적 높은 인구밀도를 갖춘다고 할지라도, 그들의 생활 방식은 슬기로운 문명 건설자가 아니라 소 떼와 더 비슷할 것이다.

사람처럼 먹기

무화과와 나뭇잎에서 지방층 동물과 초식동물에 이르기까지, 있을 법한 수렵·채집 전략은 아무리 집약화한들 어느 것도 인구를 성장시키거나 우리를 새로운 서식지로 퍼져나가게 해줄 만큼 충분한 영양을 제공하지 못할 것이다. 마찬가지로 쉽게 구할 수 있는 리그노셀룰로스 화합물을 먹는다는 것도 사실상 결코 대안이 아니었다. 우리가 지금의 소화계를 갖추는 쪽으로 진화했다는 것은 그 화합물을 분해할 적절한 효소가 없다는 의미다. 따라서 새로운 기술적 및 지적 발전을 이루고 새로운 지역으로 진출할 수 있는 더 큰 집단을 빚어낼 대규모 식량 획득 방법은 오로지 경작뿐이었다. 그때나 지금이나 인류에게는 작물과 가축을 길들이는 것만이 유일한 방안이었다. 물론 일부 사회는 식물이 아닌 동물만 길들였고, 이동하는 목축 사회로 성공을 거두었다. 그러나 이 전략은 영양이 풍부하고 예측할 수 있고 관리 가능하게 식량을 공급하긴 해도, 높은 인구밀도나 상당한 규모의 영구 정착지로 이어질 수 없었다. 그리고 정착을 통해 (인구 규모와 기술적·사회적 혁신 측면에서) 그에 따른 보상을 수확한 다른 집단과 마주했을 때, 이동하는 집단은 엄청난 압박을 받았다. 정착민이 땅을 자신들 소유라고 주장할 경우, 이동하기가 수월하지 않다는 점도 그중 하나였다.

중요한 것은 가능한 한 많은 에너지를 섭취하는 게 아니다

지금까지 살펴보았듯 높은 인구밀도와 큰 규모의 영구 정착지는 오로지 작물과 가축, 특히 일과 식량 양쪽에 활용하기 좋은 더 크고 더 튼튼한 동물을 길들인 덕분에 나온 것이다. 이번 장에서 에너지가 문명 성장의 연료임을 보여주었으므로(에너지는 만물을 성장시키는 연료다) 독자들은 인간의 주식主食이 에너지의 풍부함에 따라 선택되었다고 생각할지도 모른다. 주식은 영양조성과 소화율이 좋아서 식단의 주류를 차지하고, 매일 또는 적어도 일주일에 몇 번 먹는 음식을 말한다. 이 척도로 보자면, 사탕수수를 주식으로 삼는 편이 가장 나을 것이다. 이 작물은 에너지(탄수화물) 수율 면에서 다른 모든 길들인 작물을 능가한다. 그러나 사탕수수를 주식으로 삼은 사회는 전혀 없다. 이유가 뭘까?

개량되지 않은 전통적인 사탕수수 품종조차도 헥타르당 수확 가능한 줄기가 무려 40톤에 이르며, 여기서 적어도 4톤의 당을 얻을 수 있다. 1년 동안 약 20명을 충분히 먹일 만한 에너지다.[43] 가장 생산적인 수렵·채집 방법으로 얻는 양보다 무려 약 200배나 많은 수치다. 그러나 이는 토끼만 먹는 것과 마찬가지로 이론상으로 가능할 뿐이다. 사탕수수에는 단백질도 지방도 전혀 없다. 필수 무기질도 거의 들어 있지 않다. 우리가 얻는 것은 오로지 빨리 소화되는 탄수화물인 설탕뿐이다.

사탕수수는 비교적 일찍 길들인 작물에 속하지만(뉴기니에서 약 1만 년 전), 세계적인 주요 작물이 된 것은 근세(1500~1800)에 들어서였다. 당시 사탕수수는 주로 카리브제도와 라틴아메리카에서 재배했고, 설탕 거래는 유럽의 대륙 간 교역, 식민지화, 노예무역의 중요한 구성 요소로 등장했다.[44] 그 뒤로 수백 년 동안 재배 지역이 계속 확대되어 현재 전 세계적으로 약 2,700만 헥타르(그리스 면적의 약 2배)에서 경작하고 있다. 그러나 2020년 자료를 보면 옥수수, 밀, 보리 같은 곡류는 약 7억 4,000만 헥타르(사탕수수보다 거의 30배 더 넓은 면적)에서 재배하고 있으며, 세계 생산량은 약 30억 톤에 달한다. 그에 비해 설탕 생산량은 2억 톤에도 못 미친다.[45]

곡물 재배: 우리의 유일한 대안

　최초의 복잡한 정착 사회 출현, 세계 인구의 느린 팽창, 산업 (그리고 지금의 후기 산업) 경제로의 궁극적인 전환, 현재 인구 80억 명의 생존 등 이 모든 일은 주로 길들인 곡류와 콩류의 수확에 의존해왔으며, 앞으로도 그럴 것이다. 우리는 이런 작물을 직간접적으로 먹는다. 우리가 재배하는 옥수수·밀·보리·콩의 상당량은 고기, 젖, 알을 생산하는 동물 사료로 쓰인다. 처음에 왜 경작을 생존 전략으로 채택하려는 충동을 느꼈을지에 대한 논쟁은 결코 해결되지 않을 수 있다. 수렵·채집에서 농경으로의 점진적 전환은 사냥과 채집을 통해서는 지탱할 수 없을 만큼 인구가 서서히 증가했기 때문일까? 기후변화로 작물 경작이 더 쉬워졌기 때문일까? 아니면 정착 사회에서만 실현될 수 있는 물질적 부와 개인적 소유 욕구가 동기로 작용했을까? 그것도 아니면, 지배와 사회 계층화 욕구가 원인이었을까? 경작의 출현을 부추긴 것이 무엇이든 결국에는 아무런 상관도 없게 되었다. 일단 길들인 곡류와 콩류가 팽창하는 인구와 더 복잡한 사회조직을 떠받치는 음식 에너지의 주된 공급원이 되자, 과거로 되돌아갈 일은 결코 없었다.

　아시아 열대지방의 벼와 아한대 스칸디나비아 지역의 호밀에서 섬나라 일본의 대두와 아메리카 대부분 지역의 옥수수·콩에 이르는 곡물 기반 농업보다 더 널리 활용되면서 유례없는 수준의 인구를 먹여 살릴 수 있는, 더 예측 가능하고 더 저장 가능하고 더 영양적 가능성이 있는 대안은 전혀 없었다. 일부 지역에서는 덩이뿌리 작물과 기름작물을 심고 채소와 과일로 지방·비타민·무기질을 섭취하기도 했지만, 곡물 기반 농업이 정착지의 성장, 도시의 출현과 팽창, 저술과 예술의 발달, 탐험의 확대, 기술의 혁신을 추진했다는 점에는 논란의 여지가 없다. 그 뒤에 이루어진 많은 혁신이 현재의 세계 문명 형성에 기여했지만, 식용 가능한 곡물이 여전히 에너지의 주된 토대임은 명백하다. 곡물 재배는 우리의 유일한 대안이었고, 지금도 여전히 그렇다.

2장

우리는 왜
일부 식물은 많이 먹고
다른 식물은 먹지 않을까

다양성은 삶의 양념이라고 말하지만, 큰 규모에서 따질 때 인류가 대량으로 필요로 하는 것들은 대개 한정된 공급원을 통해 조달된다. 예를 들어, 기업 3곳(애플, 삼성, 샤오미)이 세계 스마트폰 시장의 3분의 2를 차지하고, 4곳(CFM인터내셔널, 프랫&휘트니, 제너럴일렉트릭, 롤스로이스)이 상업용 제트엔진의 80% 이상을 만든다. 길들인 식물도 이런 일반 법칙에서 예외가 아니다. 식물학자들은 관다발식물 약 40만 종을 분류했는데, 그중 1만 2,000종은 영양가 있는 작은 씨를 맺는 풀이다. 그러나 전체 식물 중 인간이 길들인 것은 미미한 비율에 불과하다. 겨우 20종이 연간 수확 작물의 75%를 차지하며, 벼와 밀이라는 단 2가지 길들인 풀이 세계 음식 에너지의 35%를 제공한다.[1]

길들이기는 사람의 필요에 더 적합한 동식물을 만들기 위해 야생종을 의도적으로 선택하고 점진적으로 변형시키는 과정이다. 과학자들은 (경작 식물에 영향을 미치는 변이를 기술한 찰스 다윈을 시작으로) 다양한 방법을 조합해 이 과정을 연구해왔으며, 현대의 유전학과 유전체학은 특히 많은 것을 밝혀내고 있다.[2] 길들이기 과정은 최종적으로 생존과 번성이 인간의 돌봄에 달려 있는 변형된 동식물의 출현을 낳았다.

거의 모든 주요 작물은 1만 3,000~5,000년 전에 적어도 7개 지역에서 길들여졌다. 밀·수수·기장·벼·감자·병아리콩·땅콩이 먼저였고(9,000여 년 전), 보리·옥수수·콩·카사바·사탕수수가 그 뒤를 따랐으며(6,000년 이전), 대두·유채·동부콩·퀴노아가 그다음을 이었다(3,000년 이전).[3]

길들이기를 연구하는 고고학자·유전학자·식물학자들은 길들인 작물이 지닌 두드러진 특징을 몇 가지 밝혀냈는데, 더 오래전에 길들인 식물이 나중에 길들인 품종보다 이런 형질을 더 많이 지니고 있다. 그런 특징 중에는 수십 년 사이에 획득 가능한 것도 있는 반면, 자리를 잡는 데 1,000년이 걸리는 것도 있기 때문이다.[4] 밀·벼·보리·콩에서 나타난 가장 중요한 변화는 종자 붙임성 또는 내탈립성耐脫粒性 획득이다. 즉, 익은 낟알이 떨어지지 않고 그대로 매달려 있는 성질을 말한다. 또 세계의 2가지 주요 곡류 작물 중 하나인 밀은 낟알이 상당히 더 커졌고, 길들인 옥수수와 해바라기는 잎의 수가 줄어들었다. 그러나 길들이기에서 가장 공통적인 형질은 맛의 변화(대개 쓴맛이 줄어들고 단맛이 커지는 쪽으로)와 식용 부위의 크기 증가다(더 큰 씨, 더 큰 과일, 더 큰 덩이뿌리).

길들인 과일은 그 기원인 원종原種과 가장 뚜렷하게 차이를 보이는 사례를 제공한다. 중국의 야생 다래(더 크고 껍질이 부드럽고 달콤한 재배 과일인 키위에 비해 작고 가죽질이고 시큼하다)나 핵과류核果類가 그렇다. 살구, 버찌, 복숭아, 자두는 모두 훨씬 더 작고 더 딱딱하고 덜 단 야생종에서 나왔다. 야생 바나나에는 작고 단단한 씨가 가득 들어 있지만, 재배 바나나에는 한가운데에 검은 점 같은 흔적이 남아 있을 뿐 씨를 거의 볼 수 없다. 한편 씨 없는 오렌지(네이블navel, 발렌시아valencia, 온주귤溫州橘)는 세계 감귤류 시장에서 큰 비중을 차지한다. 이 모든 변화의 가장 공통적인 결과는 유전적 변이다.

길들인 작물 중 구과毬果를 맺는 나무(침엽수)는 거의 없다. 침엽수의 나뭇진 많은 껍질과 뾰족한 바늘잎은 먹기에 적합하지 않으며(그래도 차로 마실 수는 있다), 구과가 익어서 벌어지면 씨는 그대로 노출되어 쉽게 떨어지기 때문에 수확하기 어렵다. 진짜 페스토 제노베제pesto genovese를 만드는 데 필수적인 잣의 가격을 보면, 채취하는 데 정말로 많은 노력이 든다는 것을 알 수 있다.

완전히 또는 부분적으로 길들인 식물은 약 2,000종(관다발식물의 약 0.5%)이며, 그중 폭넓게 세계적으로 퍼져 있는 것은 200종에 불과하다.[5] 예를 들어 아키ackee, 비리바biriba, 디카dika, 와우손틀레huauzontle, 대추, 노니, 페피노pepino 중에서 독자들이 이름을 아는 것은 몇 가지이고, 색깔과 맛까지 아는 것은 얼마나 될까?[6] 또 섬유(목화, 아마, 삼, 황마, 사이잘sisal)나 중독성 물질(코카coca, 카트khat, 마리화나, 담배)을 얻기 위해 기르는 작물도 있고, 영양이 아닌 맛·냄새·색깔을 위해 재배하는 허브(바질에서 타임thyme에

야생종과 길들인 종: 단단한 씨로 가득한 바나나 vs. 씨 없는 열매.

이르는)와 향신료(올스파이스allspice에서 강황에 이르는)라는 두 부류
의 큰 집단도 있다.

주식: 점점 더 늘어나는 인구 먹여 살리기

　현대적인 화학 분석도 다양한 종의 속성을 비교한 데이터도
없던 약 1만 년 전, 주요 식량 작물의 선택은 그런 식물에 어떤
다량영양소가 들어 있는지 전혀 모르는 상태에서 이루어졌다.
길들이기는 시행착오의 결과였고, 우연한 발견도 한몫했을 것

이 거의 확실하다.

유달리 큰 크기 또는 좋은 맛 때문에 알맞은 씨나 덩이뿌리를 선택했을 것이다. 그리고 야생 식물이 싹트고 익는 과정을 자세히 관찰함으로써, 심고 수확할 가장 좋은 시기가 언제인지도 파악했을 것이다. 더 맛좋고 소화 잘되는 음식을 만들기 위해 다양한 요리법을 시도했을 터인데, 특히 독성 화합물을 제거할 필요가 있을 때 그랬을 것이다(유독한 시안화물을 없애기 위해 카사바를 물에 담가두었다가 조리한 것을 예로 들 수 있다). 그렇게 해서 마침내 뛰어난 수확량, 널리 인정받는 맛, 소화 용이성, 저장 편리성 등의 조합에 힘입어 주식 작물이 출현했다.

현대의 복잡한 과학적 탐구로도 경험에 따른 이 기나긴 선택을 통해 출현한 것보다 더 나은 작물을 골라낼 수는 없을 것이다. 이런 경험적 선택은 수백 년 또는 수천 년 동안 이어졌다. 그 결과 곡류가 나왔고, 거기에 콩류와 기름작물을 곁들임으로써 인류 식량 공급의 토대가 마련되었다. 그로부터 수천 년 뒤에도 이런 식량 공급 양상은 현대 세계를 먹여 살리는 기반으로 남아 있다. 뒤에서 설명할 몇 가지 주목할 만한 변형이 이루어지긴 했지만 말이다. 앞서 언급했듯 20가지도 안 되는 종이 연간 수확 작물의 75% 이상을 차지하며, 그중 주류에 속하는 곡물의 수확량은 현재 연간 30억 톤에 달한다.[7]

그러나 수확한 양은 먹을 수 있는 양과 다르다. 현재 브라질의 사탕수수와 미국의 옥수수 수확량 중 상당수가 자동차 연료인 에탄올을 만드는 데 쓰이며, 가장 큰 감소분이 여기서 생긴다.[8]

또 사탕수수 찌꺼기인 버개스bagasse(줄기를 압착해서 당을 추출한 뒤 남은 섬유질)와 씨를 압착해서 기름을 짜낸 뒤 남은 깻묵oil cake 도 꽤 많은 감소분을 낳는다. 전자는 주로 연료로, 후자는 대개 동물 사료로 쓰인다.[9] 이렇게 빠져나가는 양을 감안했을 때, 곡물과 콩은 세계 식용 가능 수확량의 거의 절반을 충당하며, 여기에 덩이뿌리 작물(감자, 고구마, 얌, 카사바)과 식물성기름 작물(해바라기, 유채, 올리브, 대두)을 더하면 거의 3분의 2를 차지한다.

더 큰 선택지와 다양성을 선호하는 현대인의 성향을 생각하면, 이 몹시 한정된 주식 작물의 범위는 역사적으로 더 풍부하고 더 다양했던 식단을 바람직하지 않으면서 후회스러울 만큼 좁혀버린 양 보일 수도 있다. 왜 그렇게 적은 종이 식용 가능한 수확량의 그렇게 많은 몫을 차지하게 되었을까? 왜 우리는 반건조 환경에 있든 열대우림에 있든 일부 침팬지나 많은 수렵·채집인 집단이 그렇듯 100가지 넘는 식물을 습관적으로 먹지 않는 것일까? 그 이유는 점점 더 늘어나는 인구를 먹여 살리려면, 3가지 다량영양소를 모두 갖춘 에너지밀도 높은 식량이 필요했기 때문이다. 밀과 벼와 옥수수는 그게 가능하다. 이런 원칙은 과거 신석기 때 소규모 수렵·채집인 집단에서 최초로 점토 벽돌을 사용한 거주자로 진화할 당시에 적용되었고, 대체로 도시 지역에 사는 80억 명 넘는 세계 인구를 먹여 살리는 오늘날에도 적용된다. 그러나 과거에 늘어나는 인구를 지탱했던 것만큼 오늘날의 기록적인 인구가 먹을 충분한 식량을 확보하려면, 식용 가능하고 소화 가능하다는 점만을 주식의 기준으로 삼기에는 부족하다. 빠른 생장이나 쉬운 수확도 마찬가지다. 먹을 수 있는 식물은 약 2만 종에 달하는데, 딸기와 망고는 소화하기 어렵지 않고, 시금치는 8주도 안 되어 수확할 수 있다. 그러니 이 2가지 특징 모두 결정적 요인은 아니다.

주식 작물이라는 지위는 진입 장벽이 높으며, 이 모든 기준을 충족시켜야 한다. 즉, 비교적 빨리 익어야 하고, 수확량이 꽤 많아야 하고, 장기간 저장 가능해야 하고, 소화율과 좋은 입맛도 중요한 속성이다. 또 필수영양소를 비교적 높은 비율로 공급할 수 있어야 한다. 길들인 곡식 작물은 이 모든 요구 조건을 충족시킬 수 있다. 비록 정도의 차이는 있지만 말이다. 서남아시아에서 가장 먼저 이렇게 길들여진 작물, 이른바 창시 작물founder crop은 에머밀, 외알밀, 보리, 렌즈콩, 완두, 병아리콩, 누에콩, 아마 등이다.[10]

에머밀emmer wheat, *Triticum dicoccon*은 낟알이 단단한 껍질로 감싸여 있었는데, 이윽고 대다수 지역에서 탈곡하기 쉽게 껍질이 덜 단단한 품종으로 대체되었다. 지금은 비중이 적은 작물이며, 주로 인도와 에티오피아에서 재배한다. 서양에서는 이탈리아에서 볼 가능성이 가장 높은데, 파로farro 또는 파로 메디오farro medio라고 불린다.[11] 외알밀einkorn wheat, *Triticum monococcum*(이탈리아어로는 파로 피콜로farro piccolo)도 껍질이 단단하며, 아마 가장 유명한 소비자는 1991년 외츠탈알프스Ötztal Alps의 얼음 속에서 미라로 발견된 5,000여 년 전의 남성일 것이다. 이 남성의 위장에 든 내용물을 분석했더니 마지막으로 먹은 것이 육류와 외알밀로 만든 빵이었다.[12] 누에콩faba bean, *Vicia faba*은 일찍이 1만 200년 전 갈릴리에서 재배되었고, 지금도 이집트에서는 이 콩으로 만든 스튜(풀 메다메스ful medames)가 주식이다.[13] 현재 콩류 중 세계에서 가장 많이 재배되는 대두soybean는 비교적 나중에 나온 것으로, 동아시아에서 4,000~7,000년 전에 길들였다.[14]

옥수수는 멕시코에서 약 9,000년 전에 키 크고 잎이 많은 야생 테오신테teosinte를 길들인 것이 시작이었다. 그 뒤 남아메리카로 건너가 리오그란데강 북부로까지 퍼졌다.[15] 현재 주류를 차지하는 빵밀bread wheat, *Triticum aestivum*은 유전체를 보면 3가지 야생 조상에서 유래했으며, (가장 오래된 증거에 따르면) 기원전 약 6,400년 전 튀르키예 남부에서 재배되었다. 그러나 효모 빵을 만들 수 있을 만큼 글루텐 함량이 높은 밀을 재배했다는 가장 오래된 기록은 훨씬 뒤인 기원전 약 1350년 마케도니아에서 나왔다.[16] 글루텐은 발효 반죽을 만들 수 있도록 탄성을 제공하는 식물단백질이다. 글루텐이 없거나 적게 든 밀가루는 무발효빵flatbread 용도로만 적합하다. 글루텐 없는 발효 빵은 차전자車前子(한방에서 질경이씨를 이르는 말—옮긴이) 껍질을 글루텐 대용물로 쓴다.[17]

특정 계절에 나일강이 범람하면서 관개가 이루어지던 고대 이집트에서는 주로 에머밀과 렌즈콩을 수확했다. 로마는 밀, 보리, 귀리, 호밀 그리고 몇몇 콩 종류(완두, 렌즈콩, 누에콩, 병아리콩)를 경작했고, 아메리카 원주민은 옥수수와 콩을 섞어 먹었다. 사하라 사막 이남 지역의 주식은 기장, 벼, 콩, 동부콩, 병아리콩이었다.[18]

그러나 고대에 길들이기를 통해 곡류를 영양의 토대로 삼았

이집트의 농사짓기: 소가 쟁기를 끌고, 씨를 뿌려 낫으로 수확했다.

음을 가장 명시적으로 밝혀주는 사례는 중국의 신농씨神農氏 신화다. 신농씨는 북중국 주민들에게 오곡(벼, 보리, 콩, 조, 기장)을 알려주었고(오곡이 정확히 어떤 종류였는지는 견해가 다양하다—옮긴이), 그로써 중국 문명이 탄생했다고 한다.[19] 고대 중국 문헌에 따르면, 그의 통치 시기는 기원전 2700년경이다. 이집트에서 대피라미드를 건설한 때보다 2세기 앞선다. 그러나 고고학적 연구는 그보다 수천 년 전부터 이미 중국에서 이런 작물을 모두(대두 제외) 재배하고 있었음을 명확히 보여준다.

영예로운 곡물: 그것들이 최고인 이유

길들인 곡물과 콩의 조합은 어떻게 전형적인 음식 에너지 요구 조건을 충족시키면서 소화하기 쉬운 씨앗 속에 3가지 다량영양소를 충분히 제공할 수 있었을까? 이 편리한 자연적 조합은 어떻게 에너지밀도가 낮고, 썩기 쉽고, 잎과 열매가 뒤섞인 식물을 많이 먹어야 할 필요성을 없앴을까? 이런 질문에 답하려면 사람의 영양 요구 조건과 이런 음식의 영양소 조성을 이해해야 한다.

음식 에너지 요구량은 나이, 체질량, 전반적인 신체 활동 수준과 밀접한 관계가 있다. 유년기와 사춘기에 건강하게 성장하고, 그 뒤에 체중과 핵심 기능(체온조절, 대사, 조직 수선)을 유지하려면 다량영양소와 함께 미량영양소(비타민과 무기질)를 충분히 섭취해야 한다. 미량영양소는 말 그대로 하루에 적은 양, 대개 밀리그램이나 마이크로그램 수준으로 섭취하면 충분하다. 다양한 음식물로 이루어진 정상적인 식단은 대부분 이런 요구 조건을 충족할 수 있다(따라서 비타민 영양제를 따로 먹을 필요가 없다).

1장에서 이미 언급했듯 3대 다량영양소의 필요량은 여러 세대에 걸친 영양학 연구를 통해 잘 정립되었고, 나이별로 어떻게 다른지도 잘 알려져 있다. 또 성장기나 임신기에는 체질량당 섭취량을 더 늘려야 한다. 곡물의 소화 가능한 에너지는 대부분 탄수화물에서 나온다. 봄밀은 비교적 단백질 함량이 높지만, 다른 곡물들과 마찬가지로 지방 함량은 적다. 이런 조합 덕분에 곡물은 비교적 에너지밀도가 높다. 밀의 에너지밀도(약 350kcal/100g)는 일반적인 채소(토마토와 양배추는 20kcal/100g 미만)의 약 18배이고, 흔한 과일(사과와 오렌지는 50kcal/100g 미만)의 약 7배다.[20]

이해를 돕기 위해 몇 가지 계산을 해보자. 한 집단 전체의 하루 평균 에너지 수요가 2,200kcal이고, 일하는 성인 남성은 2,500kcal라고 하자(남성은 몸집이 더 크고 상대적으로 근육량도 더 많은 경향이 있으므로 에너지 요구량 역시 더 많다).[21] 따라서 우리가 오로지 채소와 과일만 먹으며 살아갈 수 있다 하더라도, 그러려면 (종에 따라서) 채소를 매일 평균 5~8kg 먹어야 하고, 특히 성인 남성은 매일 상추 약 18kg이나 콜리플라워 약 10kg 또는 사과 약 4.5kg을 먹어야 할 것이다. 즉, 매일 작은 콜리플라워 약 20개나 사과 약 50개를 우적우적 씹어 먹어야 한다는 뜻이다! 대조적으로, 통곡물 640g이면 그 에너지 수요를 충족시킬 수 있다. 예컨대 쌀 약 3.5컵이나 밀가루 5컵 남짓이면 충분하다.

그러나 그만큼의 곡물로는 단백질을 충분히 얻지 못할 테고(필요량의 약 40%에 불과하다), 필요한 지방의 절반도 섭취하지 못할 것이다.[22] 앞서 언급했듯 현대의 권장 식단은 성인 음식 에너지의 45~65%를 탄수화물, 20~35%를 지방, 10~35%를 단백질에서 얻어야 한다고 말한다. 밀이나 쌀만 먹어서는 지방과 단백질을 충분히 섭취할 수 없다. 바로 여기서 콩이 차이를 빚어낸다. 보편적으로 나타나는 곡물과 콩의 조합이야말로 작물 길들이기의 가장 놀라운 특징이다. 이런 특징은 유럽의 모든 주요 고대 문명, 아시아 문명 대다수, 아프리카와 아메리카의 넓은 지역에서 공통적으로 나타나며, 수천 년 동안 이어졌다. 그러나 우리가 그 생화학적 토대를 이해한 것은 19세기 들어서였다.

성공적인 조합

아미노산 20개로 구성된 음식의 단백질은 모든 신체 조직의 성장과 수선뿐 아니라 대소변으로 빠져나가는 질소를 보충하는 데에도 필요하다.[23] 우리는 유아기와 그 뒤의 급성장기에 이 다량영양소가 비교적 많이 필요하다. 아미노산 중 9가지는 우리 몸이 합성할 수 없기 때문에(즉, 우리 몸속에서 만들어지지 않으므로) 필수적이라고 여겨지며, 음식을 통해 적절한 비율로 섭취해야 한다. 놀랄 일도 아니지만, 모유와 우유에는 모든 필수아미노산이 다 들어 있다. 사실 동물에서 나온 모든 음식(달걀, 육류, 생선)에는 모든 아미노산이 남아돌 만큼 많다. 또 소화도 잘되고, 우유 단백질에 알레르기를 일으키는 사람은 드물다(세계 인구의 3%에 불과하다).

한편으로 우유는 먹었을 때 거부감을 일으키는 가장 흔한 음식물이기도 한데, 그 이유는 젖당 불내성 때문이다. 젖당(당의 일종)을 소화하는 효소인 젖당 분해 효소가 없어서다. 인류의 약 3분의 2는 우유를 한 컵 마셨을 때 가벼운 불편함에서 설사와 복부 팽만감에 이르기까지 다양한 증상을 느낀다. 그러나 한국이나 일본의 사례가 보여주듯 젖당 분해 효소가 없는 이들이 흔한 집단이라도 우유와 유제품을 적당량 섭취하면 전혀 불편함을 느끼지 못한다. 이 두 나라 사람들은 현재 1인당 연간 약 30리터씩 우유를 소비한다. 한편, 유럽연합은 1인당 소비량이 50리터 남짓이다.

동물단백질과 대조적으로, 모든 식물단백질에는 필수아미노산이 한 가지 이상 부족하다. 곡물 단백질에는 라이신lysine이 부족한 반면, 콩 단백질에는 메티오닌methionine과 시스틴cystine이 비교적 적으며, 소화가 잘 안 되는 단백질도 섞여 있다. 따라서 개인의 단백질 총섭취량만을 따지는 것은 부적절하다. 어떤 아미노산을 가장 적게 섭취하는지를 계산하는 것이 중요하며, 아이들에게는 특히 더 그렇다. 소화 흡수 아미노산 지수digestible indispensable amino acid score는 식단 단백질의 질을 측정하는 척도다. 동물성 식품의 점수는 1.0을 넘는다(우유 1.16, 돼지고기 1.14, 달걀 1.13, 닭가슴살 1.08). 식물성 식품은 0.89(콩가루)와 0.83(병아리콩)처럼 높은 것부터 0.29(수수)처럼 낮은 것까지 다양하다.[24]

그 결과 동물성 식품이 상당한 몫을 차지하는 혼합 식단은 늘 필수아미노산을 필요한 양보다 더 많이 제공한다. 하지만 채식 식단도 쌀과 콩 같은 식물을 조합하는 한 이 지수가 비교적 높을 것이다. 밀이나 카사바만 먹는다면 점수가 가장 낮게 나올 텐데(라이신 결핍 때문에), 그런 식단은 탄수화물은 많이 제공하지만 아미노산은 부족하다.

이렇게 영양학적으로 최적이 되도록 곡물과 콩을 조합하는 방식을 세계 각지에서 독자적으로 채택했다. 지역마다 조합하는 종은 서로 달랐지만, 동일하게 바람직한 결과를 얻었다. 즉,

섭취하는 양질의 단백질이 늘어났다.

식품의 화학적 조성과 다량원소의 상대적 함량을 전혀 모르면서도, 초기 농경 사회는 비교적 일찍부터 콩을 길들임으로써 곡물의 다량영양소 불균형을 바로잡았다. 모든 콩에는 단백질이 풍부하며 식용 기름, 즉 지방까지 풍부한 종류도 있다. 모든 콩은 단백질이 가장 많은 곡물(빵과 파스타를 만드는 데 쓰는 듀럼밀 durum wheat이 14%로 가장 높다)보다 단백질 함량이 높으며, 대두는 쌀(대개 겨우 7%)의 거의 5배에 달한다.

중국에서는 주로 곡물과 두부(대두를 갈아서 굳힌 식품)로 이루어진 식단이 이런 성공적인 조합을 제공했다. 쌀과 밀(그리고 농경 초기에는 수수)을 대두와 조합하면, 단백질이 소화할 수 있는 에너지의 34%까지 차지한다.[25] 인도에서는 달차왈dal chawal(렌즈콩과 쌀을 섞은 덮밥)이 흔한 조합인데, 단백질 함량이 약 25%다. 유럽에서는 밀, 호밀, 보리, 귀리를 완두나 콩과 조합한다(단백질 함량 21~24%). 아프리카 사하라사막 이남에서는 수수와 쌀을 콩·완두와 조합했다. 서아프리카에서는 동부콩cowpea, *Vigna unguiculata*(단백질 24%)과 밤바라콩Bambara bean, *Vigna subterranea*(단백질 25%)을 선호했다. 그리고 아메리카에서는 옥수수에 콩(멕시코의 프리홀레스 콘 엘로테frijoles con elote 같은), 또는 땅콩을 조합하기도 했다. 땅콩은 원래 남아메리카에서 길들였는데, 스페인 정복자가 들어올 무렵에는 훨씬 북쪽인 멕시코에서도 재배했다.[26]

전통적인 농경 사회에서 곡물과 콩을 조합해 탄수화물과 단백질의 수요를 충족하는 일은 당시 사람들이 오늘날 권장되는 수준보다 단백질과 지방을 덜 섭취했다는 사실 덕분에 더 쉬웠다. 이누이트는 겨울에 탄수화물을 거의 섭취하지 않고도 살아갈 수 있었을 뿐 아니라(여름에는 물열매, 풀과 줄기, 뿌리, 해조류를 채집했다), 단백질 섭취량도 현재의 권장 최적 범위 아래쪽에 가까울 때가 많고 지방 섭취량은 더욱 적었을 수 있다. 미국의 농업 경제학자 존 로싱 벅John Lossing Buck 연구진은 1920년대 말부터 1930년대 초까지 중국에서 그 누구도 따라올 수 없을 만큼 상세하고 정확하게 경작과 영양 현황을 조사했다.[27]

당시 중국의 농업과 식단은 마지막 제국인 청나라 때와 거의 비슷한 상태로 남아 있었는데, 연구진은 주요 경작 지역 136곳에서 설문 조사를 통해 대표적이면서도 정확한 값을 얻었다. 전국 평균을 보면, 성인 남성은 모든 음식 에너지 중 곡물에서 83%를 얻고, 콩에서 거의 7%, 식물성기름에서 2%를 얻었다. 모든 음식 에너지의 92%를 씨에서 얻은 셈이다. 또 다른 식물성 식품(중요도 순서로 감자, 채소, 사탕수수, 과일)이 6%를 차지했으므로, 동물성 식품의 비율은 겨우 2%에 불과했다. 곡물의 몫이 거의 바뀌지 않았다는 사실은 명나라(1368~1644)의 연간 1인당 추정 공급량이 주식 곡물(쌀과 밀) 3.6석石이었다는 것에서 잘 알 수 있다.[28] 1석은 60kg이므로 연간 216kg, 즉 하루에 590g을 섭취했다(1석이 어느 정도 양인지는 시대와 지역에 따라 달랐다—옮긴이). 이는 약 2,100kcal/day, 즉 일하는 남성의 하루 에너지 수요의 약 85%에 해당하며, 벅의 1930년대 평균값과 거의 동일하다.

인도와 근세(1500~1800) 유럽의 많은 지역에서도 곡물과 콩의 의존도가 중국과 비슷하거나 조금 낮은 수준이었다(75~80%). 그리고 도시화와 산업화가 급속히 이루어지던 1860년대 영국에서도 탄수화물은 평균적인 가정에서 모든 음식 에너지의 거의 70%를 공급했다.[29] 풍작인 해에 곡물과 콩의 조합은 충분한 탄수화물뿐 아니라 최소 단백질 요구 조건(성인은 하루 약 50g)도 충족할 수 있었다. 뒤에서 설명하겠지만, 육류와 유제품 섭취량이 적었기에 단백질의 질 자체는 최적 수준에 미치지 못했다.

곡물과 콩은 비교적 높은 에너지밀도와 다량영양소의 바람직한 조합 외에도 다른 이점을 갖고 있다. 요컨대 몇몇 미량영양소(특히 비타민 B군, 구리, 철, 마그네슘, 인, 아연)의 좋은 공급원이다. 오늘날에는 무기질과 비타민 영양제를 강박적으로 먹으므로, 빻는 과정에서 사라지는 영양소를 보충하는 차원이 아니라 그보다 더 많은 양을 섭취하는 경우가 흔하다.[30] 잘 익은 씨는 수분 함량이 낮고(15% 미만) 작은 통이나 큰 창고에 몇 달, 적절한 조건에서는 몇 년까지도 저장할 수 있으며 운반하기도 쉽다. 전통적으로는 자루에 담아 운반했는데, 19세기 이후로는 커다란 배에 대량 선적해 대륙 사이를 오갔다. 연간 수확하는 곡물의 저장량과 교역량 비율을 보면 이 2가지 양상이 가장 잘 드러난다. 2020년대 초 세계 곡물 저장량은 연간 수확량의 거의 30%에 해당하고, 거의 20%(그리고 모든 밀의 약 25%)는 국제적으로 거래되었다.[31]

곡물은 가공을 통해 아주 다양한 식품이 된다. 현격한 차이로 가장 중요한 곡물은 밀가루(밀과 호밀을 빻은 것), 쌀, 옥수수다. 이것들은 빵(원래 유럽과 아시아 일부 지역의 주식이었지만 지금은 전 세계에서 굽는다), 토르티야, 페이스트리, 국수의 원재료다. 특히 국수는 이탈리아의 파스타부터 동아시아의 밀과 쌀·메밀로 만든 요리까지 아주 다양하다. 곡물로 만든 술은 고대 이집트의 맥주까지 거슬러 올라가며(오늘날과 마찬가지로 보리를 발효시켜 만들었다), 일본의 사케처럼 쌀로 만드는 술도 있다. 전통적으로 동아시아에서는 육류 대체 식품을 널리 먹었는데(두부는 적어도 2,000년 전부터 섭취했는데, 대두를 갈아 응고시켜서 만든다. 그리고 세이탄seitan은 밀 글루텐으로 만든다), 부유한 사회에서 채식주의가 유행함에 따라 새롭게 인기를 끌고 있다. 곡물 기반 조미료(식초, 간장)도 현재 전 세계에서 쓰이며, 옥수수(낟알 전체에 지방 함량이 겨우 3~6%이고, 대부분 배아에 집중되어 있다)와 두 종류의 콩(지방 함량은 대두 18%, 땅콩 48%)은 식용유의 원천이다.

영양 부족

비교적 기름진 이런 씨들은 식량 곡물 중에서 예외적인 사례이며, 탄수화물이 식단의 주류였던 근대 이전 대다수 농경 사회에서 지방은 상대적으로 공급량이 가장 적은 다량영양소였다. 현재의 권장 식단은 총에너지의 최소 20%를 지방에서 얻어야 한다고 말하지만, 당시에는 10%를 얻는 수준에 불과했기에 영양 결핍과 발육 저해를 초래했다. 전근대 사회의 대다수 사람들이 모든 유형의 지방(버터, 지방이 풍부한 고기, 식용유)을 중요시했고, 일부 지역에서는 심각한 지방 부족 양상이 최근에야 사라진 것도 놀랄 일이 아니다. 1970년대에 중국의 대다수 도시에서는 식용유 배급량이 매달 100~200g에 불과했다. 가난한 가정에서 프라이팬으로 겨우 두 접시 분량의 요리를 하는 데에도 식용유가 50g(찻숟가락 약 4개 분량) 정도 필요하다.[32] 그리고 전쟁으로 폐허가 된 1950년대 일본에서는 지방의 음식 에너지 공급량이 채소보다 적었다. 지방 섭취량은 그 뒤에 3배까지 늘었다가 감소 추세에 들어섰다. 인구가 고령화하면서(그리고 활동량이 감소하면서) 필요로 하는 음식 에너지가 줄어들었기 때문이다.[33]

곡물-콩 조합이 모든 집약 농업 지역에서 다량영양소의 최소 수요를 충족시킬 수 있었지만, 식량 부족 상황은 계속 되풀이되었다. 게다가 전쟁, 유행병, 날씨 변화에 따른 흉작 등으로 기근까지 찾아오곤 했다. 그 외에도 상황을 복잡하게 만드는 요인은 더 있었다.

첫 번째는 다음 해에 파종하기 위해 수확한 씨의 일부를 보관해야 한다는 것이었다. 이 비율은 작황에 달려 있었는데, 중세 초 유럽에서는 수확량이 저조했으므로 수확량의 최대 50%까지 종자로 쓰기 위해 보관해야 했다. 풍작인 해에는 이 수치가 25~30%까지 떨어졌다.[34] 오늘날의 생산자는 이런 걱정을 할 필요가 전혀 없다. 수확한 씨를 다시 심기 위해 보관하지 않고, 해마다 종묘상에서 새 씨를 구입하니 말이다.

또 한 가지 요인은 미흡한 보관 과정에서 일어나는 손실이었다. 높은 습도부터 해충과 설치류의 침입에 이르기까지 피해 원인은 다양했다. 경작지에서 일어나는 이른바 탈립 손실shattering loss을 최소화하기 위해(즉, 마른 씨가 땅에 떨어지지 않도록), 경작자는 곡물 낟알의 수분 함량이 22~25%일 때 수확해야 한다. 오늘날 전 세계의 농민은 낟알 수분 함량을 정확히 측정할 수 있고, 언제 수확을 해야 할지도 안다. 수확한 뒤에는 단 몇 달만 저장할 때에도 수분 함량을 15% 미만으로 낮추어야 하고, 더 오래 저장하려면 13% 아래로 떨어뜨려야 한다.[35] 따라서 곰팡이가 피는 것을 막고 운송비도 절감하려면(수분 무게를 줄임으로써) 저장하기 전에 건조하는 것이 필수적이다. 많은 가난한 나라에서는 지금도 대체로 자연 건조를 한다. 햇볕 잘 드는 곳에 낟알을 죽 펼쳐놓고 말리는데, 오염되고 해충이 모여들 수 있다. 기계로 건조하는 것이 좋긴 해도 상대적으로 비싸며, 소규모 생산자에게는 더욱 그렇다.

　(진흙, 목재, 풀로 만든) 전통적인 저장 시설에서는 애초 저장한 양의 절반까지 손실을 입기도 했는데, 적절히 건조한 뒤 사일로와 강철 용기에 보관하는 현대 저장 방식은 손실률이 2% 미만 심지어 1%에 불과하다. 그러나 일부 국가에서는 공급망 전체(수확 단계에서 소매에 이르기까지)의 총손실량이 아직 높다. 쌀의 총손실량을 보면 중국(추정 수치는 8~26%)과 태국은 평균 약 15%, 나이지리아는 무려 25%에 달한다. 인도의 밀 수확 후 손실량은 4%, 많을 경우 약 12%에 이르기도 한다. 아프리카 사하라사막 이남 지역에서는 최대 약 15%에 달한다.[36]

　수확한 밀과 쌀의 실제 소비량은 제분 과정에서 더 줄어든다.

밀과 쌀 모두 통곡물 형태로 요리해서 먹을 수 있는데, 아시아의 가난한 지역에서는 도정을 거치지 않은 현미가 주식이었다(여기에 일본에서는 보리, 중국에서는 기장을 통곡물 형태로 섞어 먹었다). 그러나 비교적 사소한 몇몇 사례를 제외하고(무엇보다도 불구르 bulgur를 비롯해 으깨고 살짝 데친 통밀알), 밀은 언제나 도정해서 외피(겨)와 배(배아)를 제거한 뒤 배젖(배아를 둘러싼 조직)을 빻아서 곱거나 거친 가루로 만들어 썼다. 빻은 곡물은 맛이 더 좋지만 수율이 낮아 일반적으로 채택되지 못했다. (겨만 제거한) 현미는 20세기 초까지 일본 시골의 주식이었다. 저장 손실량은 편차가 매우 큰 반면, 제분 손실량은 예측이 가능하다. 제분율extraction rate(통곡물 단위량에서 생산되는 가루의 비율)은 다양한데, 통밀 가루는 거의 100%에 달하는 반면, 미국에서 다양한 용도로 널리 쓰이는 흰 밀가루는 약 70%에 불과하다.[37]

쌀 가공은 손실량이 더 많을 때가 종종 있다. 배젖은 쌀알의 69%까지 차지하는데, 수확한 쌀 중에서 가루로 만드는 비율은 극히 낮다. 쌀가루는 국수나 라이스페이퍼를 만드는 데 쓰인다. 흰쌀의 제분율은 벼 품종에 따라 대개 68~72%이지만, 작은 제분소에서는 50~60%까지 낮게 나오기도 한다.[38] 그 결과 (수확량에서 파종용 보관분과 저장 손실분을 빼면) 현미나 통밀·호밀 빵을 먹는다고 해도 수확 가능한 곡물 중 사람이 먹을 수 있는 양은 절반에 못 미치며, 제분을 한 뒤에는 이 비율이 40% 아래로 떨어진다.

놀라운 덩이뿌리

곧바로 또는 짧게 저장한 뒤 먹어야 할 때 수확할 수 있는 탄수화물 식량은 한 가지뿐이다. 지금은 일년생으로 재배하는 다년생 열대 덩이뿌리인 카사바cassava, *Manihot esculenta*(매니옥manioc 또는 유카yuca라고도 한다)다. 이 덩이뿌리는 녹말이 아주 많고(97%가 탄수화물) 단백질과 지방은 극히 적지만, 연간 생산량(최근에는 약 3억 톤)으로 따지면 쌀과 옥수수 다음으로 열대 전역의 주된 탄수화물 식량이다. 나이지리아(세계 생산량의 약 20%), 브라질, 인도, 앙골라, 가나가 최대 생산국이다.[39] 카사바는 삶아 먹거나 갈아서 수분을 제거한 뒤 건조시켜 거친 가루(파리냐farinha, 가리garri)로 만들어 활용하며, 수확기가 따로 없다는 게 주된 장점이다. 수확을 몇 달 미루어 사실상 밭에 그대로 저장해둘 수도 있다. 하지만 너무 오래 놓아두면 섬유가 많아져 목질木質이 된다.

카사바는 심은 지 6개월에서 2년 사이에 언제든 수확할 수 있다. 사람이 먹는 용도로는 대개 8~10개월 만에 수확하는데, 생장 기간이 길수록 뿌리가 굵고 녹말 함량도 많아진다. 상업적 규모일 때는 기계로 수확하지만, 소규모 재배자는 필요할 때 한 그루씩 뽑는다. 줄기를 높이 50cm쯤 되는 부위에서 잘라내고 주변의 흙을 헐겁게 만든 다음 쑥 잡아당겨 덩이뿌리를 수확한다.

이와 대조적으로 주요 덩이뿌리 탄수화물 식량인 감자는 성숙기에 딱 맞추어 수확해야 하며, 저장 기간이 길어질수록 곡물보다 손실이 더 많아지곤 한다(마르거나, 싹이 나거나, 병에 걸리거나 해서). 약 8,000년 전 지금의 볼리비아와 페루 사이에 있는 티티카카호Lake Titicaca 주변에서 감자를 처음 길들였던 안데스인은 그 문제를 지역적인 방식(추운 고지대 기후)으로 해결했다. 바로 탈수시킨 추뇨chuno다. 먼저 짚을 깔고 감자를 죽 펼쳐놓은 뒤 밤새 얼린다. 그런 다음 감자를 꾹꾹 밟아서 수분을 빼낸다. 이 과정을 반복하면 감자에서 물기가 빠져 작은 돌처럼 된다. 이 감자는 여러 해 동안 저장 가능하며, 필요할 때 물에 담가 불려서 쓴다.[40] 추운 안데스 기후에서 이 저장 방식은 편리하고 유용했지만, 감자는 잉카제국(더 나아가 놀라운 기념비적 건축물을 남긴 그 어떤 고도로 발달한 문명)의 주식이 아니었다. 옥수수와 콩의 조합이 그들의 주식이었다.

사회적 영향

길들인 곡류는 늘어나는 인구가 먹는 다량영양소의 가장 큰 몫을 차지했을 뿐만 아니라, 복잡한 문명의 사회적·경제적·기술적 발달에도 영향을 미쳤다. 작물 길들이기는 유례없는 선견지명과 관리 수단을 필요로 했다. 주요 작물의 조직(씨, 덩이뿌리, 견과, 과일)은 대개 성숙하는 데 긴 시간이 걸리고 연간 겨우 한 차례 수확하기 때문에, 인류는 장기 계획자이자 관리자가 되어야 했다. 때맞춰 씨를 뿌리고, 가장 적절하게 익은 시기에 수확하고, 다음 수확기까지 버틸 식량을 충분히 생산하고, 수확한 생물량을 더 입맛에 맞게 가공하고 손실을 최소화하면서 저장하고, 다음 해에 심을 양을 따로 떼어놓아야 했다.

일부 채소처럼 빨리 성숙하는 주식 곡류는 전혀 없다(상추는 30~40일, 오이·비트·브로콜리·애호박은 40~60일이면 수확할 수 있다). 주식 곡류는 일년생 작물이고, 연간 한 차례 심고 수확하며, 성숙하기까지 90일(캐나다의 봄밀은 5월에 심고 8월에 수확한다)에서 120일(일본의 벼는 지역에 따라 4~5월에 심고 8~10월에 수확한다)이 걸린다. 이는 경작에 적합한 기후에서 연간 한 작물만 기를 수 있고, 북반구에서는 대개 봄에 심고 늦여름이나 초가을에 수확한다는 의미다.[41] 유럽·북아메리카·중국에서 가을에 심어 이듬해 여름에 수확하는 겨울 밀과 보리, 귀리, 호밀은 주요 예외 사례다. 이들 지역에서는 그런 다음 그해에 수확할 수 있는 일년생 작물을 심곤 한다.

콩과科 식물은 성숙 기간이 비슷하다. 북아메리카에서 대두는 5~6월에 심고 9~11월에 수확한다. 중국에서는 심고 수확하는 시기가 이보다 한 달 더 빠르다. 우기雨期가 있는 아시아 지역에서는 올해 심고 이듬해에 수확하는 방식이 흔하다. 인도의 라비rabi 작물은 겨울에 파종하는 밀·벼·수수·옥수수를 가리키는데, 10~12월에 심고 이듬해 3~5월에 수확한다. 덩이뿌리도 생장 기간이 비슷하다. 감자와 고구마 모두 90~120일이다. 변동하는 노동력 수요(옮겨 심고 잡초를 뽑는 일은 물론, 특히 제때 수확하는 데에도 아주 중요하다)도 생산량에 제약을 가했고, 이런 일은 농사일을 기계화함으로써 비로소 없어졌다(쟁기를 끄는 트랙터, 파종기와 비료 살포기, 콤바인을 비롯한 수확기). 기계화는 20세기 초 북아메리카에서 시작되어 서서히 퍼져나갔다.

수확 이후의 작업(파종용 씨를 보관하고, 다음 수확기까지 식량을 저장하고, 밀·호밀·벼·옥수수를 빻는 일)에는 사전 계획이 필요했으며, 인구와 식량 수요가 증가함에 따라 중요한 혁신과 기술 발전이 뒤따랐다. 고대 이집트, 로마와 중국 제국을 비롯해 중앙 집중화하고 관료 체제를 잘 갖춘 많은 고대 국가들은 곡물 창고를 지었다. 18세기 말 청나라에서는 연간 곡물 저장량이 대체로 200만~250만 톤 사이를 오락가락했다.[42] 이는 1인당 10~15kg에 해당하며, 기근을 대비해 이렇게 널리 체계적으로 식량을 보관했다는 사실은 청나라의 경제가 그토록 발전한 이유를 설명하는 데 유용하다.

지속적인 성장

고대부터 곡물을 수입할 필요가 있었다는 점을 잘 보여주는 가장 유명한 사례는 로마에서 찾을 수 있다. 공통 시대가 시작될 무렵, 그 도시의 인구는 연간 약 20만 톤의 곡물을 필요로 했는데, 대부분 이집트와 북아프리카에서 배로 들여왔고, 그중 상당량은 자유롭게 분배되었다. 이런 획득, 가공, 저장, 분배에는 엄청난 계획과 조정이 필요했다.[43] 그로부터 20세기 뒤의 우리는 대량의 밀을 배로 운송한다. 로마에서 들여오던 연간 곡물 수입량을 서너 척의 커다란 선박만으로 충분히 운반할 수 있다. 그리고 곡물을 대량 저장하는 중국의 전통은 2021년에 새로운 기록을 세웠다. 세계 인구의 약 18%를 차지하는 나라가 세계 곡물 총저장량의 절반 이상을 보관한 것이다. 여기엔 중국인이 1년 반 동안 먹을 수 있는 밀도 포함되었다.[44]

곡물을 대규모로 빻을 필요성(그리고 처음에는 인력이나 동물의 힘을 이용한 맷돌로 씨를 압착해서 기름을 짜낼 필요성)은 더 나은 수차와 풍차가 계속 개발 및 보급된 주요 이유였다. 그리고 해외 곡물 교역은 화물선의 발전을 자극했다. 철도가 등장하기 전까지 그러했다. 철도는 다른 모든 육상운송 수단보다 장거리 곡물 수송용으로 더 선호되었다. 인구가 증가함에 따라 가공과 운송 능력도 발전했다. 현재 세계 최대 제분소는 한자리에서 매일 밀 수천 톤을 처리할 수 있고, 세계에서 가장 큰 곡물 운반선은 러시아(현재 세계 최대 수출국)에서 밀을, 또는 미국과 브라질에서 콩을 5만 톤 넘게 운반할 수 있다.[45]

단점

세계 식량 체계에 일어난 이런 전환의 지속 시간과 규모 그리고 강도에 비추어볼 때, 곡물 중심 농경의 진화는 불가피하게 여러 부정적인 결과도 낳았다. 주된 우려는 다양성을 줄이는 단일 경작(해마다 같은 작물을 계속 심는 것)에서 협소한 현대 식단에 이르기까지, 또 토양 파괴(침식, 중장비 사용에 따른 압착, 관개에 따른 염류화)에서 비료의 환경 훼손(유기물 상실, 중금속 오염)에 이르기까지, 가장 최근에는 농업의 지구 온실가스 배출 증가에 이르기까지 폭넓다. 소수의 종을 대량 재배하는 방향으로 나아가는 장기적 변화를 비롯해 이런 결과 중에는 수요의 규모 증가와 보편적인 도시화 추세를 고려할 때 불가피한 것들도 있었다. 수요 증가와 도시화는 식량 작물을 더욱더 집약적으로 재배할 것을 요구한다. 다른 우려 사항들은 농사 방식을 개선함으로써 상당히 완화하고, 식단을 바꾸거나 명백히 잘못된 관행을 없앰으로써 대폭 줄일 수 있다. 이런 문제들은 뒤에서 다시 살펴볼 것이다.

파머겟돈farmageddon, 우리의 가장 큰 실수?

일부 인류학자와 역사학자는 이런 설명이 미흡하다고 보았다. 인기 있는 세계 역사서를 쓴 재레드 다이아몬드Jared Diamond는 농경이 "인류 역사상 최악의 실수"라고 했다. "인구를 제한하든 식량 생산을 늘리려고 애쓰든 선택을 강요받았을 때, 우리는 후자를 선택했고, 결국 기아·전쟁·독재로 이어졌다." 아울러 그는 농경이 우리에게 영양실조, 유행병, 심각한 계급 분열, 성적 불평등을 가져왔다고 비판한다. 인류가 농경의 끝 모를 불행에 갇혔다는 것이다. 반면에 다이아몬드는 수렵·채집인이 "인류 역사에서 가장 성공적이고 가장 오래 존속한 생활 습관을 지녔"
으며, 그 어떤 농민에게 가능한 것보다 더 나은 삶, 더 건강하고
더 키 크고 더 행복한 삶을 살았다고 썼다.[46]

이런 극단적이면서 포괄적인 역사적 오판은 1960년대까지 남
아 있던 몇몇 수렵·채집 사회를 대상으로 수행한 소수의 의심
스러운 연구를 토대로 한 것이다. 그런 연구들은 1966년 '사냥
꾼 인간Man the Hunter'이라는 학술 대회에서 미국 인류학자들이
처음으로 널리 설파했다. 수렵·채집을 '최초의 풍요로운 사회'
라는 지위로 격상시킨 대회였다.[47] 이 개념은 열풍을 일으켰고,
곧이어 아프리카 칼라하리사막에 남아 있는 수렵·채집인을 비
롯해 여러 지역에 생존하는 소규모 집단이 이른바 (문명에 오염
되지 않고 그 어떤 악덕도 지니지 않은) 고귀한 야만noble savage이라는
새로운 이상으로 떠올랐다. 그들은 갈등 없이 여유로운 삶을 살
아가고, 최소한의 노력으로 자급자족하고, 건강과 성취감을 누
리는 최고로 만족스러운 사회를 이루고 있는 것으로 묘사되었
다.[48] 그 후 좀 더 분별력 있는 인류학자들은 비판적인 후속 연
구를 통해 그런 결론이 극소수 집단에서 짧은 기간에 이루어진
관찰에 토대를 두었을 뿐 아니라, '일' '여가' '풍요' 같은 핵심 용
어의 정의도 의심스럽다는 걸 보여주었다.[49]

예리한 인류학자들은 '풍요'라는 주장이 수렵·채집 집단의
반복적인 영양실조, 식량 부족, 때 이른 죽음, 짧은 기대 수명, 유
아 살해뿐 아니라 극도로 높은 수준의 폭력을 어떻게 무시했는
지도 규명했다. 그럼에도 무해하고, 서로 공유하고, 만족하고, 잘

먹는 수렵·채집인이라는 (오해를 불러일으키는) 믿음은 널리 받아들여졌다. 이는 수렵·채집인의 실제 세계보다 자신이 동경하는 이상적인 세계를 설파하는 이들과 그 주장(수렵·채집인의 순수한 환경을 향한 원초적인 갈망과 현대사회를 향한 비난)을 받아들이는 청중에 관해 더 많은 것을 말해준다.

그렇다고 해도 수렵·채집 사회를 무비판적으로 이상화하고 작물 및 동물 길들이기를 폄하하는 것과 다이아몬드가 그랬듯 농경이 그 어떤 예술의 개화도 부추기지 않았다고 말하는 것("고릴라가 그렇게 하길 원했다면, 자신들의 파르테논을 건설할 충분한 자유 시간이 있었기" 때문에)은 전혀 다른 문제다.[50] 다이아몬드는 파르테논을 지을 수 있는 고릴라가 어떻게 돌을 캐서 운반하고, 정확히 모양을 다듬고, 놀라울 만큼 대칭적인 구조를 설계해 건축할지 설명하지 않는다. 고릴라의 뉴런neuron 수가 적다는 점은 제쳐두고라도, 네발동물이 어떻게 그런 일들을 해낸다는 걸까? 과장된 주장도 문제가 있지만, 파르테논을 짓는 고릴라는 전혀 다른 문제다.

프랑스 철학자이자 저술가 장 도르메송Jean d'Ormesson은 이렇게 썼다. "역사는 사람들, 특히 많은 사람 없이는 발전할 수 없다."[51] 작물과 동물을 길들이고, 농경을 채택해 퍼뜨리고 집약시키는 일은 분명히 사람이 많다는 걸 전제로 한다. 곡물 중심의 농경은 더욱 그렇다. 다이아몬드는 농경이 없는 쪽, 따라서 역사도 없고 그저 소규모로 흩어져 생활하는 취약한 수렵·채집인 집단들만 있는 쪽을 선호했을 것이다. 아니, 충분히 남아도는 자신들의 시간을 잎을 먹고 느리게 번식하는 것보다 더 복잡한 일에 낭비하지 않는 쪽을 택한 고릴라가 차라리 더 나을 듯하다.

그런데 미국 정치학자이자 인류학자 제임스 스콧James C. Scott은 《곡물에 반대한다Against the Grain》에서 초기 국가들의 모든 질병이 곡물 경작에서 비롯되었다고 주장한다. 아울러 그런 국가들을 영양 결핍, 빈곤을 부추기는 조세, 억압적인 주민 통제, 질병 취약성, 사회 붕괴 성향으로 정의했다. 농경 이전 시대 "야만인들"의 "꽤 좋은" 삶과 정반대라면서 말이다.[52] 스콧은 또한 동식물 길들이기가 진정한 정착 사회보다 선행했다며, 길들이기가 정착으로 이어졌다는 개념은 잘못된 것이라고 지적한다. 하지만 그렇게 단순하지 않다. 원초적 형태의 길들이기와 본격적 길들이기가 모든 유형의 수렵·채집과 수천 년 동안 공존했고, 반영구적이거나 영구적인 어떤 정착지는 작물 경작을 일상적으로 채택하기 이전에 출현하고 성장했다는 고고학적 연구 결과들이 있다(튀르키예의 괴베클리 테페Gobekli Tepe가 가장 유명한 사례다). 또 수렵·채집 사회에서도 초기 형태의 소규모 작물 수확이 이루어졌다는 증거가 있다. 다양한 환경과 변화하는 기후, 그리고 그토록 많은 부족사회에서 오랜 세월 이런 다면적인 양상이 나타났다는 것은 전혀 놀랄 일이 아니다. 세계가 자신을 먹여 살리는 방식을 바꾼 일은 단순하게 한 편의 이야기로 요약할 수 없는 엄청나게 복잡한 과정이었을 것이 틀림없다.

밀 때문에 죽었다고?

최근 수십 년 사이에 곡물 악마화의 또 다른 측면이 부각되어왔다. 무엇보다도 밀, 특히 아주 곱게 빻은 흰 밀가루가 비교적 드문 복강 질환에서 당뇨병 환자 증가에 이르기까지 현대 건강 문제의 상상 가능한 최악의 근원이라는 인식이 퍼지고 있다. 2015년 미국 심장병 전문의 윌리엄 데이비스William Davis는 밀이 지금까지 일어난 모든 전쟁의 사망자 수를 다 더한 것보다 많은 사람을 죽였으며(!) 비만과 당뇨병뿐 아니라 심장병, 치매, 조현병, 암을 포함한 온갖 건강 문제를 일으킨다고 주장함으로써(당연히 〈뉴욕타임스〉 베스트셀러에 뽑혔다) 이런 주장을 새로운 차원으로 끌어올렸다.[53] 아마도 밀은 모든 흉악 범죄와 자연재해의 원흉이기도 할 것 같다.

그런데 이런 온갖 피해를 실제 밀 소비량 및 장수와 어떻게 관련지어 설명할 수 있을까? 평생 매일 이 해로운(수명을 심각하게 줄이는 온갖 질병을 일으킨다는) 식품을 섭취하는 습관이 세상에서 가장 부러운 수명과 관련이 있다는 것이 어떻게 가능할까? 이탈리아 음식을 좀 아는 사람이라면, 요리사가 파스타와 피자를 만들 때 가장 고운 흰 밀가루(파리나Farina 00)를 써야 한다고 고집하는 것을 이해할 수 있다. 아울러 식량 수급표와 기대 수명 데이터를 연관 지어 살펴보면 이탈리아인이 독일인보다 밀과 곱게 간 밀가루를 연간 55% 더 소비하지만[독일인은 호밀을 섞은 더 짙은 색의 바우에른브로트Bauernbrot('농부의 빵'이라는 뜻—옮긴이)를 선호한다), 평균 기대 수명은 2년 더 길다는 사실을 쉽게 알 수 있다.[54] 이탈리아의 가장 고운 밀가루가 건강에 미치는 해로운 영향이 기후나 언어 또는 손짓 차이로 상쇄되는 것일까?

스페인은 밀을 최고의 살인자라고 여긴 데이비스의 주장이 얼마나 근거 없는 것인지를 설득력 있게 보여주는 또 다른 증거를 제공한다. 스페인은 뒤늦게 현대화 단계에 진입한 1960년대에 다양한 음식을 먹기 시작하면서 1인당 밀 소비량이 3분의 1가량 줄어들었지만, 그 뒤로 거의 변함없이 높은 수준을 유지했다. 연간 1인당 평균 소비량이 1970년 101kg, 2020년에는 100kg이었다. 그러나 그 50년 동안 스페인의 기대 수명은 약 12년 증가했다.[55] 이는 쌀을 주식으로 먹는 일본의 기록적인 증가 수준(13년)에 거의 근접할 만한 수치다. 그 기간에 일본에서는 밀 공급량이 캐나다보다 약 20% 높은 10% 넘게 증가했다. 그리고 캐나다의 최근 밀 소비량은 스페인보다 약 10% 낮다. 게다가 일본을 제외하면, 이탈리아와 스페인은 인구가 많은 나라(1,000만 명 이상) 중에서 수명이 가장 길다.

유럽에서 가장 건강한 나라들의 기대 수명 비교도 데이비스의 터무니없는 '살인마 밀' 주장을 매우 설득력 있게 논박한다. 독일을 제외하고, 평균수명이 81세를 넘는 이들 나라에서는 모든 사람이 매일 빵과 파스타, 바삭한 그리시니grissini와 프레첼에서 크림 케이크와 토르타torta에 이르기까지 맛좋고 달콤한 온갖 식품 형태로 밀을 평생토록 많이 먹는다. 게다가 기대 수명이 가장 긴(83세 이상) 유럽 5개국 중 3개국(스위스, 이탈리아, 노르웨이)

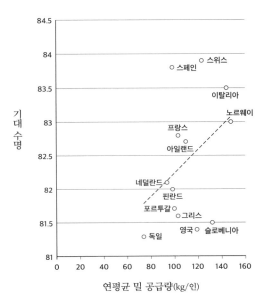

기대 수명과 1인당 연평균 밀 공급량(2022년 자료).

은 밀 기반 식품을 유달리 많이 먹으며, 노르웨이와 이탈리아는 1인당 소비량이 독일의 약 2배에 달한다!

사실과 극단적 주장 대조하기

모든 편견과 악마화 그리고 근거 없는 주장을 배제할 때, 양적·질적 증거는 몇 가지 논란의 여지 없는 사실들을 가리킨다. 길들인 작물만이 에너지와 영양 측면에서 지속적인 (그리고 앞으로도 지속될) 인구 성장 및 경제적·사회적·문화적 발전의 토대를 제공할 수 있었다는 것이다. 곡물과 콩의 조합에 덩이뿌리와 기름씨oilseed를 곁들이는 방식만이 식량 공급의 예측 가능성과 신뢰성(그럼에도 여전히 위험이 따랐지만)뿐 아니라, 잉여 농산물의 장기 저장성과 장거리 교역 가능성을 제공할 수 있었다. 잦고 오래 이어지는 기근을 최소화할 충분한 식량 공급만이 (좋든 나쁘든) 인류의 기술 발전과 예술적 성취를 지탱할 수 있었다. 대규모 곡물 기반 식단을 통해 영양을 궁극적으로 개선함으로써만 인류는 유례없는 수준으로 수명을 늘리고 삶의 질을 향상시킬 수 있었다. 이 중 어느 것이라도 부정한다면, 모든 인류의 신체적·물질적 현실의 가장 근본적인 토대를 무시하는 셈이다.

세계적인 규모로 볼 때 이런 전환은 수천 년이 걸렸지만, 지질학적 시간으로 보면 급속히 발전한 것이다.[56] 최초의 원시적인 영장류가 출현한(6,600만 년 전) 뒤로 고릴라 조상과 갈라지고(아마도 1,000만 년 전), 곧이어 침팬지 조상과 갈라지기까지 적어도 5,600만 년이 흘렀다. 최초로 두 발로 걸은 영장류는 약 580만 년 전에 출현했고, 사람속의 첫 구성원은 약 200만 년 전, 호모 사피엔스는 약 30만 년 전에 출현했다. 반면, 마지막 빙하기가 끝난 다음에는 겨우 약 7,000년이 지난 뒤 작물 길들이기가 시작되어 이윽고 최초의 곡물 기반 국가가 출현했다. 그러나 이것은 곡물이 죽 오르막길을 걸었다는 이야기가 아니다. 이 진화적 가속은 몇 가지 근본적인 자연적 한계를 극복해야 했다. 그 내용은 이어지는 장들에서 다루기로 하자.

3장

우리가
기를 수 있는 것의
한계

모든 식량은 광합성에서 출발하며, 이 광합성은 생물권에서 가장 중요한 반응이다. 광합성은 (상추, 딸기처럼) 날로 먹거나, (채소 껍질 벗기기, 견과 깨기처럼) 단순히 물리적으로 다듬은 뒤 먹거나, (곡물 빻기, 우유를 발효시킨 요구르트, 콩과 밀로 만든 소스처럼) 더 복잡한 가공을 거친 뒤 먹을 수 있는 새로운 식물량phytomass을 생산한다. 먹기에 적합하지 않은 식물량(잎, 짚, 제분 찌꺼기) 중 상당수는 좋은 동물 사료이며 고기·유제품·달걀을 생산하고, 지금은 어류를 양식하는 데까지 쓰인다. 버섯도 예외가 아니다. 버섯은 물론 광합성을 하지 않지만, 균사(가느다란 팡이실)를 사용해 야생의 나무뿌리, 죽은 통나무, 나무 그루터기와 그 잔해로부터, 그리고 시중에서 판매하는 통나무, 짚, 톱밥, 거름으로부터 양분을 흡수한다. 육류나 달걀처럼 버섯도 광합성의 간접적인 산물이다. 건강하게 살아가는 데 필수적인 무기질 영양소 중 광합성 산물이 아닌 것은 광물질(철에서 아연에 이르기까지)밖에 없지만,

많은 식품에는 식물이 흙에서 흡수한 이런 필수 다량 및 미량 원소가 많든 적든 들어 있다.

광합성은 들어오는 햇빛을 이용해 이산화탄소, 물, 필수 다량 원소(질소, 인, 포타슘potassium, 마그네슘, 황)와 미량원소(보론boron과 망간에서 몰리브데넘molybdenum과 아연에 이르기까지)로부터 새로운 식물량을 합성한다.[1] 이산화탄소는 풍부하며, 주로 화석연료의 연소 때문에 대기에서 농도가 증가해왔다. 하지만 광합성에 최적인 수준보다는 밑돈다. 온실에서 이산화탄소 농도를 현재의 대기 농도인 약 420ppm(즉, 0.042%)보다 2배, 심지어 3배 높게 유지하는 이유는 바로 그 때문이다.[2] 그러나 광합성 생산을 제약하는 가장 걱정스러운 요인은 이산화탄소가 아니다. 대개는 물과 양분의 부족 때문에 제약을 받는다.

식물이 이런 광합성 투입 요소를 최적량으로 얻는 사례는 극히 드물며, 설령 충분히 공급받는다고 해도 높은 효율로 새로운 생물량을 생산할 수 없다. 영구히 얼어붙은 지역이나 극도로 건조한 환경을 제외한 다른 모든 곳에서 일어나는 이 생명 유지 반응은 한 가지 근본적이고 본질적인 결함을 지니고 있기 때문이다. 바로 놀라울 만큼 비효율적이라는 점이다. 이 점은 매우 중요하다. 더 높은 효율 추구가 늘 기술적·경제적 발전의 근본 지표 중 하나였기 때문이다. 이런 노력을 지나치게 열정적으로 노동에 적용할 때, 인간의 노동력을 무의식적으로 착취할 수 있다. 개별 기계에서 복잡한 공학 시스템에 이르기까지 모든 것의 성능을 개선하고자 할 때, 이런 추구는 (특히 지속적이고 체계적인 양상으로 진행할 때) 가장 환영을 받는다. 낭비가 줄어들고, 환경 영향이 감소하고, 수익이 커지고, 더 믿을 만한 성능을 내기 때문이다.[3]

인류 역사 내내 우리는 에너지전환의 효율을 추구해왔다. 우리는 주어진 에너지 투입을 통해 유용한 에너지 산출을 최대화하고자 한다. 산업혁명 때 새로운 유형의 에너지전환 기술이 발명되고 확산하면서 이 과정은 새로운 열기에 휩싸였다. 그러나 이런 발전이 중요하긴 했지만, 가장 중요했던 것은 그와 동시에 진행된 식량 생산 방식의 효율 증가였다.

에너지, 엔진, 효율

1720년 이전에 토머스 뉴커먼Thomas Newcomen이 처음 내놓은, 석탄을 때는 증기기관(주로 깊은 광산에서 물을 퍼내는 역학에너지를 생산하는 데 쓰였다)은 매우 비효율적이어서 탄광에서만 활용할 수 있었다. 석탄에 든 화학에너지 중 펌프를 움직일 역학에너지로 변환되는 비율은 절반에도 못 미쳤다. 탄광이라면 연료를 따로 운반해 올 필요도 없고 값싸게 얻을 수 있었다. 게다가 탄광 소유자라면, 연료가 떨어질 일도 없었다. 1780년대에 제임스 와트James Watt가 개량한 증기기관을 내놓았는데(무엇보다도 응축기를 분리해 증기 실린더가 뜨거운 상태를 유지하도록 했다), 그래도 효율은 겨우 2%가량 높아졌을 뿐이다. 그러나 1900년경에는 효율이 15%를 넘는 거대한 고정식 증기기관도 몇 대 가동되었고, 가장

성능 좋은 이동식 증기기관은 효율이 6%를 상회했다.[4]

휘발유와 디젤로 가동되는 내연기관은 성능이 훨씬 높았다. 휘발유 엔진의 효율은 1890년대에 10% 남짓에서 1930년대에는 20% 이상으로 높아졌다. 디젤엔진의 효율은 30%를 넘었다. 최근에 나온 성능 좋은 디젤엔진(대륙 간 해상운송용 선박을 움직이는 대형 기계)은 효율이 50%를 넘고, (가스터빈과 증기터빈을 결합한) 최고의 천연가스 복합 가스터빈은 효율이 최대 65%로 가장 높다. 더 가벼운 등유를 써서 현대의 모든 제트기를 움직이는 가스터빈은 효율이 40%를 넘으며, 적절히 유지·관리하면 20년 넘게 가동할 수 있다.[5] 그리고 가정 난방용 초기 석유난로는 연료의 에너지 함량 중 절반만 유용한 열로 전환된 반면, 현재 가장 좋은 천연가스 화로는 효율이 약 97%에 달해 100%인 전기저항 가열기 다음으로 효율이 높다.[6]

전기의 전환 효율도 비슷한 추세를 따랐다. 1882년 토머스 에디슨Thomas Edison이 처음 내놓은 탄소 필라멘트 전구는 전기를 가시광선으로 전환하는 효율이 겨우 0.2%였다. 1900년경에 더 나은 필라멘트가 나왔지만, 효율은 약 0.5% 증가했을 뿐이다. 1930년대에 형광등이 등장하면서 효율은 약 15%로 늘어났고, 현재의 발광다이오드는 전기의 80%, 심지어 90%까지 가시광선으로 전환한다.[7]

광합성에 가장 근접한 인공적 과정은 광전지(태양전지)를 써서 햇빛을 전기로 바꾸는 것이다. 기존 단일 접합 태양전지의 이론상 최대 효율(쇼클리-콰이저 한계Shockley−Queisser limit라고 부른다)은

33.16%다.[8] 2020년대 초에 판매 중인 태양전지의 효율은 결정질 실리콘이 거의 20%, 비결정질 실리콘은 겨우 6%다.[9]

우리 몸도 에너지전환기다. 음식의 화학에너지를 섭취해서 체온을 유지하는 열과 심장 및 근육을 움직이는 역학에너지로 바꾼다. 그러나 우리 근육은 오늘날의 최고 엔진이나 태양전지에 비하면, 효율이 훨씬 떨어진다. 1913년 운동할 때 (트레드밀 위에서 달리거나 자전거 페달을 밟을 때) 하는 일의 양을 측정한 프랜시스 베네딕트Francis Benedict와 에드워드 캐스카트Edward Cathcart의 고전적인 실험 덕분에, 우리는 유산소운동을 할 때 잘 훈련된 운동선수의 근육이 음식물의 화학에너지를 역학에너지로 전환하는 효율이 16~21%라는 사실을 한 세기 남짓 전부터 알고 있었다.[10]

광합성의 토대

광합성을 이런 능력과 어떻게 비교할까? 전 세계의 학교에서 으레 배우는 광합성 이야기에는 그 효율이 본질적으로 아주 낮다는 걸 언급하는 내용이 전혀 없다. 생물학 교과서나 웹에서 '광합성'을 찾아보면, 이런 방정식이 나온다.

$$6CO_2 + 6H_2O \rightarrow C_6H_{12}O_6 + 6O_2$$

이렇게 보면 단순하고 산뜻하고 효율적이고 지극히 유익한 것 같다. 식물은 대기에서 흡수한 미량 기체인 이산화탄소 분자 CO_2 6개와 뿌리에서 빨아들인 물 분자H_2O 6개 및 햇빛을 활용해, 포도당 분자$C_6H_{12}O_6$ 1개를 합성하고 산소 분자O_2 6개를 방출한다. 그러나 우리가 으레 접하는 이 방정식은 훨씬 더 복잡한 현실을 아주 단순하게 얼핏 보여줄 뿐이다. 앞서 말했듯 광합성은 이산화탄소와 물 이외의 다른 물질도 투입하고, 다양한 유기화합물을 생산하는 아주 복잡한 연쇄 과정이다. 햇빛을 새로운 식물량으로 전환하는 효율은 놀라울 만큼 낮은데, 식용 가능 부위의 생산이라는 측면에서 따지면 그 효율은 더욱 낮아진다. 설령 구조적·기능적 이유로 식물이 생산하는 모든 뿌리를 제외한다고 해도 곡류, 콩류, 기름작물의 지상부 수확 식물량 중 일부만이 식량으로 쓰인다. 광합성 효율, 즉 생장기에 받은 햇빛 중 새로 자란 식물의 화학에너지 전환 비율은 현대의 터빈, 아니 심지어 훈련받은 근육과 비슷하기는커녕 뉴커먼 기관이나 기껏해야 18세기 와트의 증기기관 범주에 속한다.

3가지 경로

식물의 광합성 경로에는 3가지가 있다. 아니 더 정확히 말하면 한 가지 경로인데, 일부 종한테서는 중요한 생화학적·구조적 변형이 일어나 있다.[11] 첫 번째 경로는 전 세계 식물의 주류를 이루며, 대다수 곡류와 콩류뿐 아니라 모든 덩이뿌리·기름

작물·채소·과일에서 볼 수 있다. 두 번째 경로는 주요 식량 및 사료 작물 중에서 3가지 곡류(옥수수, 수수, 기장)와 사탕수수가 택하고 있다. 세 번째는 다육식물에서만 볼 수 있는데, 식용 쪽으로 보면 부채선인장*Opuntia ficusindica*을 비롯해 식용 열매를 맺는 몇몇 선인장과 파인애플 그리고 신선한 잎을 자른 다음 발효시켜 테킬라를 만드는 테킬라선인장*Agave tequilana*이 택하고 있다.

월등한 차이로 가장 중요한 주식 곡물인 밀과 벼가 택한 세계에서 제일 흔한 광합성 경로는 포스포글리세르산phosphoglyceric acid, PGA의 합성으로 시작한다. 이 반응은 루비스코Rubisco(ribulose−1,5−bisphosphate carboxylase/oxygenase)라는 효소 덕분에 가능한데, 이 효소는 이산화탄소와 당인산염sugar phosphate의 반응을 촉매할 수 있으며, 이 보편적인 기능 때문에 생물권에서 가장 풍부한 단백질이 된다.[12] 광합성 회로의 단계를 죽 거치면 포도당이 생산되는데, 이 단순당simple sugar은 물에 쉽게 녹으므로 내구성을 띤 식물 조직을 형성할 수 없다. 생물권에서 가장 흔한 유기화합물인 셀룰로스를 형성하려면 중합이 이루어져야 한다. 즉, 고리 모양의 포도당 분자들이 산소를 통해 결합해서 긴 사슬을 형성해야 한다.

포도당은 식물 뿌리에서 용해 상태의 질산염으로 흡수된 질소와 결합해 단백질의 구성단위인 아미노산도 합성해야 한다. 단백질은 모든 생물의 대체 불가능한 구조적 및 기능적 성분이다. 그리고 많은 작물은 씨에 저장할 지방을 생산하려면, 추가로 에너지와 물질을 투입해야 한다. 이런 기본적인 반응을 제대로 이해하려면, 관련된 물리학과 생화학부터 이해할 필요가 있다. 그러나 다행히도 작물 광합성 효율이 놀라울 만큼 낮다는 사실을 계산을 통해 알아볼 수 있는 쉬운 방법이 있다. 산수만 할 줄 알아도 인터넷에서 쉽게 구할 수 있는 단 3가지 데이터만 갖고 따라 해볼 수 있다.

먼저 찾을 자료는 특정 지역에 있는 특정 작물의 평균 (또는 최대) 수확량이다. 예를 들어, 내가 사는 매니토바Manitoba는 세계 최고 품질의 봄 듀럼밀을 생산한다. 듀럼밀은 단백질 함량이 높아서 파스타를 만드는 데 안성맞춤이다. 최근에는 평균적으로 헥타르당 약 3,300kg을 수확해왔다.[13] 두 번째 과제는 이 양을 에너지 환산량(모든 주식 곡물의 에너지량은 킬로그램당 약 16메가줄 안팎이다)으로 전환하는 것이다. 그러면 수확량(식용 가능한 에너지 생산량)은 헥타르당 약 530억 줄(53기가줄)이 된다. 마지막으로, 에너지 투입량을 구한다. 생육 기간에 밀밭 1헥타르에 내리쬐는 햇빛의 총량이다.

매니토바에서는 밀의 생육기가 짧다. 서리가 없는 여름 3개월, 즉 겨우 90일이다. 세계 태양복사량의 월간 데이터는 다양한 출처에서 얻을 수 있지만, 아마 세계태양광지도Global Solar Atlas에서 내놓는 자료가 가장 이용하기 편리할 것이다. 아르헨티나와 칠레의 최남단 지역을 제외하고 세계 모든 지역의 상세한 월간(또한 일간 및 시간) 햇빛 조사량照射量 자료를 얻을 수 있다.[14] 매니토바 남부는 생육기에 밀밭 헥타르당 약 20조 줄(20테라줄)의 태양에너지를 받는다. 출력/입력 비율은 53기가줄/20테라줄로 계산하면 0.00265다. 90일 동안 밀밭 1헥타르에 닿는 태양에너지 중 약 0.27%만이 수확 곡물의 화학에너지로 전환되는 것이다. 현재 시중에서 판매하고 있는 가장 성능 좋은 태양전지의 전환 효율(약 20%)보다 두 차수가 낮다. 왜 그렇게 엄청난 차이가 날까?

광합성은 왜 그토록 낭비가 심할까

이론상 기본적인 당 합성 과정의 효율은 약 27%로, 일하는 근육이나 가장 성능 좋은 태양전지의 효율과 비슷하다. 그러나 광합성은 자외선에서 가시광선을 거쳐 적외선에 이르는, 유입되는 태양복사 스펙트럼 전체를 이용하지 못한다. 식물 색소는 스펙트럼 중 가시광선 부분만 흡수한다. 즉, 보랏빛에서 빨간빛에 이르는 400~740나노미터 파장의 빛만 흡수한다.[15]

광합성에 쓰이는 이 빛, 즉 광합성 유효 복사량은 유입되는 빛의 총에너지 중 절반에도 못 미친다(정확히 48.7%). 게다가 식물의 주된 색깔이 녹색인 까닭에 가시스펙트럼 중 그 파장에 해당하는 빛의 상당량은 반사된다. 이는 광합성 유효 복사량의 약 10%에 달하며(유입되는 총복사량의 4.9%), 따라서 나머지 약 44%(스펙트럼의 파란빛과 빨간빛)가 광합성을 추진한다. 파란빛의 광자光子는 빨간빛의 광자보다 에너지를 75% 더 지니지만, 이 에너지를 빨리 이용하거나 저장할 수 없으므로 그중 일부를 잃으며, 그 결과 유입되는 총복사량 중 약 7%가 광합성을 추진하는 데 쓸 수 있는 양에서 빠진다. 지금까지의 내용을 종합하면, 태양복사량 중 약 37%만이 광합성을 추진하는 데 쓰인다.

여기서 다시 이산화탄소를 포도당으로 전환하는 데 필요한 화합물을 합성 및 보충하는 데 드는 에너지도 빼야 한다. 유입되는 태양복사 에너지의 거의 25%가 이런 합성 반응에 소비된다. 따라서 이론적으로 가능한 탄수화물 광합성의 최대 효율은 12.6%다. 그러나 이게 끝이 아니다. 대다수 식량과 사료 작물은 광호흡光呼吸을 하므로 효율 감소가 또 일어난다. 광호흡은 광합성을 뒤집은 것이다. 새로 합성된 식물량 중 상당 비율이 광호흡을 통해 소비됨으로써 광합성 과정의 순효율은 대폭 낮아진다. 앞서 말했듯 루비스코 효소는 (탈탄산 효소carboxylase로 작용해서) 이산화탄소를 당으로 전환하지만, 정반대로 (산소화 효소oxygenase로 작용해서) 새로 합성된 광합성 산물을 산화하고 이산화탄소를 방출할 수도 있다.[16]

이 손실량은 기온과 이산화탄소 농도에 따라 달라지는데, 현재의 대기 산소와 이산화탄소 농도(각각 20.94%, 0.042%)에서는 광합성 효율을 50% 떨어뜨린다. 따라서 유입 복사량의 약 6.5%만이 광합성에 쓰이는 셈이다. 어쨌든 광합성 회로의 생화학을 그대로 놔둔 채 대기 이산화탄소 농도를 (동물이 살아갈 수 없는 수준으로) 훨씬 더 높이거나 산소 농도를 훨씬 낮추기만 해도 대다수(뒤에서 곧 설명하겠지만 전부는 아니다) 식량 및 사료 작물한테 일어나는 이런 호흡량 상실을 막을 수 있다.

효율을 감소시키는 요인이 마지막으로 하나 더 있다. '호흡'이라는 필수적이고 어쩔 수 없는 현상이 그것이다. 바람직하지 않은 광호흡과는 전혀 다른 과정이다. 호흡을 구성하는 반응 집합은 작물의 구조와 기능을 유지하는 데 필요하다. 즉, 더 단순한 화합물로부터 중합체(포도당으로 셀룰로스, 아미노산으로 단백질)를 합성하고, 광합성 산물을 몸 구석구석으로 전달하고, 손상되거나 병든 조직을 수선할 에너지를 공급하는 일을 한다.[17] 식물이 나이를 먹을수록 여기에 들어가는 에너지도 대체로 더 늘어나므로, 광합성의 순효율은 일부 오래된 생태계에서는 75%, 심지어 85%까지도 줄어든다. 성숙하는 데 겨우 몇 개월밖에 안 걸리는 작물은 그렇게까지 심하지 않지만, 그래도 탄수화물의 합성과 광호흡 손실을 거친 뒤 남은 양 중에서 약 30%가 여기에 쓰인다. 따라서 이론상 최종적으로 가능한 (최대) 광합성 효율은 (최적온도 30℃와 현재의 대기 이산화탄소 농도인 약 420ppm에서) 겨우 4.6%에 불과하다.[18]

또 다른 경로

광호흡은 2가지 주식 곡류인 밀과 벼뿐만 아니라 호밀·귀리·보리 같은 전통적인 곡류, 모든 뿌리와 덩이뿌리, 모든 콩류와 기름작물의 광합성 효율을 떨어뜨린다. 그러나 4가지 중요한 식량 작물인 옥수수, 수수, 기장, 사탕수수는 이런 손실을 겪지 않는다. 다른 경로를 통해 광합성을 하기 때문이다. 광합성의 기본 경로는 1950년대 초 멜빈 캘빈Melvin Calvin과 앤드루 벤슨Andrew Benson이 처음 발견했다. 이들은 '수명이 긴(무거운)' 탄소 동위원소^{14}C로 이산화탄소 분자에 꼬리표를 붙인 뒤 광합성을 진행시키면서, 알코올을 활용해 1초도 안 되는 짧은 순간부터 몇 분에 이르기까지 시차를 두고 차근차근 광합성 과정을 중단시켰다. 그런 다음 그 동위원소가 어느 화합물에 들어 있는지를 분석해 합성 과정을 단계적으로 파악했다.[19] 그렇게 해서 마침내 그들은 광합성 과정의 안정적인 첫 산물인 PGA를 발견했다. 탄소 3개를 지닌 화합물$C_3H_7O_7P$이다. 그 후로 캘빈-벤슨 회로라고 알려진 이 경로를 따르는 식물을 C_3종이라고 부르게 되었으며, 소수의 주요 작물을 제외한 거의 모든 종이 여기에 속한다.

그런데 몇 년 뒤 호놀룰루의 '하와이사탕수수재배자협회'를 위해 일하던 휴고 코르차크Hugo Kortschak는 사탕수수를 갖고 이 실험을 재현한 결과, 처음 생긴 안정적인 산물이 탄소 3개짜리 PGA가 아니라 탄소 4개짜리 말산염malate과 아스파르트산염aspartate이라는 것을 발견했다.[20] 그리고 1966년 퀸즐랜드의 '식민지설탕정제회사'에서 일하던 핼 해치Hal Hatch와 로저 슬랙Roger Slack은 이 대안적인 광합성 경로의 단계를 모두 파악했다.[21]

C_4 식물은 두 종류의 세포를 지닌다. 한쪽은 산소 농도가 낮고 다른 쪽은 더 높다. 광호흡을 거의 다 제거하는 적응 형질이다. 또 C_3 식물보다 최적 생장온도도 더 높아서 15~25℃다. 그 결과 이론상 생육기 효율은 약 6%가 나온다. C_3 식물의 최댓값인 4.6%보다 약 30% 더 높은 수치다.

물론 최적 생장 조건이라고 해도, 실제 야외에서의 효율은 약간 더 낮을 것이다. 단기간(몇 시간 또는 하루) 측정했을 때, 광합성 최대 효율은 C_3가 3.5%이고 C_4가 4.3%로, 이론적인 값의 약 30%였다. 매니토바의 밀 사례에서 이미 살펴보았듯 대규모(광역 또는 국가)로 생육 기간 전체의 효율을 계산하면, 훨씬 더 낮은 값이 나올 게 틀림없다. 우선 햇빛 대부분을 받을 수 있을 만큼 잎 면적이 충분히 넓어지기 전까지는 일사량이 낭비된다. 봄밀은 발아한 뒤 잎 2개가 달린 작은 식물로 자라기까지 약 12일이 걸리며, 마지막 잎이 나기까지는 약 6주가 걸린다. 잎들이 햇빛을 완전히 가리기 전까지 식물이 받지 못한 햇빛은 토양에 흡수되며, 햇빛을 완전히 가린 뒤에도 많든 적든 일사량 중 일부는 여전히 손실된다. 잎과 줄기의 반사와 투과 때문이다.

알곡과 겨의 분리

상추나 시금치 같은 녹색 잎채소를 제외하면, 우리는 수확된 식물량 중 일부만을 먹으므로 여기서 다시 감손이 일어난다. 나머지는 먹을 수 없거나 입맛에 맞지 않아 섭취하지 않는다. 현대의 밀과 벼 품종은 식물량의 약 절반이 짚(마른 줄기와 잎)이고, 대부분 셀룰로스로 이루어져 있어 사람이 소화할 수 없다. 또 그 밖의 수확물 중 먹을 수는 있겠지만(비록 소화하기가 더 쉽지 않다고 해도), 대다수 사람이 먹지 않는 쪽을 택하는 부위도 있다. 우리가 곡물을 찧거나 빻는 이유는 바로 그 때문이다. 게다가 식용 가능 수확량 단위당 광합성 효율을 알려면, 계산을 한 번 더 해야 한다.

곡식의 식용 가능 vs. 식용 불가 식물량 비율은 대개 수확 지수harvest index로 나타낸다. 곡물짚비grain-to-straw ratio라고도 하는데, 전통적인 밀·호밀·귀리·보리 품종은 현재의 키 작은 품종보다 이 값이 훨씬 낮다.[22] 밀은 최저 0.25였고, 높아도 0.3을 넘지 않았다. 즉, 낟알보다 짚의 질량이 3~4배 더 많았다. 벼는 대개 0.35 미만이었다. 전통적인 3가지 키 큰 품종은 요아힘 파티니르Joachim Patinir의 〈이집트로 피난 중의 휴식Rest on the Flight to Egypt〉(1520년경), 수확하는 사람들을 그린 대大 피터르 브뤼헐Pieter Bruegel the Elder의 1565년 작품, 피터르 판데르 헤이던Pieter van der Heyden의 목판화 〈여름Summer〉(1570) 등 여러 명작에서 볼 수 있는데, 수확하는 사람들의 어깨높이나 그 위까지 작물이 자랐다.[23]

이는 작물의 키가 1.3~1.5m였다는 의미다. 물론 수확한 짚은 버리지 않고 동물 사료와 이엉, 비옷, 신발 등 아주 다양한 용도로 썼다. 대조적으로, 1960년대 초 이래 주류로 자리 잡은 현대의 키 작은 곡류 품종은 50~70cm에 불과하다. 수확 지수는 반왜성半矮性(식물 육종에서 보통 품종보다 줄기의 길이가 짧거나 키는 작지만 왜성처럼 극단적이지 않은 상태—옮긴이) 밀이 0.45~0.5로 수확한 낟알과 짚의 질량이 거의 같으며, 논벼는 0.6에 가깝다. 수확량 개선의 주된 원인은 광합성의 전반적 효율 개선이 아니라, 이렇게 광합성 산물의 비율이 재편되고 비료를 투입한 덕분이었다.[24]

게다가 앞장에서 설명했듯 대다수 사람은 낟알을 통째로 먹

피터르 판데르 헤이던의 (브뤼헐의 그림을 따라 그린) 1570년 목판화에는 키가 자신의 어깨높이나 그 위까지 자란 작물을 수확하는 사람들이 보인다.

는 것을, 즉 통밀가루로 만든 음식이나 현미로 지은 밥을 선호하지 않는다. 통곡물 중 겨는 14.5%, 배아는 2.6%를 차지하며, 나머지 83%가 배젖이다. 그런데 통밀을 제분하면 대개 양이 72~76%로 줄어든다. 매니토바 봄밀의 광합성 효율을 제분된 빵 밀가루(75% 추출)를 기준으로 계산하면, 약 0.2%로 줄어들 것이다. 온대든 열대든 상관없이 생육기 전체를 따졌을 때, C_3 작물 중 광합성 효율이 1%를 넘는 것은 전혀 없지만 기름작물, 감자, 벼가 밀보다는 더 높다.

최고의 작물

유채(카놀라)는 현재 주된 기름씨 작물이며 재배 면적이 2020년에는 2000년보다 거의 40% 늘었고, 북아메리카·유럽·중국의 드넓은 경작지가 꽃이 피는 몇 주 동안 노랗게 물든다.[25] 씨 전체를 기준으로 할 때, 유채의 광합성 전환 효율은 0.33%다. 씨의 기름 함량이 45%이므로 식용 기름으로 보면 최대 효율은 0.15%가 되지만, 기름을 짜고 남은 영양가 있는 기름진 깻묵이 동물의 고단백 사료로 쓰임으로써 추가로 식량 생산에 기여한다.

매니토바 감자의 광합성 효율은 약 0.6%다. 밀이나 유채보다 상당히 높지만, 영양의 질을 따지면 훨씬 낮다. 감자는 단백질이 미량 들어 있고 지방은 전혀 없는 거의 순수한 탄수화물인 반면, 듀럼밀은 단백질 함량이 높기 때문에 사람들이 많이 찾는다. 유채는 현재 세계인이 원하는 다중불포화지방의 주된 원천이다.

수확량이 더 많기 때문에 중국이나 일본의 (관개와 많은 비료에 의존하는) 벼 품종은 캐나다 봄밀보다 낫다. 생육기 120일 동안 중국 장쑤江蘇 지역의 논에 내리쬐는 일사량 중 수확된 곡물로 전환되는 비율은 약 0.4%다. 즉, 헥타르당 6톤이다. 벼의 품종과 도정 과정에 따라 다르지만 도정을 거친 백미는 대개 질량이 현미의 60~65%에 불과하며, 광합성 효율은 0.25%로 낮아진다.[26]

짐작했겠지만 C4 작물, 즉 광호흡 과정에서 낭비되는 손실이 매우 적은 작물은 더 낫다. 세계의 옥수수 수확량은 현재 밀과 벼를 합친 양하고 비슷하지만, 밀과 벼가 거의 오로지 식량용으로 쓰이는 데 반해 다양한 옥수수 품종은 미국뿐 아니라 유럽연합과 중국에서도 동물 사료로 사용된다. 미국은 옥수수 수확량이 세계 최대인데, 그중 99%가 사료용이고 나머지 1%는 식량용이다. 옥수수를 처음으로 길들인 멕시코에서는 주식으로 먹는다. 또 아프리카 사하라사막 이남의 드넓은 지역에서도 3억 명 이상의 주식이며, 우갈리ugali라는 요리 형태로 음식 에너지의 약 3분의 1을 제공한다.[27] 그리고 미국에서는 옥수수 가루를 자동차용 에탄올 생산에도 사용한다.[28]

성숙한 작물의 지상부 식물량 중 절반 이상은 옥수숫대(줄기와 잎에 자루, 껍질, 수염 등을 포함)가 차지한다. 사람은 옥수숫대를 먹을 수 없지만, 되새김동물은 소화할 수 있다. 수확한 식물량(옥수숫대 + 낟알) 전체를 따진다면, 동물에게 먹이든 닉스타말화nixtamalization(알칼리 용액에 담갔다가 요리하는 것)를 거쳐 토르티야를 만들거나 갈아서 우갈리로 요리하든 간에 옥수수 낟알만 생각할 때보다 광합성 효율이 훨씬 높다. 최근에 수확하는 미국의 옥수수는 광합성 효율이 가장 높은 수준이다.

2020년 미국 아이오와주에서 비료를 최대한 적당히 공급하며 키운 옥수수의 수확량은 헥타르당 11.1톤으로, 태양에너지 전환효율이 0.7%에 달했다. 낟알을 동물에게 직접 먹이거나 빻아서 다른 사료와 섞어 먹일 때에는 추가로 뺄 항목이 없다. 대조적으로, 사람이 직접 먹기 위해 키우는 (그리고 미국 농무부가 채소로 분류한) 초당옥수수는 (미국에서 이 작물을 가장 많이 재배하는) 워싱턴주의 수확량이 일반 옥수수의 거의 2.5배(헥타르당 약 25톤)에 달한다. 하지만 수분 함량이 높고 에너지 함량은 낮아(3.6MJ/kg: 비교하자면 일반 옥수수는 약 16MJ/kg이다) 광합성 전환 효율이 약 50% 떨어진다(0.35%).[29]

그러면 승자는?

따라서 사탕수수야말로 논란의 여지 없이 최고의 광합성 효율을 발휘하는 작물이다. 놀랍게도 이 말은 지상부 식물량 생산을 따질 때에만 참이다. 사탕수수는 다년생 풀이며, 대부분 연간 네다섯 번 베어내 수확한 뒤 옮겨 심는다. 열대 기후에서 물을 충분히 주면서 기르면, 이 C4 작물은 질소고정균(줄기와 잎 속에 살면서 사탕수수가 필요로 하는 다량원소의 상당량을 제공한다)과 협력함으로써 얻는 혜택도 있다. 소규모 경작일 때, 수확량이 헥타르당 100톤을 넘는 경우도 있다.

갓 베어낸 사탕수수 줄기는 주로 물로 이루어져 있고 (63~73%), 섬유질과 당이 총식물량 중 비슷한 비율을 차지한다 (12~16%). 에너지 함량은 톤당 약 7.2기가줄이다. 생육기 12개월 동안 수평 표면에 닿는 일사량이 62테라줄이라고 할 때(사탕수수 주요 생산국인 브라질 상파울루의 전형적인 날씨에서), 효율이 1.2%라는 의미다. 평균 수율은 이보다 더 낮고(2019~2020년 브라질의 평균 일사량은 헥타르당 76.13테라줄), 실제 먹을 수 있는(즉, 밀가루나 유채 기름에 해당하는) 산출량에 상응하는 식량 효율을 구하려면, 회수할 수 있는 당의 총량만을 따져야 한다. 2019~2020년에는 갓 베어낸 줄기 톤당 평균 139.3kg이었다. 즉, 헥타르당 10.6톤의 당을 수확했으며, 광합성 전환 효율(16.6MJ/kg)은 0.28%에 불과했다.[30]

이는 먹을 수 있는 에너지를 기준으로 할 때, 사탕수수의 광합성 효율이 동아시아의 도정한 쌀보다 겨우 조금 높고 감자나 미국의 초당옥수수보다 낮다는 의미다. 그리고 이런 식품의 영양상 질을 비교하면 초당옥수수가 더 나아 보인다. 물론 초당옥수수도 주로 물로 이뤄져 있지만(73%) 단백질과 지방이 소량 들어 있는 반면, 사탕수수에서는 오로지 순수한 당만 나온다. 마찬가지로 쌀을 도정함으로써 약간 낮아지는 광합성 에너지 효율은 낟알의 탁월한 영양가를 통해 쉽게 보상된다(쌀은 단백질이 7.5%이고, 인과 포타슘 같은 미량원소의 함량이 비교적 높다).

현대 농법과 개량된 작물 품종은 에너지 효율을 상당히 개선했지만, 이는 광합성 과정을 근본적으로 바꿈으로써 나온 결과가 아니었다. 대신에 물(관개, 토양이 빗물을 더 많이 간직하도록 하는 농법)과 양분(비료)의 투입량이 증가하고, 이렇게 최적으로 투입한 것을 온전히 이용하고, 새로 합성하는 식물량의 더 많은 부분을 먹을 수 없는 부위에서 식용 가능한 부위로 재배치한 새로운 작물 품종의 도입 덕분이었다.

그렇긴 해도 이런 식의 광합성 효율 증가는 비교적 제한적이며, 더 실질적인 개선은 광합성 과정을 재설계함으로써만 가능할 것이다. 그러나 이런 재설계는 극도로 어려울 수밖에 없다.

이 목표를 향한 실험적인 첫 시도가 이루어졌지만, 그 과정의 복잡성을 생각할 때 조만간 엄청난 변화가 일어날 것이라는 기대는 하지 말아야 한다. 식량 생산은 앞으로도 오랫동안 본질적으로 비효율적인 햇빛 이용에 의존할 것이다. 다행히 지구에 닿는 햇빛의 양은 식량 생산을 제약하지 않는다.

물과 양분

낮은 에너지전환 효율에 비해 광합성 과정에 들어가는 다른 필수 투입 요소들(물과 식물에 들어 있는 다량 및 미량 원소)은 상당히 높은 효율로 처리된다. 하지만 절대적인 기준으로 보면 여전히 받아들일 수 없을 만큼 손실 비율이 높으며, 그 때문에 경작의 생산비와 환경적 영향은 더욱 커진다. 따라서 여기서는 물 손실과 질소 이용에 초점을 맞추어 이런 본질적인 비효율성을 정량적으로 살펴보기로 하자. 질소는 필요한 총량과 훗날 환경에 끼치는 영향 양쪽 측면에서 가장 중요한 다량원소이며, 이 공급량이 작물의 가능한 최대 수확량을 결정할 때가 많다. 이렇게 정량적으로 파악한 뒤에야 비로소 사실에 근거하지 않고 사변적 주장을 펼치는 대신, 현실적인 최고 예상값을 설명하고 경작할 때의 손실을 줄일 효과적인 방법을 나열하는 것이 가능하다.

광합성에 물이 얼마나 비효율적으로 쓰이는지는 식물이 물과 이산화탄소를 잎으로 들여오기 위해 무엇을 해야 하는지 이해하고 나면 쉽게 알아차릴 수 있다. 토양의 물은 뿌리를 통해 흡수된 뒤 새로운 식물량을 광합성할 부위, 곧 잎으로 옮겨간다. 그러나 광합성에 쓰이는 것보다 훨씬 많은 양이 대부분 잎 뒷면에 나 있는 미세한 기공氣孔을 통해 빠져나간다. 공변세포孔邊細胞(식물의 기공을 이루고 있는 2개의 세포—옮긴이)가 기공을 열었다 닫았다 할 때, 이산화탄소가 들어오고 (광합성 때 생기는) 물과 산소는 빠져나간다.[31] (본질적으로 토양에서 물을 빨아들이는 역할을 하는) 이 증산蒸散 과정은 탄소를 얻기 위해 지나치게 많은 물을 잃는 결과를 낳는다. 신선한 잎에는 물이 70~90% 이상까지 들어 있는 반면, 전형적인 대기의 수분은 온대 지역에서는 1~2%, 열대 지역에서는 약 4%다. 그리고 이산화탄소는 대기의 0.04%에 불과하다.

이는 살아 있는 잎 세포가 물로 포화된 반면 공기는 매우 불포화 상태에 있다는 뜻이고, 이런 차이가 물을 토양에서 뿌리와 잎을 거쳐 공기로 전달하는 일방적 흐름을 일으킨다. 잎과 대기의 수증기압 차이가 이산화탄소의 증기압 차이보다 두 차수 더 크기 때문에, C_3 작물은 탄소 1g을 새로운 식물량으로 합성하려면 물 400~1,600g이 필요하다. 반면에 물 효율이 더 높은 C_4 식물은 '고작' 160~250g만 써도 된다.[32] 이렇게 비율이 높으므로 (광합성을 추진하는 빛을 통해 들어오는) 에너지 공급량 부족보다는 물 부족이 작물 생산의 가장 흔한 제약 요인이며(모든 경작지의 약 5분의 2에 영향을 미친다), 경작은 인류의 민물 자원 이용량 중 월등한 차이로 가장 큰 몫을 차지한다. 경작은 모든 물 사용량의 약 80%에 달한다.

물 손실량 정량화

수증기압차vapor pressure deficit, VPD는 잎 안팎의 증기압 차이를 측정하는 척도이며, 이런 차이는 기온과 습도에 따라 달라진다.[33] VPD가 낮을 때 증산은 느려지거나 심하면 멈추기도 한다. VPD가 아주 높은 매우 건조한 기후에서 식물은 잎이 마르는 것을 막기 위해 기공을 닫아서 필수적인 수분을 유지하곤 한다. 하지만 그럴 때 뿌리가 흡수하는 양분의 흐름도 줄어들고 이산화탄소의 유입도 막혀 필연적으로 광합성이 느려지고 생장도 지체된다. 증산의 조절은 높은 VPD에서 식물의 생장률을 결정하는 핵심 과정이며, 식물학자는 1913년 이래로 식물이 쓰는 물의 부피당 광합성으로 생산되는 새 식물체의 질량을 재서 작물의 물 사용 효율water use efficiency, WUE을 파악하고 있다.[34]

짐작할 수 있듯 여기엔 지역별 변이 폭이 크다. 이산화탄소와 물의 단기적인 기체 교환을 통해 정해지는 WUE는 모든 지상부 생물량의 헥타르-밀리미터당 29~105kg, 곡물 수확량은 헥타르-밀리미터당 5.4~24kg이다. 이론적 최댓값은 20kg 남짓이지만, 오스트레일리아 남동부의 9.9kg과 중국 황투고원의 9.8kg부터 지중해 유역의 7kg과 미국 대평원 남중부의 겨우 5.3kg에 이르기까지 다양하다.[35] 이런 편차 대부분은 밀이 개화할 무렵의 물 증발량으로 설명되며 인燐 부족, 늦은 파종, 척박한 토양(알칼리성, 염도), 작물의 질병, 잡초, 도복倒伏(줄기가 땅 가까이 쓰러지는 것)도 한몫을 한다.

그러나 나는 분모로서 헥타르-밀리미터가 이해하기 쉬운 단위는 아니라는 걸 인정하며, 우리 목적상 이를 뒤집은 비율이 작물의 WUE를 비교하는 데 더 유용한 방식일 거라고 본다. 즉, 수확물 단위 질량당 물이 얼마나 필요한지를 살펴보는 것이다. 이 값을 처음 접하는 사람은 수치가 너무나 크다는 사실에 깜짝 놀랄 것이다.[36] 주식 곡물을 생산하는 데 필요한 물은 톤당 평균 약 1,600톤이며, 밀은 약 1,800톤, 옥수수는 '고작' 1,200톤이다. 부피로 나타내면, 물 1톤은 $1m^3$다. 물 1,600톤은 한 변의 길이가 약 11.7m(미국의 전형적인 이층집 높이)인 정육면체의 부피다. 콩은 물 수요량이 더 많으며, 평균 약 4,000t/t이다. 식물성기름용 작물이 가장 많다. 대두는 4,200t/t, 땅콩은 7,500t/t, 올리브는 거의 15,000t/t이다. 견과는 9,000t/t이고, 커피는 이보다 더욱 많다.

약 18,000t/t인 커피의 물 사용량은 볶은 커피콩 7g으로 만든 커피 한 잔(약 250ml)당 약 130리터(kg)에 해당한다! 설탕 작물은 물 효율이 가장 높으며(200t/t 미만), 과일과 채소의 효율은 300t/t 미만(수박, 파인애플, 서양자두)에서 800~1,000t/t(바나나, 사과, 배, 복숭아)을 거쳐 2,000t/t 이상(포도, 대추야자, 무화과)까지 다양하다. 맥주는 약 300t/t, 포도주는 그보다 거의 3배, 오렌지와 사과 주스는 포도주보다 조금 더 많다(1,000~1,100t/t).[37]

다른 모든 조건이 같을 때, 식물의 물 사용 효율은 대기 이산화탄소 농도에 거의 직접적으로 비례한다. 마지막 빙하기 때(즉, 이산화탄소 농도가 겨우 180ppm이었을 때), 식물은 360ppm으로 치솟았던 1990년대보다 물을 2배 더 증산시켜야 했다. 그리고 (다시 한번 강조하지만, 다른 모든 조건이 같을 때) 대기 이산화탄소 농도 증가는 WUE를 개선해야 한다.[38] 실험 결과는 이 예상이 옳다는 걸 뒷받침한다. 이산화탄소 농도가 약 700ppm일 때 대다수 C_3 종은 수확량이 거의 30% 늘어날 테고, 지구 온실가스의 장기적 추세는 곡물 경작의 WUE가 증가하리라는 것을 시사한다.[39]

온실에서는 물 사용량을 줄이고 작물 수확량을 증가시킴으로써, 광합성 잠재력을 온전히 실현하기 위해 수십 년 전부터 의도적으로 이산화탄소 농도를 높이는 방식을 써왔다. 네덜란드 농업이 이런 방식을 주도했으며, 2가지 주된 채소 작물인 고추와 토마토뿐 아니라 꽃의 생산량을 늘리는 데에도 사용한다.[40] 그들은 일종의 열병합발전을 적용하는데, 천연가스를 사용해 온실에 쓸 전기와 열을 생산하는 동시에 생성되는 이산화탄소 일부를 활용해 온실 내 공기의 이산화탄소 농도를 적어도 1,000ppm까지 높인다. 오늘날 대기 농도의 약 2.5배다. 그러나 이산화탄소 농도 증가가 물 스트레스를 줄일 수는 있지만, 열 스트레스를 줄이는 데에는 도움이 안 된다는 점을 주목할 필요가 있다. 그 결과 더 온난해지는 세계에서 일부 내열성 종은 강수량이 적음에도 수확량이 더 늘어나는 반면, 다른 종은 물을 충분히 공급해도 수확량이 줄어들 것이다. 즉, 지구온난화는 일부 긍정적인 효과와 많은 부정적인 효과를 일으키며, 그런 효과는 모두 지역별로 상당한 편차를 보일 것이다. 그러나 뒤에서 설명하겠지만 지구온난화가 수확량에 미치는 전반적인 영향은 더 나은 농사법을 활용으로써 줄일 수 있다.

질소: 가장 중요한 다량원소

그리고 광합성 비효율 이야기에 등장하는 또 다른 주인공이 있다. 생물학 교과서에 실려 있는 광합성 반응의 가장 단순한 공식에는 반응물질에 이산화탄소와 물만 언급한다. 하지만 앞서 설명했듯 필수적인 다량 및 미량 원소 없이는 그 어떤 식물량 생성 반응도 진행할 수 없다. 질소는 상대적으로 가장 많이 필요한 다량원소이며, 이 원소의 부족은 수확량 증가를 제한하는 가장 흔한 요인이기도 하다.[41] 다시 한번 봄밀을 대표적인 사례로 삼아 살펴보자. 매니토바에서 잘 자라는 이 식량 곡물(헥타르당 3톤)은 질소를 87kg이나 쓰지만, 인과 포타슘은 약 11kg만 필요하다.[42] 또 불행히도 질소화합물(합성 비료나 그대로 또는 가공한 뒤 밭에 뿌리는 작물 잔해나 똥거름)은 분해되거나 반응을 일으키기가 특히 쉬워서 작물 뿌리에 채 흡수되기도 전에 물, 공기, 토양으로 사라지곤 한다.[43]

질소가 가장 흔히 부족해지는 다량원소라는 사실을 고려할 때, 질소비료는 대개 집약 경작의 다양한 비용 중 가장 큰 몫을 차지한다. 아울러 유실되는 질소화합물이 환경에 몹시 바람직하지 않은 영향을 미치므로 질소 손실을 최소화하려는 노력이 최고의 농경지 관리 활동인 것도 딱히 놀랍지 않다. 또 경작의 질소 사용 효율nitrogen use efficiency, NUE 연구가 많이 이루어진 것도 당연하다. 요약하자면, NUE는 땅에서 수확한 작물에 든 질소량을 경작(또는 특정한 가축 생산물)에 투입한 질소량으로 나눈

값이다.[44]

NUE는 성장하는 작물이 이용할 수 있는 모든 질소(토양의 유기물, 밭에 그대로 놔둔 작물 잔해, 밭에 뿌린 똥거름과 비료)를 가리킬 수도 있지만, 대다수 연구는 가장 양이 많으면서 가장 비싼 투입 요소가 어떻게 전달되는지를 추적하는 쪽에 초점을 맞춘다. 즉, 경작지에 뿌린 합성 질소화합물(요소, 암모니아, 질산염)이 수확한 식물량에 얼마나 포함되어 있는지를 알아내는 것이다.

헥타르당 200kg 넘게 뿌리는 중국 이모작 벼농사 지역부터 작은 밭에 요소(암모니아로 만든 고체 질소비료) 형태로 몇 킬로그램을 뿌리는 아프리카에 이르기까지, 질소비료 투입량은 지역에 따라 다양하다. 유럽의 밀 경작지는 대부분 약 100kg/ha이며, 인도의 논은 120~150kg/ha이다.[45] 주식 곡류 중에서는 옥수수의 NUE가 가장 높고(세계 평균은 33%로, 투입 비료의 3분의 2는 식물에 흡수되지 않는다), 벼가 가장 낮다(20% 남짓일 때가 많다). 기후 및 농법의 차이와 비료를 사용하는 세계 경작지 면적을 고려할 때, 대규모 NUE 연구에서 나온 결과의 편차가 클 것이라고 예상해야 한다. 2000년 세계 경작지의 질소 흐름을 상세히 살펴본 연구에 따르면, 이 가용 다량원소의 약 35%가 수확 작물에 들어 있고, 20%는 작물 잔해에 남아 있으며, 나머지 중 16%는 용탈溶脫(토양 속에서 유동하는 물이 토양의 가용성 성분을 용해해 운반·제거하는 현상 ─ 옮긴이), 15%는 토양침식, 14%는 기체로 방출된다.[46]

1960년대부터 2007년까지 세계 및 광역 수준의 질소 효율 추세를 추적한 2013년 연구에서는 수확 작물을 통해 회수된 그 영양 원소의 총량이 "시계열time series(확률적 현상을 관측해서 얻은 값을 시간 간격에 따라 기록한 것—옮긴이)의 처음이나 끝이나 거의 동일"하다는 것이 드러났다. 평균 약 40%였다.[47] 짐작했겠지만 고소득 국가에서 효율이 더 높았고, 저소득 국가에서는 NUE의 편차가 아주 컸다. 브라질·인도·소련/러시아는 회수율이 높아진 반면, 중국은 평균 37%에서 29%로 낮아졌다. 2014년 세계 NUE를 조사한 결과는 달랐다. 1960년대 초에는 69%에 달했지만 1980년에는 겨우 45%로 낮아졌다가 그 뒤에 약간 높아져 약 47%로 안정 상태에 이르렀다.[48] 유럽에서는 단위 질소당 창출된 금액으로 회수율을 평가했더니 이탈리아·스페인·오스트리아가 효율이 가장 높았고, 아일랜드·영국·노르웨이가 가장 낮은 것으로 나타났다. 그러나 이 순위를 표준 NUE와 직접 비교하기는 어려운데, 그 이유는 생산 작물의 가격에 크게 영향을 받기 때문이다(포도 vs. 곡물, 과일 vs. 콩).[49]

이번 장에는 숫자와 단순한 계산이 가득했는데, 이유는 단순하다. 광합성 효율이 놀라울 만큼 낮고 물과 질소라는 주된 투입 요소의 수요가 아주 높다는 점을 이해시키는 가장 좋은 방법이기 때문이다. 다음 장에서는 비슷한 접근법을 활용해 우리가 왜 특정 동물만을 그렇게 많이 먹고 다른 동물들은 거의 먹지 않는지 그 까닭을 알아보기로 하자.

4장

우리는 왜
일부 동물만
주로 먹는 것일까

통계를 보면 명확하다. 이 책의 독자 대다수는 채식주의자(부유한 국가에서는 약 5%)가 아니며, 이는 독자들이 어떤 고기를 얼마나 먹을지 선택을 반복하고 있는 것이 틀림없다는 의미다.[1] 그러나 독자의 식단 선호(가령 쇠고기보다 닭고기)가 뚜렷하든 고기라면 다 좋아하든 간에, 육식에 관한 몇 가지 근본적인 질문을 결코 한 적이 없을 수도 있다. 우리가 고기(그리고 젖과 알과 털)를 얻고 짐을 운반하는 등 다양한 일에 도움을 받기 위해 길들인 동물의 종류가 왜 그렇게 적을까? 뒤에서 살펴보겠지만 우리가 선택한 동물의 수가 한정된 것은 크기, 물질대사, 사회조직, 행동, (생태학자라면 영양 단계라고 말할) 섭식 습관을 비롯해 다양한 요인을 고려한 결과였다.

　　아마 이런 질문으로 시작하는 편이 가장 나을 듯하다. 현재 우리가 과학적으로 이해하고 있는 수준의 동물 대사와 영양 단계 지식을 우리 조상도 알고 있었다면, 그들은 어떤 동물종을 선

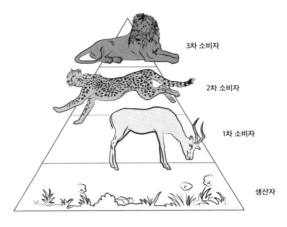

영양 단계: 육상생물의 피라미드.

호했을까? 정확히 똑같은 동물들을 골랐으리라는 것이 답이다. 그들은 지금의 튀르키예 남부와 동부, 이라크 북부, 이란 북서부를 아우르는 초승달 지역에서 약 1만 1,000년 전 염소와 양을 선택한 것을 시작으로 매우 빠르게 돼지(1만 500년 전)와 소(1만년 전)를 잇달아 길들였다.[2] 다른 동물들을 길들인 것은 상당한 세월이 흐른 뒤였다. 당나귀와 야크는 약 7,000년 전, 물소와 낙타는 6,000년 전, 라마llama와 알파카는 5,500년 전, 말은 기원전 2500년경에야 길들였다.[3] 식량 생산의 역사는 최고의 방법을 선택한 과정을 보여주며, 굳이 놀랄 이유는 없다. 오랜 관찰, 경험, 시행착오를 거치면 공식적인 과학적 이해를 통해 나온 것과 동일한 결과에 이르게 마련이었다.

정량적 단서

생물권에는 포유류 약 6,500종과 조류 약 1만 종이 있지만, 식량농업기구FAO의 연례 통계 자료를 보면 길들인 동물은 겨우 16개 집단에 불과하다.[4] 대다수 집단은 (많은 변종과 품종을 지닌) 하나의 종으로 구성된다. 그리고 비슷한 두 종(낙타: 단봉낙타와 쌍봉낙타, 낙타과: 라마와 알파카)으로 이뤄진 집단이 3개, 서로 다른 두 종으로 이루어진 집단(토끼와 산토끼, 거위와 뿔닭)이 2개 있다. 이 16개 집단 중에서 12개는 포유류이고 4개는 조류로, 매우 치우친 분포를 보인다. 포유류 중에서는 몸집 큰 되새김동물이 주류이며, 현재 40억 마리가 넘는다. 그중 소가 약 15억 마리, 양은 12억 5,000만 마리, 염소가 11억 마리, 물소가 약 2억 마리, 낙타가 4,000만 마리다.[5] 다음으로 돼지가 약 10억 마리 있다. 말, 당나귀, 노새, 낙타는 모두 더해도 겨우 1억 3,000만 마리에 불과하다. 2020년 기준으로 사육 토끼(그리고 산토끼)는 20만 마리에 못 미치고, 길들인 설치류(주로 안데스 원산의 기니피그)는 2만 마리가 안 된다. 조류 중에서는 닭이 전 세계로 빠르게 퍼진 뒤 다른 모든 길들인 조류종보다 수가 훨씬 많아졌다. 2020년에 약 330억 마리였다. 그에 비해 오리는 약 11억 마리, 칠면조와 거위는 각각 5억 마리에 못 미쳤다.[6]

이들은 모두 초식동물이다. 돼지뿐 아니라 오리와 거위는 기회가 생기면 육식도 하는 잡식성이긴 하다. 멧돼지는 식단에서 곤충과 작은 동물의 비율이 5%에 못 미치는 반면, 길들인 돼지는 온갖 음식물 쓰레기는 물론 동물 사체도 먹을 것이다. 한편 오리는 곤충, 작은 물고기, 갑각류 등과 마주치면 잡아먹을 것이다. 거위도 그렇겠지만, 두 종 모두 거의 초식성이다.[7] 거시적인 규모에서 생물권의 생태 피라미드(모호하긴 해도 학교에서 배운 내용이 기억날 것이다)는 식물(1차 생산자, 영양 단계의 바닥층)의 광합성 생산성에 의존하며, 가장 수가 많은 포유동물은 다양한 식물 부위를 직접 먹을 수 있는 초식동물(영양 단계의 두 번째 층을 이루는 1차 소비자)이다.[8] 2차 소비자(영양 단계의 세 번째 층: 여우와 곰 등), 즉 1차 소비자를 먹는 육식동물과 식물 및 1차 소비자를 먹는 잡식동물은 개체수와 총동물량 모든 면에서 1차 소비자보다 적다.

3차 소비자(영양 단계의 네 번째 층)도 잡식성일 수 있지만, 1차 소비자와 2차 소비자를 다 먹는 육식성 종이다. 사자는 영양을 잡아먹겠지만, 굶주릴 때에는 치타도 잡아먹을 것이다(그러나 모든 것에는 예외가 있듯 사자는 잡아 죽인 표범이나 하이에나를 먹지 않는다). 3차 소비자는 바다에 훨씬 더 흔하며, 상어와 다랑어가 가장 대표적인 사례. 대양에 서식하는 모든 참다랑어의 총동물량은 그들이 잡아먹는 육식성 고등어(2차 소비자)보다 훨씬 적으며, 양쪽의 공통 먹이인 청어(1차 소비자)보다는 더욱더 적다.

소·양·염소 같은 초식동물은 길들인 동물 중 가장 수가 많을 뿐 아니라, 되새김동물이기도 하다. 이들은 풍부한 리그노셀룰로스 식물량(1장 참조)을 소화할 수 있으므로, 그런 화합물을 소화할 수 없는 대다수 포유류보다 훨씬 더 많은 생물량을 이용한다. 그러나 초식동물(그리고 특히 되새김동물)이라는 점만으로는 길들일 동물로 선택하는 데 부족하다. 크기와 행동도 매우 중요하다.

크기가 중요하다

크기는 2가지 측면, 즉 동물을 먹이는 쪽과 동물을 돌보는 쪽에서 중요하다. 정온동물의 기초대사량(휴식 상태에서 단위 체중당 필요한 에너지)은 체중이 증가할수록 감소한다.[9] 체중 400kg인 소는 40kg인 양에 비해 단위 체중당 에너지가 약 60%만 필요하며, 양은 체중 400g인 쥐에 비해 에너지가 약 25%만 필요하고, 쥐는 10g인 생쥐에 비해 기초대사량이 훨씬 낮다.

따라서 설령 아주 작은 우리에 생쥐를 가두어놓는다고 (따라서 에너지 요구량을 기초대사량 또는 휴지대사량resting metabolism에 가깝게 줄인다고) 해도, 단위 체중당 작은 염소보다는 거의 5배, 커다란 돼지보다는 거의 10배 많은 먹이를 먹여야 할 것이다. 아울러 그렇게 먹여도 그 에너지의 아주 많은 부분은 피부를 만드는 데 쓰이고(작은 동물일수록 상대적으로 표면적이 넓다), 고기는 겨우 몇 그램 불어나는 데 그칠 것이다. 일부 사회에서 쥐를 잡아먹긴 했지만(로마인은 큰겨울잠쥐를 병 속에 넣고 키워서 살찌운 뒤 내장을 제거하고 저민 돼지고기를 그 안에 채워 요리해 먹었다), 쥐는 실질적으로 길들여진 적이 전혀 없다.[10] 길들여진 가장 작은 포유동물인 기니피그(생쥐에 비해 단위 체중당 먹이가 3분의 1 정도만 필요하다)와 토끼의 연간 고기 생산량이 여전히 미미한 채로 남아 있는 이유도 바로 이 때문이다.

기니피그(마리당 고기 생산량 1kg 미만)는 결코 세계적인 식량 공급원이 된 적이 없다. 원산지인 안데스 지방에서만 사육하며, 부엌에서 나오는 음식 찌꺼기를 먹여 기른다.[11] 토끼는 기니피그보다 좀 더 크다. 3개월 된 토끼는 체중이 대략 1.5~2kg이고, (최대 6개월까지 기른) 구이 요리에 쓰이는 더 무거운 토끼는 2.5~3.5kg에 달한다. 도축된 무게는 생중량의 약 50%이므로 작은 토끼의 고기량은 1kg에 못 미치며, 따라서 세계적으로 선호되기에는 너무 작다. 가장 많이 사육하는 중국을 비롯해 북한, 이집트, 이탈리아, 러시아 등 몇몇 국가에서 주로 기른다.[12]

무엇이 식용으로 적합할까

독자 여러분도 알아차렸겠지만 대사량과 전형적인 고기 생산량을 따져보면, 더 큰 포유동물이 낫다. 사체에서 적어도 한 가족이 먹을 만한 고기를 충분히 얻을 수 있으면서 개체수도 많은 동물이라면 더욱 좋다. 염소와 양은 길들이기에 좋은 바람직한 속성을 모두 지니고 있다.[13] 먼저 크기가 적당하다. 양 성체는 체중이 대략 50~120kg이며, 염소 중 큰 품종도 비슷하다. 한편, 아시아 각지에 흔한 작은 염소는 체중이 25~40kg에 불과하다. 양과 염소는 되새김동물이며, (건조하거나 추운) 혹독한 기후에 적응

할 수 있다. 특히 염소는 가시 있는 식물도 잘 먹고, 갈라진 발굽과 고무처럼 탄력 있는 발바닥으로 가파른 비탈도 오르내릴 수 있다. 또 사회적 행동도 그들을 길들이기에 적합한 이유다. 양은 서로 모이려는 사회적 본능이 강하므로 무리 지어 다니는 습성을 보인다. 염소 떼는 양, 소, 말하고도 함께 어울릴 수 있다.[14]

이슬람교, 힌두교, 유대교는 돼지를 불결한 동물로 여긴다. 이들 종교가 섭취를 금함으로써 돼지고기의 잠재적 소비자가 약 30억 명, 즉 세계 인구의 약 5분의 2가 줄어들었지만, 그럼에도 돼지는 여전히 월등한 차이로 가장 많이 소비되는 포유동물이다.[15] 돼지고기는 2020년 약 1억 1,000만 톤이 생산되었다. 이는 쇠고기보다 약 60%, 염소와 양의 고기를 합한 것보다 3.5배 많은 수치다. 양과 염소가 그랬듯 멧돼지도 길들이기에 좋은 속성을 지니고 있었다. 몸무게 면에서 돼지는 너무 작지도 크지도 않은 포유동물이며, 우리와 체중 범위가 겹친다(대체로 60~150kg). 또 돼지는 다양한 기후(열대에서 아한대까지)에 적응할 수 있고, 잡식성이라서 먹이기도 쉽다. 양처럼 몰고 다닐 수 있는 사회적 동물이고, 마찬가지로 양처럼 (그리고 염소와 달리) 사체의 지방 비율이 상대적으로 높다. 이 마지막 특징은 전통 식단에 지방이 부족한 사회에서 특히 환영받을 만한 속성이다.[16]

소도 양이나 염소처럼 되새김동물인데, 나뭇잎과 가지가 아니라 풀을 더 좋아하는 쪽이며, 독특한 사회구조를 갖고 있다.[17] 소는 사람의 얼굴을 알아보며, 적절히 대하면 유순하고 몰기도 수월하다. 양·염소·돼지보다 상당히 육중하고, 따라서 마리당 많은 고기를 제공하는 이점이 있다. 비록 뼈와 피부가 무거워서 생중량 중 도축했을 때의 식용 부위 무게가 약 40%에 불과하지만 (돼지는 약 60%), 몸집이 워낙 크므로 성숙한 소에서 고기를 적어도 150kg(체중이 적게 나가는 인도 소)부터 최대 350kg(유럽의 대형 품종)까지 얻을 수 있다.

그러나 이렇게 고기를 많이 얻으려면, 대사 비용이 만만치 않게 든다. 즉, 그렇게 무거워질 때까지 키우려면 오랜 기간 먹여야 하고, 비록 더 큰 포유동물의 기초대사량이 작은 종보다 낮긴 해도, 이런 이점은 체중이 훨씬 더 나간다는 점 때문에 상쇄된다. 무거운 품종의 소는 체중이 700kg을 넘기도 한다. 가장 무거운 수소는 1톤이 넘을 수도 있다.[18] 그래서 대형 축사에서 세심하게 균형 잡힌 혼합 사료를 먹여 키우는 현대의 육우 품종도 겨우 2년 만에 도축을 한다. 이번 장 뒷부분에서 구체적인 사육 방식들의 에너지 요구량을 살펴볼 예정이지만, 여기서는 쇠고기가 돼지고기보다 생산의 효율이 떨어지고 환경에 더 부담을 준다는 점을 명백히 밝혀두고 넘어가기로 하자.

소: 고수익 상품

그렇다면 우리 조상들은 왜 작은 (중간 체중의) 종뿐 아니라 큰 (그리고 고기 생산 관점에서 볼 때 아주 값비싼) 소, 물소, 낙타도 길들인 것일까? 고기가 아니라 근력을 이용하고(거세한 황소를 농사와 운송에 썼다) 가장 질 좋은 단백질(젖)을 매일 얻기 위해서였다. 수백 년 동안 거세된 소는 아시아와 아프리카뿐 아니라 유럽에서도, 그리고 더 뒤에는 유럽의 식민지가 된 아메리카에서도 주요 역축(일꾼 동물)으로 이용되었다.[19] 중세 절정기에 유럽 각지에서 말을 도입하기 시작했지만, 일부 지역에서는 거세된 소가 19세기까지 꼭 필요한 동물로 남아 있었다. 예를 들어, 1880년대 초에 거세된 소는 프랑스 서부와 남서부의 모든 역축 중 60% 이상을 차지했는데, 유럽과 미국에서 소보다 힘센 말이 끌도록 고안한 새로운 곡물 수확 기계(수확기, 바인더, 나중에는 콤바인)를 도입하면서 역사의 뒤편으로 사라졌다.[20] 그리고 거세된 소는 이런저런 일에 꼭 필요한 가축으로 쓰이던 시기에, 늙거나 병들거나 먹일 사료를 구할 수 없을 때만 고기용으로 도축했다.[21]

고대, 중세, 근대에 소를 기르던 지역에서 우유와 유제품이 중요했음은 여러 방식으로 드러난다. 로마인은 아침으로 대개 빵과 치즈를 먹었고, 약 2,000년 뒤 영국 빈민의 생활을 조사한 프레더릭 모튼 이든Frederick Morton Eden은 1797년 출판한 책에서 삶은 곡식이나 콩에다 '약간의 우유'를 곁들인 것이 그들의 아침이라고 설명했다.[22] 이 우유는 소량이긴 해도 매일 질 좋은 단백질을 제공했다. 그리고 소와 우유는 예전이나 지금이나 힌두교에서 중추적인 역할을 한다. 인도는 미국에 이어 세계 두 번째 우유 생산국이다. 우유 생산량도 미국과 거의 맞먹는다. 세계 소의 약 12%와 모든 물소의 거의 55%가 인도에 있다. 그러나 우유는 전통적으로 마시지 않던 사회에서도 현대에 점점 중요한 역할을 해왔다. 일본이 대표적 사례다. 최근 일본의 유제품(우유, 요구르트, 아이스크림, 치즈) 1인당 연평균 소비량은 무게로 따질 때 쌀을 능가한다(그러나 음식 에너지 총량 면에서는 그렇지 않다).[23]

유럽(그리고 아시아와 아프리카 각지)에서는 예전부터 쇠고기를 먹었다. 여유 있는 이들은 상당히 많이 소비하기도 했지만, 3가지 중요한 변화가 일어난 뒤에야 비로소 쇠고기는 세계의 주요 육류 중 하나가 될 수 있었다. 첫째, 농사의 가장 긴요한 일꾼이라는 자리에서 소가 밀려났다.[24] 둘째, 19세기 후반 미국·캐나다·아르헨티나·오스트레일리아의 드넓은 천연 목초지에서 소를 키우고, 쇠고기의 대규모 국제무역이 최초로 시작되었다. 마지막으로, 말이 내연기관(트랙터, 콤바인)으로 대체되면서 이전까지 주로 말의 농후사료濃厚飼料(부피가 작고 섬유소가 적으며 소화 잘 되는 양분이 많은 사료—옮긴이), 즉 옥수수와 대두를 생산하는 데 쓰던 드넓은 땅(1910년대 미국 경작지의 25%)을 유례없는 수준으로 쇠고기 생산에 활용할 수 있게 되었다.[25]

미국의 쇠고기 생산량 자료는 이런 변화의 결과를 잘 보여준다. 1900년 미국의 쇠고기 생산량은 약 250만 톤이었고, 1930년까지는 증가량이 미미했다.[26] 그러다가 군대에 필요한 양이 늘어나면서(군용 통조림인 C-레이션에 주로 옥수수와 쇠고기를 담았다) 1945년 470만 톤으로 증가했고, 밀집 가축 사육 시설concentrated animal feeding operation, CAFO이 저렴한 쇠고기의 주된 공급원으로 자리 잡음에 따라 1950~1976년 생산량이 1,180만 톤으로 거의 3배 늘어났다. 그 뒤에 쇠고기 섭취가 건강에 미치는 영향을 우려하는 목소리들이 커지면서(특히 심혈관 질환 사망률 증가에 기여하지 않을까 하는 우려) 생산량이 정체되었다가 2000년 1,220만 톤, 2020년 1,230만 톤으로 약간 늘어나는 수준에 그쳤다. 인구 증가를 고려하면 1인당 생산량이 상당히 줄어들었다는 의미다.[27] 1950년 이후에는 유럽과 라틴아메리카에서 쇠고기 생산량이 늘어남에 따라, 미국이 차지하는 비중은 꾸준히 감소했다. 즉, 1950년에는 30%를 넘었지만, 2020년에는 20%로 줄었다.

동물 농장

그러나 쇠고기의 비중이 상대적으로 줄어들었다고 해도 미국이나 세계의 1인당 육류 소비량이 감소했다는 의미는 아니었다. 대신에 돼지고기와 닭고기 소비량이 늘어났고, 특히 후자는 더욱 빠르게 증가했다. 2020년 식량농업기구의 세계 자료를 보면, 닭고기는 약 1억 2,000만 톤, 돼지고기는 1억 1,000만 톤, 쇠고기는 6,800만 톤이 생산되었다. 지난 50년 동안 돼지고기와 닭고기 생산량은 CAFO처럼 규모를 키운 사육의 산업화가 이전의 (공장식 사육에 비해 언제나 소규모였던) 혼합농업, 즉 마을에서 수확한 사료로 몇 종의 동물과 함께 키우는 방식을 대체한 덕분에 계속 증가했다. 혼합농업 같은 전통적인 지역 내 연결 고리는 가축단위animal unit, AU가 1,000마리를 넘는 새로운 사육 시설이 등장하면서 단절되었다. 가축단위는 사료 요구량을 기준으로 계산한 상대적인 척도로, 도축 시기를 맞은 소는 1.0, 젖소는 1.4, 25kg이 넘는 덜 자란 돼지는 0.4, 알을 낳는 암탉이나 수탉은 0.01이다.[28]

따라서 CAFO는 소의 경우 최소 800마리, 돼지는 최소 2,500마리, 닭은 3만 3,000마리 이상을 키워야 한다. 미국에서 가장 규모 있는 사육 시설은 이보다 훨씬 더 크다. 심지어 10만 마리 이상의 소를 수용하는 축사도 있다.[29] 이 모든 시설에선 단기간에 도축 가능한 무게에 도달하도록 최대한 빨리 체중을 늘리기 위해 배합사료를 주면서 단 한 종만을 키운다. 사료는 탄수화물(주로 옥수수)과 단백질(주로 대두), 곡류와 콩류의 혼합물이다(소의 경우 여기에 섬유질도 추가한다). 장시간 자유롭게 돌아다닐 기회는 전혀 없다. 따라서 풀을 뜯거나 뿌리를 파헤치거나 나뭇가지에 걸터앉을 일도 전혀 없다.

CAFO는 수십 년 동안 다양한 이유로 비판을 받아왔다. 육식을 반대하는 이들은 동물에게 잔혹하다고, 환경론자들은 땅과 대기와 물에 온갖 해를 끼친다고(오염물질, 병원체, 유행병을 일으킴으로써), 생태경제학자들은 자원을 고도로 집약시키는 사육 방식이 지속 불가능하고 경제적으로도 의심스럽다고 비판한다.[30] 많은 부유한 국가에서는 소에게 풀을 뜯도록 하고 돼지를 풀어 키우고 닭이 자유롭게 돌아다니며 알을 낳도록 하는 식의, 대부분 비용이 더 많이 드는 대안들이 널리 활용되고 있다. 그러나 미국에서는 상업적으로 기르는 가축의 상당 비율(소는 70%, 돼지는 98%, 닭과 칠면조는 99%)이 CAFO에서 살아간다. CAFO는 현재

세계 가금류의 70% 이상과 돼지고기의 절반 이상을 공급한다.[31]

CAFO는 이렇게 전통적인 사육 기간을 대폭 줄이고 고기 가격을 떨어뜨림으로써 주류로 자리 잡았다. 이런 면에서 볼 때, 가장 주목할 만한 변화는 닭고기 소비 쪽에서 일어났다. 1920년 이전까지 미국(그리고 1950년대 이전의 대다수 유럽 국가)에서 닭고기는 특별한 날에만 먹을 수 있는 사치품이었다. 닭은 달걀을 얻기 위해 길렀고, 닭고기는 수평아리를 골라내고 알을 낳지 못하는 암탉을 치울 때에만 나왔기 때문이다.

고기를 얻기 위해 닭을 상업적으로 번식시키고 사육하는 방식은 미국에서 1920년대 들어서야 개발되기 시작했고, 제2차 세계대전 이후 유럽에도 퍼졌다. 현재 CAFO 축사의 돼지는 겨우 6개월 만에, CAFO 양계장의 닭(육계용)은 6주 만에 도축한다. 품종개량, 질 좋은 사료, (에너지대사량을 줄이는) 가두어 기르기의 조합을 통해 사육 기간을 단축하는 이 방식은 닭에게서 가장 놀라운 효율 증가를 달성했다. 돼지는 그보다 낮고, 소는 효율 증가가 전혀 일어나지 않았다.

어떤 고기가 가장 에너지 효율적일까

미국 농무부 덕분에 우리는 소와 돼지는 1910년부터, 닭은 1935년부터 평균 사료 요구율을 추적할 수 있다.[32] 이 비율은 생중량 단위(또는 우유 단위나 달걀 100개)당 투입된 사료단위feed unit

품종	1957	1978	2006
0일	0.034 kg	0.042 kg	0.044 kg
28일	0.316 kg	0.632 kg	1.396 kg
56일	0.905 kg	1.808 kg	4.202 kg

현대의 사육 방식과 품종개량으로 닭에게 일어난 변화.
1957년, 1978년, 2006년에 부화한 지 각각 0일, 28일, 56일째 되는 닭의 모습.

(옥수수 낟알의 에너지 함량에 해당)의 양으로 나타낸다. 품종개량과 사육 방식에 큰 변화가 일어났음에도, 쇠고기 생산의 사료 요구율은 단일한 추세를 보이는 대신 심하게 요동치는 양상을 보여왔다. 1910년에는 소 생중량 1kg을 생산하는 데 옥수수 약 10kg이 들었다. 이 비율은 1980년 약 14kg으로 증가했다가 최근(2010년대 말)에는 약 12kg으로 떨어졌다. 마찬가지로 돼지의 사료 요구율도 1910년 6.6kg에서 1930년 5kg으로 낮아졌고, 1980년에는 6kg으로 올라갔다가 최근 들어 다시 5kg 미만으로 떨어졌다. 따라서 사료 요구율이 인상적인 수준으로 감소한 사례

는 닭뿐이다. 닭은 1925년 5.5kg에서 1950년 4kg, 1960년 3kg, 2000년 2kg, 2010년 1.6kg으로 떨어졌고, 그 뒤로는 약간 증가했다. 미국 농무부의 이 자료는 돼지고기의 사료 에너지가 닭고기보다 약 3배 더 들고, 쇠고기는 적어도 7배 더 많은 사료를 먹여야 한다는 결론을 내리는 데 종종 쓰이곤 한다.

위에서 인용한 수치들이 맞긴 하지만, 이 값들은 고기가 아니라 (농무부가 명시적으로 말하고 있듯) 생중량 단위를 기준으로 삼고 있다. 진정으로 비교하려면 생중량을 가식(식용 가능) 중량으로 전환해야 하는데, 이 전환율은 종마다 다르다. 앞서 언급했듯 (뼈가 무겁고 피부 면적이 넓은) 소는 가식 중량/생중량 비율이 약 40%로 가장 낮다. 반면 아시아에서는 깃털 뽑은 닭을 전부 다 식용할 수 있으며(부리만 남긴 채 발과 볏까지 먹기도 한다), 주로 가슴·허벅지·날개 부위만 잘라내 먹는 미국에서도 그 비율이 60%에 달한다. 한편 돼지고기는 생중량 중 거의 55%가 식용 가능하다.[33] 이런 비율을 감안하면, 최근의 실제 미국 사료 요구율은 닭고기 약 2.7kg, 돼지고기 9kg, 쇠고기 30kg이다. 오로지 사료 요구율만을 토대로 육류를 선택한다면, 쇠고기를 먹는다는 것은 말도 안 되는 일이다. 식용 부위 단위당 사료 에너지를 닭보다 10배 이상 공급해야 하기 때문이다.

동시에 사료단위(옥수수 환산량)를 기준으로 계산한 이런 비교가 특정한 동물 식단의 실제 조성composition이 어떠한지는 전혀 알려주지 않는다는 점도 명심해야 한다. 쇠고기가 닭고기보다 사료 에너지 비용이 상당히 높긴 해도, 미국에서 그 사료의 상당부분은 사람이 먹을 수 없는 식물량과 작물 잔해로부터 나온다. 반면에 닭은 곡물과 콩의 혼합물을 사료로 주는데, 이 사료는 그냥 사람의 식량으로 쓸 수도 있다. 지금까지 가축 사료를 가장 포괄적으로 연구한 자료를 보면, 사료(건조량으로 측정했을 때)의 86%는 사람이 먹을 수 없는 물질로 이루어져 있다. 그리고 평균적으로 고기 1kg을 생산하기 위해 사람이 식용 가능한 곡물을 되새김동물은 평균 2.8kg, 위장이 하나인 동물(돼지, 가금류)은 3.2kg 먹여야 한다. 아울러 사료 요구율을 약간만 개선하면, 동물 사료(곡물, 기름씨)를 생산하기 위해 경작지를 더 늘리는 일을 충분히 막을 수 있을 것이다.[34]

또한 이런 사료 공급량 추세는 육류 (그리고 알과 우유) 소비가 증가함에 따라 세계 식량 체계의 전반적 에너지 효율이 낮아져왔다는 의미이기도 하다. 수확량이 많은 아이오와주 옥수수 (상대적으로 효율적인 C_4 작물)조차도 밭에 닿는 일사량의 겨우 약 0.7%만 동화同化되고, C_3 작물은 효율이 더 낮은 0.15~0.6%라는 점을 상기하자. 따라서 옥수수를 먹여서 얻은 쇠고기에는 그 사료를 재배하는 데 들어간 태양에너지의 겨우 0.023%(0.7/30)만 동화되어 있을 테고, 옥수수·밀·대두를 섞어서 먹인 닭고기 (가중 생산 효율이 0.35%라고 가정할 때)에는 그 사료를 재배하는 데 쓰인 밭에 다다른 태양에너지의 겨우 0.13%가 담겨 있을 것이다.

따라서 동물 식량 섭취는 우리 식량 생산의 전체 효율을 더욱 낮추며, 이런 현실(먹이사슬의 높은 단계에서 나오는 식량을 소비함으로써 빚어지는 결과)은 인간의 평균적인 영양 단계 변화 양상을 추적함으로써 나타낼 수 있다.

무엇이 중요할까

오로지 식물만을 먹는 사람들은 영양 단계 2.0(이번 장 앞부분에 실린 영양 단계 피라미드 참조)에 있을 테고, 근대 이전 중국과 아프리카의 여러 지역에서는 순수한 식물 식단에 아주 가까운 식사를 했다(중국이 곡물에 주로 의존했다는 내용은 2장에서 다루었다). 반면 최근에 일부 영양학자들이 내놓은 이른바 구석기 식단(아마도 '스테이크와 샐러드'로 가장 간단하게 정의할 수 있을 것이다)을 따르는 이들은 영양 단계 3.0에 매우 가깝다.

2013년 프랑스 국립해양개발연구소 연구진은 식량농업기구의 식량 공급 통계를 토대로 국가 및 세계의 영양 단계를 정량화했다. 연구진은 1961~2009년 (각국의 인구 규모에 따라 가중치를 부여한) 세계 중윗값이 2.13에서 2.21로 올라갔음을 알아냈다. 이런 증가는 주로 중국과 인도의 식단 변화를 통해 이루어졌는데, 두 나라의 중위 영양 단계는 2.05에서 2.20으로 상승했다. 한편, 다른 나라들은 2.31로 안정적으로 유지되었다. 아이슬란드 식단(절반은 식물, 절반은 생선과 육류)이 가장 높은 2.57이었는데, 이는 1970년대 초의 2.76에서 낮아진 수치다.[35]

이런 분석은 식단 변화에 공통된 특징(평균 영양 단계가 조금이라

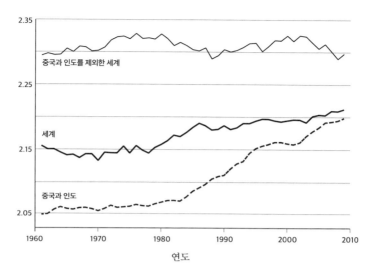

중위 영양 단계의 상승: 아시아 효과.

도 높은 수준에서 먹으면 생물권의 자원에 더욱 큰 스트레스를 안겨준다는 것)이 존재한다는 걸 확인해주긴 하지만 연구진은 자신들의 기본 데이터에 한 가지 근본적인 문제가 있음을 언급하지 않았다. 요컨대 식량농업기구의 식량 수급 자료는 식량의 공급량을 다룬 것일 뿐 실제 소비량을 말하는 것이 아니다. 예를 들어, 식량농업기구의 최근 프랑스 식량 수급표는 하루 평균 공급량이 1인당 3,500kcal라고 말하지만, 실제 섭취량은 2,200~2,400kcal에 불과하다. 나머지는 생산, 가공, 도매, 소매, 가정 등 모든 단계에서 흔하게 그리고 용납할 수 없을 만큼 많이 나오는 음식 쓰레기가 된다. 그러나 식량 손실의 국가적·시간적 차이를 신뢰할 수 있을 만큼 추정하기란 불가능하므로(따라서 특정 범주 내에서 낭비되는 식량의 양을 알아내는 건 불가능하다), 공급에서 실제 섭취로 넘어가 사람의 영양 단계를 조정할 방법은 전혀 없다. 그 단계를 직접적이고 신뢰할 만한 방법으로 측정한 사례는 거의 없다.

더 푸른 목초지?

우리가 현대적인 대규모 축사에서 옥수수와 대두의 혼합물로 사육하는 소가 아니라, 오로지 풀만 뜯어먹으면서 자란 소의 고기를 먹는다고 하자. 그래도 영양 단계는 2.0으로 동일하겠지만, 사료 요구율을 비교하면 크게 다를 것이다. 목초지의 동물 수를 환경 용량(즉, 특정 초원에서 생산할 수 있는 새로운 식물의 식생 면적 감소나 토양침식을 전혀 일으키지 않고 동물이 뜯어먹을 수 있는 양)을 고려해 세심하게 제한한다면, 1년 내내 목초지가 있는 기후에서 그저 풀만 먹고 사는 소는 물과 (아마도) 울타리만으로도 충분하고, 사료 곡물을 집약 경작할 필요가 전혀 없을 것이다. 더 추운 기후에서는 겨울에 먹일 건초를 수확하고 저장할 필요도 있다.

그러나 풀을 먹는 소도 여전히 환경에 부담을 준다. 되새김동물은 낟알을 먹을 때보다 풀을 뜯을 때 불어나는 단위 체중당 적어도 3배는 더 많은 식물량을 먹어야 하기 때문이다. 생중량이 아니라 건조량을 비교할 때에도 그렇다. 그리고 CAFO에서 키우는 돼지와 닭보다 신선한 풀이나 건초를 적어도 20~25배 더 먹는다. 건조량을 기준으로 할 때, 되새김동물이 먹는 풀과

잎은 2020년 세계 가축 사료 공급량 65억 톤 중 가장 큰 비중을 차지해 거의 50%다. 이어서 작물 잔해(주로 짚과 줄기)가 20% 가까이 차지하고, 사료 곡물은 약 13%에 달한다. 2020년 세계 곡물 생산량의 약 3분의 1, 미국 곡물 수확량의 3분의 2를 가축이 먹는다는 뜻이다.[36]

풀만 먹여서 쇠고기를 생산하려면 신선한 (또는 말린) 식물량이 엄청나게 필요하다는 점을 생각할 때, 그렇게 생산하는 쇠고기가 모든 주요 육류 중에서 물 집약도가 가장 높다는 것도 놀라운 일은 아니다. 세계 평균은 생중량 톤당 2만 2,000톤이다.[37] 이를 곡물 1,500~2,000t/t 및 가장 물 집약적이면서 사용량이 거의 같은 차수인 커피(약 18,000t/t)와 비교해보라(3장 참조.) 그러나 최근의 세계 커피 생산량은 약 1,000만 톤에 불과한 반면, 쇠고기 생산량은 그보다 6배 이상 많다. 그리고 소에게는 대개 길든 짧든 풀을 뜯으면서 보내는 시간이 있다.

정말 거대한 CAFO에서 월등한 차이로 가장 많은 소를 기르는 미국과 캐나다에서도 마찬가지다. 송아지(인공수정으로 9개월 동안의 임신 기간을 거쳐 태어난 2년 미만의 소)는 목초지에서(곡물을 최소한으로 공급하든 아니든) 어른 소들과 함께 6~10개월 자란 뒤, 270~360kg이 되면 축산업자에게 팔린다. 이어서 곡물과 풀을 조합한 고에너지 사료를 먹으며 출하 체중인 630~680kg에 다다른다. 이는 대체로 5개월이면 충분하지만 7개월 이상 걸릴 수도 있다. 아직 새끼를 낳지 않은 암소와 거세된 수소는 목초지에서 2~5년을 지내다 보면 도축 무게에 다다른다.[38] 설령 사료 요구율이 돼지나 닭과 비슷하다고 해도, 소는 이렇게 장기간 키워야 하므로 상대적으로 불리하다.

가장 중요한 문제

게다가 설령 생산성이 매우 높고 넓은 생태계라 해도 풀을 먹고 자라는 소를 적절히 관리(무엇보다도 과잉 방목 억제)할 필요가 있다. 북아메리카에서 육우 마리당 필요한 목초지 면적(계절별 풀 생산량에 따라 달라진다)은 풀이 많이 자라고 비가 자주 내리는 뉴잉글랜드 지역은 겨우 1.1헥타르에 불과하지만, 대평원 북부는 5.5헥타르, 서부의 건조한 산악 지역은 22헥타르에 달한다. 북아메리카 지역 평균은 약 7헥타르다. 반면에 열대인 브라질에서는 대개 마리당 0.3~2헥타르밖에 되지 않는다. 따라서 풀만 먹여 키우는 소도 돼지나 닭보다 천연자원에 훨씬 더 큰 부담을 준다.

되새김동물이라는 소의 이점도 커다란 몸집에서 비롯된 부담을 넘어서지 못한다. 번식이 느리고 성숙하는 데 오래 걸릴 뿐 아니라(새끼는 대개 하나를 낳으며, 둘을 낳는 비율은 5% 미만이다), 큰 몸집 때문에 기본적으로 대사량도 많다. 따라서 소가 육류 생산의 최적 대안이 아니라는 점은 분명하다. 본래 비가 자주 내리고 풀이 많이 자라 수자원에 부담을 주지 않으면서 풀만 뜯어먹고 성장할 수 있는 지역은 예외이지만, 일단 소가 역축으로서 더 이상 필요하지 않게 되었을 때, 고기가 아니라 우유를 얻기 위해 키우는 쪽이 가장 합리적인 결정이었을 것이다.[39] 그러나 구세계 문화 상당수가 수천 년 동안 쇠고기를 먹어왔고 19세기에 북아메리카에서도 수요가 증가했다는 점을 생각할 때, 이는 결코 현실적인 대안이 아니었다.

소와 기후변화

그런데 현재 공간과 사료 그리고 물 이외에 소한테 불리한, 더욱 가공할 만한 혐의가 제기되고 있다. 소가 외계로 빠져나가는 복사선을 이산화탄소보다 훨씬 효과적으로 흡수하는(약 28배 더) 온실가스, 즉 메탄CH_4의 주요 원천이라는 것이다. 실제로 캘리포니아 홀스타인 품종 소의 메탄 배출량을 (비닐로 감싼 커다란 방에서 머리와 목을 밀폐한 채) 측정하자 한 마리당 한 해에 98kg이 나왔다.[40] 그러나 동물의 크기, 나이, 먹이의 범위가 폭넓어 되새김동물이 트림으로 내뿜는 양의 세계적 추정값은 근사치에 불과하다. 다른 미국 메탄 배출원의 규모(주로 화석연료 연소에서 발생)를 고려할 때, 이 나라의 되새김동물은 모든 직접 배출량의 겨우 2%가량을 차지할 뿐이다. 그리고 비료를 살포한 토양에서 나오는 아산화질소N_2O를 비롯한 간접 배출량까지 포함하면 그 2배다. 전 세계의 총량이 얼마인지는 여전히 불확실하다.

식량농업기구는 가축 공급망에서 배출되는 메탄의 양이

2010년 이산화탄소 81억 톤에 해당한다고 결론지었다. 그렇다면 2020년에는 약 87억 톤이라는 의미다.[41] 소는 이 총량 중 약 60%를 차지한다. 소의 개체수가 많다는 점을 생각할 때 짐작할 수 있듯 라틴아메리카가 가장 큰 비중을 차지하고, 남아시아가 그다음이다. 단백질 단위당 배출량을 비교하면, 물소가 가장 많고 소가 그 뒤를 잇는다. 소의 배출량 중에서는 우유 생산도 약 30%를 차지한다. 반면, 돼지고기·닭고기·달걀은 온실가스를 가장 덜 배출하는 완벽한 단백질 원천이다.

동물학자는 쇠고기와 유제품의 메탄 배출량을 줄이기 위한 방법을 찾으려 노력하고 있는데, 소 먹이에 바닷말을 첨가하는 것이 유망한 방법 중 하나다. 그러나 전 세계 15억 마리의 소한테 매일 먹이는 사료에 첨가할 만큼 많은 바닷말을 수확하는 일은 유례없는 난제일 것이다. 그보다는 강수량이 풍부한 지역에서 정말 지속 가능한 방식으로 풀을 먹여 키운 쇠고기만 먹고, 현재 소를 키우는 데 쓰이는 낟알을 돼지고기·닭고기·달걀을 더 생산하는 쪽으로 돌리는 편이 쇠고기 생산과 관련된 물과 메탄의 양을 줄이는 훨씬 손쉬운 방안이다. 그러나 한 가지 중요한 장애물이 남아 있다. 바로 쇠고기를 즐겨 먹는 사람들이다.

다른 대안들: 양식

육류가 육상 환경에 미치는 영향을 줄이는 또 다른 방안도 점점 발전해왔다. 양식, 즉 대규모 상업적 어류 생산의 확대가 그 것이다. 전통적으로 고품질 단백질을 생산하는 이 방법은 대부분 초식성 민물 어류(주로 아시아와 유럽 일부 지역에서 잉어과의 다양한 종) 양식과 해안의 얕은 물에서 이루어지는 해양 양식(하와이에서 용암 돌을 쌓아 만든 양어지養魚池), 동아시아 각지의 갑각류·연체동물·바닷말 양식에 국한되어 있었다. 그러다가 1970년 이후 반세기 동안 확대되어 현재 양식하는 어류·갑각류·연체동물의 수확량은 8,500만 톤 남짓으로 바다에서 잡는 야생종 약 8,000만 톤을 넘어섰고, 민물과 바닷물에서 잡는 총량 9,200만 톤에 꾸준히 가까워지고 있다.[42]

세계 양식업의 주류는 초식성 어류이며, 중국의 잉어과 4종(초어, 백련어, 청잉어, 대두어)이 전체 생중량의 3분의 1을 차지한다. (현재 아시아에서 대량 양식하고 있는) 나일강 원산의 틸라피아 tilapia도 또 다른 중요한 초식성 종이며, 다양한 갑각류와 연체동물도 그렇다. 길들인 육상 정온동물들에 비해 기초대사율이 상당히 낮은 변온동물 어류는 대개 생중량으로 전환되는 사료 요구량이 훨씬 적어서 잉어는 1.5~2kg, 메기는 1.2~2.2kg, 틸라피아는 1.4~2.4kg이다.[43]

이는 최저 수준일 때 닭의 사료 요구율보다 낮다는 뜻이지만 (생중량 기준으로), 식용 가능 부위의 비율은 식단과 문화에 따라 다를 것이다. 아시아에서는 잉어를 뼈만 빼고 다 먹기도 한다. 민물과 바다를 회유하는 어종(연어와 송어 같은 연어과는 본래 민물과 바닷물을 오간다)은 해양 어류 양식의 3분의 2를 차지하며, 짐작할 수 있듯이 이런 육식성 어류도 초식성 어류만큼 사료 요구율이 낮거나 그보다 훨씬 낮다. 단백질과 지방은 셀룰로스 식물체보다 소화하기가 더 쉽기 때문이다.

그러나 이 사료 요구율이라는 값 자체는 영양 단계의 차이라는 명백한 사실을 숨기는 역할을 한다. 초식성 어류는 전통 사회의 가장 가난한 농민처럼 영양 단계 2.0에 있는 반면, 연어는 3.0에서 먹으며 다랑어는 4.0까지 올라간다. 초식성 잉어는 곡물과 콩을 혼합해 만든 저렴한 알갱이 사료를 먹여 기를 수 있지만, 육식성 종은 어류 단백질 및 지방을 필수적으로 섞어 먹이지 않으면 빨리 자라지도 성숙하지도 않을 것이다. 이런 어류 성분은 더 작고 덜 가치 있는 초식성 종(정어리, 멸치, 고등어 따위)을 잡아서 적당한 사료로 제조해 얻는다. 식량농업기구 자료를 보면, 2019년 세계 어획량(약 2,000만 톤) 중 약 11%가 식품 제조 이외의 용도, 특히 양식하는 육식성 어류용 어분과 어유를 만드는 데 쓰였다. 어류 기반 사료의 증가는 이런 양식업의 전체 효율에 우려를 불러일으킨다. 이 효율은 어류 투입/어류 산출fish-in/fish-out, FIFO 비율로 측정한다.

이 비율은 해수어 2.2, 송어 3.4이고, 연어는 4.9로 높다. 연어 1kg을 생산하려면 야생 어류 약 5kg을 잡아야 한다는 뜻이다.[44] 그러나 앞서 따로 계산한 어분과 어유는 어유를 생산하고 남은 어분을 고려하지 않은 것이다. 그것까지 감안해서 수정하면 연어의 투입/산출 비율은 2.3이다. 송어는 2.0, 모든 해수어의 평균도 2.0이다.[45] 즉, 육식성 어류 양식은 상당량의 동물성 단백질 손실을 수반한다는 의미다.

그러나 양식 사료 생산량이 증가하는 시기에 기업들은 갓 잡은 생선이 아니라 어류 가공 부산물을 더 많이 쓰고, 어유 중 상당 비율을 식물성기름으로 대체했다. 그 결과 세계적으로 생산되는 어분과 어유의 총량(약 600만 톤)은 2000~2020년에 비교적 변동이 없었고, 사료 생산을 위해 해양 자원에 추가로 압력이 가해진 것도 없었다.[46]

아마도 잡식성 및 육식성 어류를 양식할 때의 사료 부담을 정량화하는 최선의 방법은 2020년 비외른 코크Bjorn Kok 연구진이 제시한 비율을 살펴보는 것일 듯하다. 이 경제적 FIFO 비율(경제적 사료 요구율이라고도 한다)은 단순히 양식 어류 1kg을 생산하는 데 쓰이는 어류의 양을 말한다.[47]

사료 배합과 양식 기술의 발전으로 모든 종에서 이 비율은 꾸준히 감소해왔다. 해수 어류, 뱀장어, 육식성 민물 어류는 이 비율이 1995년 5.6에서 2015년에는 0.9까지 떨어졌다. 같은 기간 갑각류는 2.6에서 0.5로, (오로지 인공 사료에 의존하는) 연어류는 3.8에서 1.0으로 낮아졌다. 이는 2020년까지 (일부 또는 전적으로 어류로 만든 사료를 먹는) 대다수 양식 종이 어류의 순생산자였다는 의미다. 뱀장어는 유일하게 순소비자였고, 연어와 송어는 그 탐나는 기름진 붉은 고기를 얻기 위해 더 작은 사료 생선을 일대일로 교환해야 하는 순중립형이었다. 그리고 2017년에 처음으로 양식 연어가 야생에서 잡은 사료를 먹는 양보다 더 많은 단백질을 생산한 사례가 보고되었다.[48]

그러나 참다랑어는 다르다. 참다랑어는 현대의 횟감 교역에 힘입어 전 세계에서 가장 원하는 생선이 되었고, 멸종 위험에 처한 종들을 담은 적색 목록Red List에도 올라 있다. 수십 년 동안 값비싼 시행착오를 겪은 뒤, 참다랑어도 알을 채취해 인공부화시킬 수 있게 되었다(이른바 폐쇄식 양식closed-cycle aquaculture).[49] 그러나 지금까지 일본과 미국의 한 지역에서만 양식되고 있는데(우리나라 통영에서도 양식을 한다—옮긴이), 극도로 키우기 어렵다. 부화한 알 가운데 살아남는 것은 1%도 안 되며, 그중에서 잡을 수 있는 크기가 될 때까지 자라는 것은 0.1%에 불과하다.

큰 다랑어는 매일 자기 체중의 약 5%에 달하는 물고기를 먹으며, 따라서 평균 FIFO 비율이 매우 높다. 치어는 10~15, 성체는 살을 찌우는 데 필요한 여러 해 동안 20~30을 유지해야 한다. 훨씬 더 널리 퍼진 유형의 다랑어 양식은 '야생 다랑어 가두리 양식wild tuna ranching'이라고 부르는 편이 가장 좋을 듯하다. 작은 새끼를 잡아 가두리에서 키운 뒤(최대 30개월), 지방 함량이 적당한 수준에 이르면 생선회 시장에 내놓는 것이다.[50] 이런 가두리 양식은 현재 일본, 오스트레일리아, 지중해 몇몇 국가(이탈리아가 가장 활발하다)에서 이루어지고 있다. 그러나 이 방식은 아직 번식을 하지 못하는 어린 다랑어를 포획해 키우는 것이므로 야생 개체군을 보전하는 일과는 무관하며, 폐쇄식 양식만큼 FIFO 비율이 매우 높다.

아시아의 새우 연못에서 뉴질랜드 앞바다의 연어 가두리 양식장에 이르기까지, 모든 유형의 양식은 어장에 물고기를 빽빽하게 가두어 기르고, 탈출한 개체가 지역의 야생종과 교배함으로써 환경에 바람직하지 않은 결과를 낳을 것이라는 우려를 수반해왔다(육상에서 동물을 가두어 기를 때와 거의 비슷하다). 이런 우려에 대응해 내놓은 한 가지 급진적인 해결책은 유전자 변형으로 빨리 성장하는 연어를 육상에 설치한 수조에서 키우자는 것이다. 그러나 이 방안을 얼마나 실현할 수 있을지는 아직 미지수다.[51] 양식 해수어종의 수는 점점 늘어나고 있지만, 여전히 아시아에서 인기 있는 어종이 주류를 차지한다. 현재 연어는 연간 세계 생산량에서 겨우 10위를 유지하고 있다. 그리고 서양에서 매우 인기 있는 또 다른 어종인 대구의 양식도 (몇 차례 좌절을 겪은 후) 아직 상업화 수준에 이르지 못한 상태다.[52]

우리는 동물을 먹어야 할까

종종 감정적인 양상으로 치닫곤 하는 이 주제를 다루는 한 가지 방법은 독자에게 다양한 찬반 문헌을 제시하는 것이다. 비록 서로 상반되는 다음의 2가지 최근 주장이 잘 보여주듯 그냥 독자의 기존 취향을 더 강화할 수도 있긴 하지만 말이다. 유니버시티 칼리지 런던University College London의 철학 교수 닉 장윌Nick Zangwill은 이렇게 단언한다.

동물을 아낀다면, 동물을 먹어야 한다. 단지 그렇게 해도 된다는 차원이 아니라, 그렇게 해야 한다. 사실 동물을 먹는 것이 당신이 동물에게 해야 할 일이다. 그것은 당신의 의무다. 왜 그럴까? 동물을 먹는 것이 동물에게 이롭기 때문이다. 오랫동안 동물에게 이로웠다. 동물을 기르고 먹는 행위는 아주 오랜 문화적 관습이며, 인간과 동물 사이에 구축된 호혜적 관계다.[53]

미국 럿거스대학교Rutgers University의 법학 교수 개리 프랜치오네Gary Francione는 확고한 어조로 정반대 견해를 피력하며, 어떤 동물도 먹지 말아야 한다고 주장한다.

그리고 문제가 되는 것은 단지 고기뿐만이 아니다. 고기나 유제품이나 달걀이나 도덕적으로 아무런 차이가 없다. 이 모든 제품은 고통과 죽음을 수반한다. 비건주의는 극단적인 입장이 아니다. 극단적인 것은 동물이 도덕적으로 중요하다고 믿는다면서도 오로지 식도락이나 편의를 위해 동물에게 고통을 안겨주는 행위다.[54]

이 모든 제품이? 자유롭게 풀을 뜯도록 방목하고, 우유를 짜고, 전통 방식으로 치즈를 만드는 모든 이들이 동물을 고통과 죽음에 노출시킨다는 비난을 들어야 마땅하다고 말하는 것일까?

내 입장은? 나는 늘 테오도시우스 도브잔스키Theodosius Dob-zhansky의 근본적인 격언을 염두에 둔다. "생물학의 모든 것은 진화에 비추어보지 않으면 무의미하다."[55] 우리는 잡식성 영장류와 사람족의 기나긴 계통의 후손이며, 우리 소화계는 명백히 잡식동물의 것이다. 지난 1만 1,000년에 걸친 우리의 진화와 역사는 10여 종의 포유류와 조류를 길들인 과정과 밀접한 관계를 맺고 있다. 아울러 그 동물들의 고기, 알, 유제품 섭취가 우리의 건강과 정신 발달에 도움을 주었다는 것은 논란의 여지 없는 진화적·생리적 현실이다. 따라서 우리가 동물을 인도적으로 대해야 하고(여전히 그렇지 못할 때가 많다), 동물성 식품을 적절히 섭취해야 한다는 것은 산더미처럼 많은 증거로 뒷받침되는 명백한 단서 조항이다. 진화적 관점은 동물 길들이기를 유감스러운 것이라고 여기거나 동물성 식품 섭취를 비난받을 일이라고 보는 견해를 지지하지 않는다.

How to Feed
the World

5장

더 중요한 것:
식량일까, 스마트폰일까

수십 년 동안 국내총생산GDP은 현대 경제 발전의 주된 척도였고, 정치인들은 얼마나 증가해야 '건전하다'고 보든 늘 그 수치가 상승하길 원한다. 그래서 1인당 평균 연소득이 이미 수만 달러에 달하는 큰 규모의 부유한 경제에서조차 그 수치가 1% 미만이라면 실망스럽고 바람직하지 않다고 여긴다. 그리고 경제학자들은 연간 GDP 성장률이 10%에 근접한 나라들을 보면 환장하며, 어떤 나라가 두 자릿수에 달하면 숨이 넘어갈 지경에 이른다. 지난 30년 동안 그들이 공산주의 중국에 가장 큰 찬사를 보낸 것도 놀랄 일은 아니다. 중국의 GDP 성장률은 1991~2010년 대체로 9~14%를 유지했고, 2010년대 들어서 6~7%로 떨어졌다. 인도의 경제성장률도 비슷한 추세를 보였다.[1]

　그런데 이런 GDP 수치는 식량 생산에 관해 무엇을 말해줄까? 현재의 경제적 기준으로 보면, 식량 생산은 인류의 모든 활동 부문 중 가장 미미한 비중을 차지한다. 경제 총산출량에서 차

142

지하는 몫으로 따질 때, 모든 현대사회의 경제활동에서 기여분이 가장 적다. 세계경제 생산에서 차지하는 비율도 꾸준히 감소해왔다. 2020년에는 고작 4%였고(1970년에는 약 10%), 아시아의 가장 가난한 나라들과 아프리카에서만 비교적 비율이 높았다(>10%). 그리고 영국, 독일, 미국, 일본, 프랑스에서는 각각 0.8%, 0.9%, 1.0%, 1.0%, 1.9%에 불과했다.[2] 다른 모든 부문이 경제적으로는 더 중요하다. 건설, 교통, 제조 그리고 오늘날 만연한 '서비스' 부문이 그렇다. 서비스 부문은 세계 총생산의 65%, 미국 총생산의 77%를 차지한다. 이는 2020년 약 85조 달러인 세계 총생산 중 서비스 부문이 55조 달러를 넘는 반면, 농업은 4조 달러 미만이었음을 의미한다.[3] 그러나 이런 경제적 중요도 순위는 이치에 맞지 않으며, 명백히 잘못되었다.

스마트폰 vs. 주식 곡물

이치에 맞지 않는다는 점(이는 대체할 수 없는 필수적인 활동과 대수롭지 않은, 심지어 사소한 활동을 구별하지 않은 채 그냥 수치화한 결과다)은 숫자 몇 개만 비교하면 쉽게 보여줄 수 있다. 세계 금융 서비스 시장의 규모는 현재 20조 달러를 넘어 경제 총생산의 거의 4분의 1을 차지한다. 그중 5분의 1(세계 농업 총생산에 맞먹는 수치!)이 사라진다면 그 규모가 약 10년 전으로 돌아갈 것이다. 그러면 얼마간 금융 혼란이 일어나겠지만, 세계 식량 생산량의

5분의 1(즉, 15억 명 남짓이 먹을 양!)이 사라지는 것과 달리, 기근이나 대규모 사망을 초래하지는 않을 것이다. 경제적 가치 평가의 불합리성을 조명하는 또 다른 방법은 스마트폰과 주식 곡물의 가치를 비교하는 것이다.

세계 스마트폰 시장 규모는 2021년 약 4,000만 달러였다. 같은 해에 수확한 세계 밀과 쌀의 가치(연평균 가격이 각각 톤당 260달러와 460달러라고 가정해 계산했을 때)보다 고작 10%가량 모자라는 수치다.[4] 휴대전화가 갑작스럽게 사라진다면 분명히 어떤 문제가 발생하겠지만, 뒤이어 필요한 조치를 취하는 일(아무튼 이 사고실험에서는 인터넷이 온전하다고 가정하자)은 가장 중요한 2가지 주식 곡물 13억 톤 사라졌을 때보다 비교 불가능할 만큼 쉬울 것이다. 후자는 오늘날의 80억 명 중 상당수를 유례없는 수준의 기근과 죽음으로 내몰 것이다.

역사 vs. 경제학자

경제학자가 '농업'이라고 간주하는 것에 부여하는 현재의 가치 평가에 어떤 결함이 있는지를 보여주려면, 그 부문의 정의와 범위를 해체하고 재구성할 필요가 있다. '농업'이라는 뜻의 영어 단어 agriculture는 라틴어 아그리 쿨투라 agri cultura(ager는 농장 또는 단순히 '땅'이라는 의미)에서 나왔는데, 오로지 작물 경작을 가리킨다. 그러나 농업은 길들인 동물(노동력, 식량, 비료를 제공)도 포함하는 개념이 된 지 오래다. 게다가 오늘날 이 부문의 경제적 정의에는 (자연 서식지와 관리 서식지에서 잡는) 어획도 포함되며, 일부국가의 통계는 임업의 가치도 계산에 넣는다. 경제학자들이 유사한 '추출' 활동이라고 보기 때문이다. 경제활동의 역사를 어렴풋이라도 알고 있는 사람이라면, 그런 협소한 정의들이 인구의 90% 이상이 마을이나 소도시에 살면서 작물을 심고 기르고 수확하고 가공하고 판매하며, 가축을 돌보고 고기와 유제품을 팔아 소득을 올리던 전통 농업에만 들어맞는 양 보일 것이다.

당시에는 남성, 여성, 아이(네 살짜리도) 모두 밭에서 일했다. 손으로 씨를 뿌리고 잡초를 뽑고 똥거름을 퍼 나르고 과일을 땄으며, 낫으로 곡물을 수확하고, (축사에 몰아넣고, 이리저리 몰고 다니며, 사료를 주는 식으로) 동물을 돌보았다. 그런 뒤에는 마당, 창고, 집에서 탈곡을 했다. 또 수확물을 가공하고, 맷돌로 갈고, 먹을 수 있는 기름을 짜고, 소·염소·양·야크·낙타의 젖을 짜고, 버터·크림·치즈를 만들고(모두 손으로), 과일을 말리고, 동물을 도축하고, 더 장기간 보관할 육제품을 만들고, 단순히 고기에 연기를 쬐거나 고기를 말리기도 했다. 그러나 이런 고대 농업조차도 농부, 목부, 어부가 생산한 것 이외의 투입 요소에 의존했다. 예를 들어, 그들이 직접 철광석을 캐내 단순하고 작은 용광로에서 숯을 태워 제련한 다음, 거기서 나온 금속으로 칼·낫·낚싯바늘·테 따위를 만든 것이 아니다. 그런 투입물은 장인들이 만들었다.[5]

외부 투입의 다양성(식량 생산자가 직접 만들지 않은 것들)은 역축을 이용하고(농사일과 운송에 필요한 힘을 효과적으로 동원할 수 있는 장비가 필요했다), 낟알을 대량 가공하고(물레방아와 더 뒤에는 풍차를 사용해 곡물을 빻고 기름을 짰다), 식량 교역이 늘어남에 따라 증가했다. 심해에서 발견된 로마 난파선 중 암포라amphora가 많이 실려 있지 않은 경우는 드물다. 올리브유를 운반하는 데 쓰인, 손잡이가 2개 달린 유명한 도기다. 이런 용기를 대량 제작하려면 선택한 재료들을 섞고 적절한 가마에서 구워야 했다.[6] 2장에서 언급했듯 옛 중국에서는 전국에 곡물을 대량 저장하는 시설을 짓고 관리하는 데 엄청난 노력을 기울였다.

정착지가 넓어지면서 도시 근교에 채소를 집중적으로 재배하는 양상이 나타났고(도시의 쓰레기를 비료로 활용해 재배하는 이 농사 방식은 20세기까지 많은 도시 주변에 남아 있다가 먼 지역에서 채소를 들여오는 방식으로 대체되었다), 집 바깥에서 요리한 식품을 사 먹는 일도 늘어났다. (이따금 대규모 제빵소에서) 빵을 굽고 (그리스와 로마의 테르모폴리아thermopolia에서) 차갑거나 따뜻한 즉석식품을 제공하려면 장작을 모으거나 숯을 만들고, 그것들을 도시와 마을까지 운반하고, 숙련된 기술로 화덕과 화로를 제작하고, 음식을 굽고 요리하고 팔고 서비스할 많은 노동력이 필요했다.[7]

경작(또는 목축이나 어획) 바깥에서 기원했지만 식량의 생산·거래·요리·소비와 필수불가결하게 연결되어 있는 투입 요소들의 이런 확장 추세는 근세(1500~1800)에 집약되는 양상을 보이는 동시에 향신료·차·코코아·설탕의 진정한 세계무역이 출현하면서 더 많은 나라로 확산되었다. 이어서 19세기 후반과 20세기

초반에 급속한 산업화로 새로운 정점에 도달했으며, 제2차 세계대전 이후에는 유례없는 집약도와 진정한 세계적 규모에 다다랐다. 모든 고소득 국가의 좀 큰 도시에 거주하는 주민은 페루의 오렌지부터 튀르키예의 말린 살구, 그리스의 페타치즈부터 뉴질랜드의 양고기에 이르기까지 수십 개국에서 생산된 신선 제품, 곡물, 치즈, 조미료, 고기, 가공식품을 사기 위해 따로 전문 식품점을 찾아갈 필요가 없다. 이렇게 늘어난 수입량을 생각할 때, 21세기의 첫 20년 동안 세계 농산물 수출량이 거의 2배, 가격이 3배 증가한 것도 놀랍지 않다.[8]

1%

이런 실상은 농업의 GDP 기여 비율이 겨우 1%에도 못 미친다는 표준 경제학적 설명이 현대 식량 체계의 실제적 가치와 실제적 물질 및 에너지 규모, 또 현대 경제에 대한 중요성, 더 나아가 환경적 영향을 제대로 반영하지 못한 지표임을 명확히 보여준다. 그런 한편으로, 식량 생산과 소비 활동의 실제 규모를 반영하는 구속력 있고 국제적으로 동의할 만한 하나의 명확한 정의 같은 것은 존재하지 않는다. 국가 식량 공급이나 세계 생산/소비 체계를 연구할 때 계산 범위를 어디까지 확대하는 것이 더 현실적일지 저마다 의견이 다르긴 하지만, 최소한 현대사회에서 식량 생산에 필수불가결해진 모든 직간접적 에너지 투입에 기여하는 것은 전부 고려해야 한다.

이런 생산물 및 서비스 집단은 꾸준히 확대되어왔으며, 이제는 식량 생산에 다음과 같은 에너지, 생산물, 서비스를 포함해야 한다.

농사일

여기에는 트랙터·콤바인·트럭에서 다양한 개별 파종, 경작 및 수확 도구, 양수 펌프와 회전식 관개시설 그리고 그것들을 작동하는 데 필요한 연료(대부분 디젤유이고, 휘발유와 액화석유가스도 일부)에 이르기까지 농기계의 생산과 유통이 포함된다.[9] 관개를 하지 않는 작물에는 일반적으로 합성 질소비료(그리고 인산비료와 칼륨비료)가 경작에 드는 간접 에너지의 대부분을 차지한다. 살충제와 제초제, 종자의 개발과 생산(현대의 고수확 작물은 전년도에 확보한 씨를 보관했다가 심는 게 아니라 해마다 새로 구입해야 한다)에 대한 에너지 투입량은 훨씬 적다. 마지막으로, 판매하기 전에 수확물을 농장에 저장하는 데 필요한 직간접적 에너지 수요도 있다. 또한 구조물(저장용 통, 사일로)과 장비(건조기, 승강기) 그리고 그것들을 작동하는 데 쓰이는 전기나 디젤유 등도 포함된다.

가축 생산

여기에는 상업용 사료와 첨가물 그리고 동물용 의약품의 생산과 유통, 마구간과 외양간 그리고 가금 사육장 및 축사의 건축과 운영, 이런 공간의 냉난방과 폐기물 및 오수 처리 시설의 가

동에 필요한 에너지가 포함된다.[10] 목초지에서 키우는 가축한테
는 울타리 설치 및 수리 비용, 한겨울이나 가뭄 때 물과 사료를
공급하는 데 에너지가 필요하다.

어업

수산물이라면 어선과 장비(그물, 낚싯줄), 항구와 수리 시설, 디
젤유(현재 대다수 선박 엔진은 디젤유를 사용) 비용도 추가해야 할 것
이다. 양식에는 연못·가두리·수조의 건설과 유지 및 운영(공기
공급, 청소, 수리, 배수), 알의 채취 및 인공부화, 시장에 내놓을 체
중이 될 때까지 사료를 공급하는 비용이 포함된다.

농기계는 스마트폰보다 중요하다

미국 농기계 시장을 자세히 살펴보면, 이 부문들이 얼마나 다
양해졌는지 알 수 있다. 지금은 트랙터, 경운 및 경작 도구(쟁기,
써레, 경운기, 경작기), 파종 기계(조파기, 파종기, 살포기), 수확 기계
(콤바인, 수확기, 채소는 물론 지금은 포도까지 수확하는 데 쓰는 전문 장
비), 건초 및 꼴 생산(예초기, 집초기, 건초기, 갈퀴), 관개시설(스프링
클러, 원형 관수기, 점적 관개drip irrigation), 도랑과 제방을 건설하고
토지 평탄화에 사용하는 장비도 있다. 장시간 힘든 일을 한다는
걸 생각할 때, 농기계는 적절한 유지·관리와 종종 상당한 수리
가 필요하며, 그 결과 물질과 에너지가 추가로 들어간다.

이런 지출이 어느 정도인지는 자료마다 다르다. 2020년 미국의 트랙터와 농기계 산업 시장 규모(수익 기준)는 약 400억 달러인 반면, 농업 생산비를 요약한 자료에는 같은 해에 미국 농민들이 트랙터·트럭 등의 기계에 약 250억 달러를 지출하고, 그 밖의 다른 농업 자재와 수리에 거의 200억 달러를 썼다고 나와 있다.[11] 식량 생산에 직접 투입한 주요 물질과 에너지의 양을 계산한 또 다른 자료는 가축과 가금 그리고 그것들을 키우는 데 필요한 사료에 약 260억 달러, 비료에 약 250억 달러(순거래량으로 따질 때), 종자와 모종에 230억 달러, 농약(제초제·살충제·살균제)에 약 170억 달러, 연료에 110억 달러를 썼다고 말한다.[12] 아무튼 이런 투입량은 명백하게 국가의 몇몇 주요 산업 부문(무엇보다도 기계와 화학 산업)에서 생산에 상당한 기여를 했다.

생산 가격

식량은 생산된 뒤에 경제에 더욱 큰 영향을 미친다. 식량의 가공·포장·저장·교역·운송·도매·소매·요리 그리고 쓰레기 처리는 경제의 모든 부문에 관여하면서, 전반적으로 경제적 중요성을 더욱 배가시킨다. 더 포괄적인 가치 평가를 통해 미국 경제의 농업과 식량 부문을 살펴본 최근 연구도 있다. 작물과 가축 생산을 토대로 부가가치를 창출한 모든 부문을 살펴본 연구다. 모든 식료품 제조업, 식료품 도소매업, 외식업뿐만 아니라 섬유,

의류, 가죽 제품, 임업과 어업도 포함했다.

이 정의에 따르면 농업과 식품 그리고 이와 관련된 산업은 2020년 미국 GDP 중 1조 550억 달러, 즉 총액의 5%를 차지했다. 아울러 미국 노동력의 10.3%인 1,970만 명을 고용했는데 (비상근직과 상근직을 합쳐서), 그중 외식업소가 절반을 조금 넘는 5.5%였다.[13] 이런 계산 결과는 연간 부가가치로 볼 때 농업과 식량 부문의 중요도를 1% 미만이 아니라 5%, 총고용 기준으로 볼 때 10%라고 보는 편이 더 현실적임을 말해준다. 그러나 이 계산에서 실제 식량 관련 부문의 비율은 더 낮다. 이 연구는 담배, 가죽, 섬유, 임업 등 분명 (또는 대체로) 식량과 무관한 산업 부문도 많이 포함했기 때문이다.

농업이 GDP와 고용에서 차지하는 비율의 차이는 저소득 및 중간 소득 국가들에서 훨씬 더 크다. 2020년 중국의 농업 부문은 아직 노동력의 거의 24%를 차지하며, 공식 자료는 농산물과 부수적인 식품의 가공에 추가로 250만 명, 식품 제조에 160만 명, 음료 생산에 110만 명이 종사하고 있음을 보여준다.[14]

식료품비

식량 공급이 일상생활에 미치는 영향을 측정하는 또 다른 방법은 평균적인 가정의 가처분소득 중에서 식료품비가 차지하는 비율을 살펴보는 것이다. 이 비율은 독일의 경제학자이자 통계학자 에른스트 엥겔Ernst Engel이 1857년에 명확하게 정립한 일반 법칙을 따른다. "가난한 가정일수록 음식을 구하는 데 드는 지출의 비율이 높다."[15] 이 법칙은 한 사회 내에서뿐만 아니라(부유할수록 비율이 낮아진다), 국가 사이에서도 타당하다(가난한 나라가 부유한 나라보다 비율이 높다). 미국은 이 비율이 1900년 약 43%에서 2020년에 겨우 8.6%로 낮아졌다(그러나 2022년에는 다시 상승해서 11%를 넘었다). 중국은 이 비율이 여전히 상당히 높지만(2020년에 거의 정확히 30%), 1980년 경제 개혁을 시작하기 전보다는 절반 이상 떨어졌다. 인도도 중국 평균과 매우 비슷하다. 유럽연합 내에서는 26%인 루마니아부터 10.8%인 독일에 이르기까지 예상 가능한 순위를 따른다.[16]

에너지 낭비

그러나 총비율이 여전히 아주 낮다고 해도, 실제 비율을 더 제대로 파악하는 가장 좋은 방법은 (비록 본질적으로 좀 어렵지만) 아마 총에너지 비용을 알아냄으로써 국가 또는 세계 경제의 식품 체계 전체의 기본적인 중요도를 평가하는 것일 듯하다. 에너지 평가는 화폐 평가보다 물리적 중요성을 더 근본적으로 측정할 수 있으며, 통화의 환산 및 평가에 수반되는 그 어떤 편향도 없이 비교할 수 있다.

하지만 관련 회계 자료를 모으는 것보다 직간접 에너지 투입량을 계산하는 일은 훨씬 더 어렵다. 게다가 그 어떤 명확한 규정도 없으므로 각 항목의 분석 범위를 어떻게 설정하느냐에 따라 결과가 달라진다.[17] 놀랍게도 미국의 상세한 에너지 수지 통계는 주거·상업·산업·교통 부문의 모든 에너지 소비 양상을 추적하지만, 협소하게 정의한 농업이나 폭넓게 정의한 식량 관련 사용량 쪽으로는 그 어떤 추정값도 내놓고 있지 않다. 국제에너지기구IEA는 연간 국가 에너지 수지 보고서에 농업(임업과 결합한) 항목을 따로 다루지만, 국가 일차에너지 공급량 중 아주 미미한 비율에 해당하는 직접 투입량만 보여준다(짐작하듯이 농기계용 액체연료가 대부분이다). 대략적으로 일본은 0.1%, 미국은 1%, 프랑스는 1.7%, 캐나다는 2.3%이며, 세계 평균은 1.4%로 중국과 동일하다.[18]

직접 에너지 투입량(농기계와 양수 펌프, 축사의 냉난방과 환기용 연료 및 전기)만 포함시킬 때와 주요 간접 에너지 수요(기계와 비료에서 농약과 양수 펌프에 이르는, 앞서 언급한 필요불가결한 투입량을 생산하는 데 쓰이는 연료와 전기)까지 정량화할 때의 차이는 상당하다. 미국 농업의 직간접 에너지 사용량을 조사한 최근의 한 연구는 해마다 오락가락하긴 하지만, 수요가 직접 에너지(디젤, 휘발유, 천연가스, 액화석유가스, 전기)는 연간 약 1엑사줄(10^{18}줄, 원유 2,500만 톤에 해당), 간접 사용량(농약과 윤활유의 합성 같은)은 원유로 환산할 때 약 1,800만 톤으로 꽤 일정했다고 말한다.[19]

이를 합친다고 해도, 운송 및 산업 부문이 주도하는 미국의 높은 에너지 소비량의 2% 미만일 것이다. 그러나 이 연구는 철강·알루미늄·플라스틱·유리 등 농기계를 만드는 데 필요한 물질에 구현된 내재 비용 같은 몇몇 중요한 간접 에너지 투입량을 제외한 채 농장 문 안쪽으로 범위를 한정 짓는다. 다시 말하지만, 이 범위는 소규모 작물과 가축을 길러서 스스로 소비하는 자작농이 거의 대부분이고 전체 생산량의 10% 미만만을 크고 작은 도시에서 소비하던 전통 농업에는 잘 들어맞지만, 현대 식량 생산 방식에는 적합하지 않다.

식량 관련 에너지 소비의 온전한 세계를 포착하기 위해 고안된 가장 현실적이면서 가장 포괄적인 분석은 (식물, 동물, 어류의) 생산, 가공(제분에서 통조림까지), 교역(철도에서 항공기에 이르기까지 모든 유형의 국내 및 국제 운송), 저장(단기 및 계절별 저장에서 장기 냉동에 이르기까지), (지금은 주로 트럭을 통한) 운송, 판매(직거래 시장에서 대형 체인점까지), 취사(가정뿐 아니라 온갖 종류와 크기의 조리 시설과 식당), 소비(가정, 외식), 소비 뒤의 처리(쓰레기의 배출과 처리)와 관련된 모든 직간접 활동을 범위에 포함시켜야 할 것이다.

우리가 갖고 있는 최고의 데이터

2010년 미국 농무부는 작물과 가축의 생산, 식품의 가공·포장·운송·도매·소매, 식품 서비스업, 가정의 식품 구매 및 취사 그리고 음식물 쓰레기 배출 처리까지, 이 체계에 근접한 분석 범위를 설정한 연구 결과를 발표했다. 가정의 취사는 식품 관련 에너지 사용량이 가장 많은 부문이지만, 식품 가공에 들어가는 에너지야말로 최대 성장률을 기록했다.[20] 이 연구에서는 미국의 모든 에너지 사용량을 서로 연관된 세 단계에 걸쳐 추적했다. 첫 번째로 가정의 취사 활동을 포함해 약 400가지에 이르는 산업 분류 체계에 따라 국내 생산 활동에 직접적으로 쓰인 모든 에너지의 양을 측정하고, 두 번째로 최종 판매에 이르기까지 모든 에너지 사용 제품에 내재된 에너지가 경제 전반에서 어떤 식으로 흐르는지 밝혀냈다. 그리고 세 번째로 최종 판매에 내재된 모든 식품 관련 시장을 파악하고 식품 관련 에너지를 평가했다. 이 연구는 미국의 일차에너지 총소비량 중 식품 관련 에너지의 비율이 2002년 14.4%에서 2007년 15.7%로 증가했다고 결론지었다.

팬데믹 봉쇄와 경기 후퇴의 영향을 받기 전해인 2019년은 어떠했을지 추정하려면 어떤 식으로 조정을 해야 할까? 2019년 미국의 에너지 총사용량은 2007년보다 약 2% 낮았던 반면, 식료품비는 거의 50% 증가했다. 그리고 가정 식품 구입비는 8,080억 달러(팬데믹 첫해에는 8,760억 달러), 외식비(식당, 패스트푸드점, 학교 등 집 밖에서 먹는 음식 구입비)는 1조 달러(9,782억 달러)에 달했다.[21] 이런 증가는 인플레이션이 낮은 시기에 일어났으므로 거의 다 실질적인 상승분이다.

미국의 수확 면적과 비료 사용량은 거의 변하지 않았지만(겨우 1% 차이), 식품 수입량은 화훼류·커피·과일에서 견과·포도주에 이르는 물품들의 증가에 힘입어 상당히 늘어났고(겨울에 더 따뜻한 지역으로부터 들여온, 상하기 쉬운 과일과 채소의 수입량 증가도 포함), 포장에 들어가는 에너지 수요도 그랬다. 이런 변화로 미국의 일차에너지 사용량 중 식량 부문이 차지하는 비율은 아마 17%까지 약간 증가했을 것이다.

그러나 가장 중요한 변화는 미국 환경보호청이 퇴비화, 에너지 회수 설비를 갖춘 소각과 매립 너머로 계정을 확장함으로써 식량 체계 전체의 흐름을 좀 더 이해하기 쉽게 추정하기로 결정했다는 점이다.[22] 2018년에 처음 적용된 이 새로운 방법론은 음식물 쓰레기가 동물 사료, 생화학적 가공, 매립, 혐기성 소화嫌氣性消化(생분해성 유기물질이 무산소 상태에서 미생물에 의해 분해되는 과정―옮긴이) 그리고 오폐수 처리에 투입되는 것까지 포함한다. 그러자 2005년 13%였던 데 비해 2018년에는 음식물 쓰레기가 도시 쓰레기의 거의 22%를 차지하는 것으로 드러났다. 이것까지 식량 체계의 전체 에너지 소비량에 더하면 비율이 18%로 높아지므로, 범위를 15~20%로 잡는 편이 매우 옹호할 만한 결론처럼 보인다.

미국을 넘어서

최근 중국에서 농업(그리고 임업) 부문은 모든 일차에너지의 약 2%만을 직접 소비했으며, 식량과 관련된 가정·외식업·교통 부문의 직접 사용량을 단편적으로 보여주는 정보를 토대로 판단할 때 에너지 총사용량 중 식량 체계의 비율은 약 12%에 달하는 것으로 추정된다. 식품 가공과 음료 생산에 쓰이는 에너지까지 추가하면 전체 비율은 14%로 올라가며, 여기에 비료 생산까지 포함하면 2%가 더 추가된다.[23] 식품과 사료 운송(중국은 현재 동물 사료 주요 수입국이다) 및 식품 저장(중국은 정부 주도로 곡물과 식용유를 세계에서 가장 많이 저장하고 있다)에 드는 에너지를 보수적으로 추정한다고 해도, (현재 세계 최대인) 중국의 일차에너지 공급량 중 식량 체계가 차지하는 총비율은 미국과 매우 비슷한 20%에 이른다.

대다수 국가의 관련 데이터가 없으므로, 세계의 비율은 아무리 잘 추정한다고 해도 불확실성이 상당히 클 수밖에 없다. 많은 저소득 국가에서는 농업의 직간접적 에너지 사용량 비율이 상대적으로 높을 것이다. 인구 중 농업과 어업 종사자의 비율이 훨씬 더 높고, 많은 인구를 부양하기 위해 비료를 집중적으로 투여하고, 개인의 주거 및 교통 에너지 소비량이 아직은 비교적 적기 때문이다. 또 저소득 국가의 대다수 가정은 상대적으로 취사에 더 많은 에너지를 쓰겠지만(장작, 숯, 짚을 때는 매우 비효율적인 화로를 사용하는 가정이 아직 아주 많다), 식품의 가공·포장 그리고 장거리 유통에 투입된 에너지가 훨씬 적은 식품을 먹을 것이다.

나는 21세기 초 세계 동식물 식품의 생산(어획 포함)에 직간접적으로 쓰인 에너지가 약 17엑사줄, 즉 원유 약 4억 톤에 해당한다고 추정한다.[24] 2011년 식량농업기구는 내 계산에 매우 의존한 연구 결과를 내놓았는데, 세계 식량 생산의 에너지 비용이 약 20엑사줄이라고 보았다. 여기에 식품의 가공 및 유통에 들어가는 40엑사줄, 소매와 요리에 들어가는 35엑사줄을 더하면 총 95엑사줄(원유 22억 톤에 해당)로, 세계 일차에너지 공급량의 약 30%를 차지한다고 했다.[25] 그 이후의 농업 생산량 증가와 다양한 전환율 개선을 고려해, 나는 작물과 가축 생산에 들어가는 직간접적 에너지 사용량의 비율을 2020년에 25%라고 더 높게 추정하며, 거기에 어획과 양식에 들어가는 에너지까지 포함하면 총비율이 적어도 10%는 더 늘어난다고 본다. 그러면 총량은 25엑사줄에 가깝다. (곡물 제분, 기름 짜기, 설탕 정제가 주를 이루는) 수확 작물과 (도축 및 유제품 생산이 주를 이루는) 동물성 식품의 가공에 들어가는 에너지량도 경작과 어획에 들어가는 에너지량과 동일한 수준이다.

식품 운송

상품의 운송량을 포괄적으로 살펴볼 수 있는 세계 통계 자료는 전혀 없다. 미국에서 식품과 음료는 연간 운송량의 약 18%를 차지하며, 여기에 비료와 농기계까지 포함하면 약 20%에 달한다. 세계 사용량 추정값은 보수적으로 다음과 같이 도출할 수 있다. 2020년 모든 주요 작물(곡류, 콩, 덩이뿌리, 기름씨, 설탕 작물, 과일, 채소)의 세계 수확량을 약 93억 톤이라고 하자. 여기에서 국제 수출량 약 8억 톤을 뺀다. 자국에서 소비하는 식품은 가공과 저장 전후에 운송되는 평균 거리가 최소 1,000km라고 가정하고, 여기에 철도와 도로 화물 운송의 전형적인 에너지 비용을 곱한다. 그리고 수출 식품의 평균 이동 거리를 6,000km라고 가정하고, 선박과 철도 화물 운송의 평균 에너지 비용(선박이 철도보다 비용이 훨씬 적게 든다)을 곱한다.[26] 그러면 총에너지가 적어도 25엑사줄에 달한다. 이는 경작과 어획의 에너지 비용과 거의 같으며, 2020년 세계 에너지 소비량의 약 5%에 해당한다.

취사 비용

추가할 마지막 주요 항목은 가정과 외식업체에서 취사와 냉장 보관에 드는 에너지 비용이다. 그런데 부유한 국가와 저소득 국가의 식품 조리 방식과 효율에 엄청난 차이가 있는 것을 생각할 때, 여기서는 평균 승수multiplier를 제시하기가 어렵다. 유럽연합에서 수행한 연구들은 취사가 가정 에너지 소비량의 거의 6%를 차지한다는 걸 보여주는데, 이는 유럽연합의 에너지 총사용량 중 약 27%에 해당한다.[27] 짐작할 수 있겠지만 미국의 1인당 평균 비율은 이보다 좀 더 높고, 중국과 인도의 평균 비율은 더욱 높다. 저소득 국가의 지역들이 대개 그렇듯 농촌의 대부분 가정은 장작, 짚, 숯의 비효율적 연소에 의존한다. 예컨대 중국 도시 지역은 미국 평균보다 약 50% 더 높고, 시골 지역은 약 2.5배 더 높다. 인도도 비슷한 수준이다.[28]

취사에 필요한 1인당 평균 사용량을 보수적으로 추정하면, 세계의 연간 범위는 21~28엑사줄이다.[29] 현재 전 세계에서 냉장고와 냉동고 약 20억 대가 식품 저장에 쓰이고 있는데, 한 대당 연간 전기 소비량이 약 350kWh라고 가정하면 적어도 2.5엑사줄의 전기가 필요하다.[30] 이를 일차에너지 사용량으로 전환하면 5엑사줄 남짓이다. 세계의 취사와 냉장 수요량이 연간 26~33엑사줄에 달한다는 얘기다. 여기에 (육류, 어류, 버터를 장기 저장하고 이런 상품의 대륙 간 선박 운송에 필요한) 산업 규모의 냉장과 냉동에 드는 최대 35엑사줄의 에너지를 더하면, 세계 식품 관련 에너지 수요는 2020년 세계 일차에너지 사용량의 약 20%(115엑사줄)에 육박한다.

그러나 이 세계 사용량 계산에는 아직 농기계(철강·알루미늄·플라스틱·고무 등으로 제작한 트랙터, 콤바인, 농기구, 관개시설, 트럭), 어선, 양식용 연못과 가두리 생산의 간접 에너지 비용, 종자 개량과 재배, (현재 모든 주요 식량 생산국에서 경작과 사육의 필수불가결한 요소로 자리 잡은) 영농 교육 서비스, 폐기물 처리 비용 등이 빠져 있다. 따라서 세계 식량 체계의 에너지 비용은 아주 보수적으로 산정해도 20%에 달하며, 실제로는 최근의 세계 연간 일차에너지 공급량의 25% 정도일 가능성이 높다고 결론지어도 무리가 없을 것이 거의 확실하다.

더하지 않은 것

식품 체계의 복잡성과 데이터 부족 때문에 세계 식량의 생산·가공·운송·도매·소매·저장·소비에 기여하는 경제 총생산이나 총지출, 에너지 요구량의 비율을 정확히 계산하는 것은 불가능하다. 하지만 실제 값들은 모두 각 총계의 25~30% 정도이며, 농업과 어업이 세계경제 생산량의 겨우 1~4%를 차지한다는 표준 경제학적 계산법이 지극히 부정확하고 심한 오해의 소지가 있는 정량화의 대표적 사례라는 데에는 의문의 여지가 없다.

환경 영향

식량 생산이 세계 연간 경제 생산의 5%에도 못 미친다는 표준 경제학적 계산은 세계경제 체계가 영향을 주는 환경 쪽으로도 비현실적인 값을 내놓는다. 즉, 모두 실제 비율이 훨씬 더 높다. 농업은 지구 수자원의 주된 사용처로, 경작과 사육이 세계 물(지표수와 지하수) 소비량의 72%를 차지한다.[31] 식량 생산은 세계에서 가장 큰 토지 이용 범주에 속하며, 빙하로 덮이지 않은 땅의 약 36%를 차지한다. 일년생과 다년생 작물을 재배하는 땅은 15억 헥타르가 넘고, 방목지(목초지)는 그보다 2배나 넓다(31억 헥타르).[32]

질소비료의 사용량 증가는 인류가 복잡한 지구적 질소 순환에 가장 크게 개입하는 부분이다. 2020년대 초 작물에 살포한 질소는 연간 약 1억 1,000만 톤으로, 하버-보슈 암모니아 합성법을 통해 얻은 물질로부터 만든 화합물이다. 그에 비해 질소고정 콩과科 작물과 (기생·공생을 하지 않고) 독립생활하는 세균이 토양에 남기는 질소는 약 4,000만 톤이고, 재순환 유기성 폐기물(주로 동물 배설물)을 통해 얻는 질소는 약 2,500만 톤이다.[33] 또 질소 손실(무엇보다도 암모니아 휘발, 토양 유출수, 질산염의 침출과 침식을 통해)은 민물 산성화와 비료를 많이 살포한 경작지의 유출수가 유입되는 일부 해안에 죽음의 해역을 생성하는 주요 원인이기도 하다.[34]

그리고 식량 체계는 온실가스의 생성에 크게 기여한다. 지구온난화 진행 양상을 우려하는 목소리가 점점 커지고 있어, 경작과 사육의 온실가스 배출량뿐 아니라 식량 체계 전체의 기여도를 살펴보는 국가 및 세계 수준의 추정값이 많이 나와 있다.[35] 2015년에 모은 데이터를 이용해 가장 포괄적으로 살펴본 최근의 한 연구는 생산에서 가공·운송·포장을 포함한 소비에 이르기까지 세계 식량 체계 전체의 온실가스 총배출량이 이산화탄소로 환산했을 때 180억 톤(불확실성을 감안한 범위로는 140억 ~220억 톤), 즉 그해 총배출량의 34%(불확실성을 감안한 범위로는 25~42%)라고 추산했다.[36]

총량의 거의 40%는 농업 투입량(주로 비료)에서 나왔다. 그중 3분의 1은 토지 이용과 그 변화(경작지와 목초지 확대에 따른 삼림 파괴, 기름진 토양의 척박화)에서 비롯되었고, 29%는 운송·가공·포장·소매·소비 그리고 쓰레기 처리에서 나왔다. 기체별로 보면, 이산화탄소가 가장 많고(52%), 메탄이 전체 배출량의 약 35%(이산화탄소 환산량으로 비교했을 때), 주로 질소비료의 탈질화脫窒化(산소가 없는 환경에서 질산염을 질소 가스로 바꾸는 반응—옮긴이)에서 나오는 아산화질소가 약 10%를 차지했다. 가축의 세계 메탄 배출량은 특히 추정하기 어렵지만, 그럼에도 소가 인류 생존에 가장 큰 위협을 가한다는 계산 결과가 많이 나와 있다.[37]

비용은 얼마일까

이런 부담을 화폐로 나타내려는 것은 근사치와 (다소 옹호할 수 있는) 가정을 토대로 한 시도일 수밖에 없다. 2019년 세계은행의 마르티엔 반 뉴코프Martien Van Nieuwkoop는 식량 체계의 화폐 가치(세계경제 생산의 약 10%로 상정)를 비용과 비교했다. 그는 세계에서 약 20억 명이 (에너지나 특정 영양소 부족에 따른) 영양 결핍에 시달리며, 그에 따른 보건적·사회적 비용이 세계경제 생산의 3%라고 추정한다. 여기에는 질병과 조기 사망을 유발하는 비만 비용(세계경제 생산의 2%)에다 음식물 쓰레기 생산, 미흡한 식품 안전, 육상 생태계의 상실 또는 파괴(토지 척박화 포함), 식량 관련 온실가스 배출의 비용도 포함된다. 이 비용의 총액은 2018년 6조 달러로, 그해 세계경제 생산의 7%를 넘는 수준인데, "8조 달러 가치의 식량을 구입하는 데 지불하는 비용으로는 너무나 많다".[38] 실제 가치는 얼마나 더 높을까? 또는 얼마나 더 낮을까? 양쪽 다 나름 뒷받침하는 논거가 있다.

비만 비용의 증가는 최근 수십 년 사이에 많은 주목을 받은 식품 관련 부담이다. 비만의 연간 비용을 추정한 최신 자료는 경제협력개발기구OECD 평균으로 GDP의 3.3%이며, 브라질과 멕시코는 5%로 높은 편이다.[39] 사라지거나 파괴된 생태계와 그 서비스(장기적 안정성을 제공하는 생물 다양성부터 꽃가루받이와 물 저장에 이르기까지)의 가치를 실질적으로 평가하는 일은 모호하기로 악명이 높다.[40] 그리고 이산화탄소 배출 및 그에 따른 결과를 줄이는 데 드는 상대적 비용은 열대림 복원이라는 가장 수월한 것부터 태양전지 발전량을 늘려서 전력망에 요구되는 용량 증설을 달성하는 데 필요한 보조금 지급에 이르기까지 규모가 세 차수에 걸쳐 있다.[41]

대조적으로 농업 생산의 국가적 외부 비용을 정량화하려는 가장 포괄적인 시도는 지구가 부담하는 가치를 더 낮게 평가했다. 2004년 아이오와대학교의 두 경제학자는 물과 토양 그리고 (온실가스 배출을 포함한) 대기 자원의 피해, 병원체와 농약이 야생 생물과 사람의 건강에 미치는 피해라는 관점에서 이런 비용을 정량화하려 했다.[42] 예상한 대로, 그들의 최종 비용 추정값은 범위가 넓었다. 2002년 미국의 연간 총비용 추정값이 적게는 57억 달러에서 많게는 거의 170억 달러에 달했고, 그중 토양침식으로 상실된 저장 능력의 복원에서 홍수 피해 증가에 이르기까지 토양 자원 훼손에 따른 비용이 가장 큰 비율을 차지했다. 게다가 당시 농업 생산을 규제하고 그 피해 중 일부를 완화하기 위해 정부가 써온 예산이 연간 40억 달러에 달했다.

그러나 2002년 미국 농업은 경제 생산에 적어도 1,000억 달러를 기여했고(GDP의 약 1%에 해당), 피해 규모를 가장 크게 추정한 값(170억 달러)도 연간 부가가치의 5분의 1에 못 미쳤다. 아울러 이런 피해를 농업이 국가 경제에 기여하는 비율을 더 현실적으로 평가한 값(적어도 1조 달러)과 비교하면, 그 비율은 5%에도 근접하지 못한다. 그리고 (환경 파괴가 더 만연한) 아프리카와 아시아의 여러 저소득 국가들에서 마찬가지 방식으로 산정한 피해가 미국보다 3~4배 더 높다고 해도, 뉴코프가 내놓은 0.75(6조 달러 vs. 8조 달러)라는 높은 비용/편익 비율과는 너무나 거리가 멀다. 환경과 건강 피해를 다 합쳐도 식량 체계 실제 가치의 20%에 불과하기 때문이다.

시급성

세계 식량 체계가 지구 환경과 인간 건강에 가하는 연간 부담을 계량화하고, 그런 바람직하지 않은 효과를 억제 또는 최소화하거나 제거하기 위해 고안한 투자의 가치를 여기에 더하려는 시도는 (나름 타당한 근거를 갖고 있는) 다양한 비판을 초래하기 쉽다. 그리고 이렇게 내놓은 결과는 모호할 뿐만 아니라, 심지어 역효과를 낼 수도 있다. 우리는 생물권의 기능을 충분히 알고 있기 때문에 식량 생산으로 직간접적으로 발생하는 환경 악화를 매우 우려하고 있다. 아울러 새로운 금액 추정값이 나오길 기다리는 대신 이런 변화 중 상당수에 이미 조치를 취했어야 한다는 것도 안다.

식량농업기구는 2011년 《식량과 농업을 위한 세계 토지 및 수자원 현황The State of the World's Land and Water Resources for Food and Agriculture, SOLAW》이라는 첫 보고서를 낼 때 '위험에 처한 시스템 관리Managing Systems at Risk'라는 중립적인 어조의 부제목을 달았다.[43] 그리고 10년 뒤에 내놓은 두 번째 보고서에는 몹시 우려하는 어조의 (하지만 결코 과장되지 않은) '한계점에 이른 시스템Systems at Breaking Point'이라는 부제목을 달았다.[44] 3가지 광범위한 결론이 이런 우려를 정당화한다.

많은 지역에서, 식량 생산에 필수불가결한 토지·토양·물 사이의 상호 연결 관계가 한계에 다다르고 있다. (농약과 관개의 사용 증가를 포함해) 농업 집약화를 추구해온 최근의 경로는 현재 대부분의 세계 곡창지대에서 수익 감소 추세를 보이고 있으며, 환경적·경제적 이유 때문에 수확량을 늘리는 것도 지속 가능하지 않다. 세계적인 규모에서 식량 생산 체계는 지나치게 양극화가 이뤄져왔다. 요컨대 대규모 영농 기업이 농경지 이용을 주도하고, 점점 파편화하고 있는 소규모 자영농은 토양침식과 물 부족에 시달리는 땅에서 농사를 짓고 있다.

구체적으로 우려되는 사항이 많다는 점을 생각할 때, 이를 간

략하게 검토하는 것만으로도 책 한 권이 필요할 것이다. 그 대신에 나는 몇 가지 파괴적인 추세를 선택해 나 자신이 특히 우려스럽다고 여기는 것들을 설명하려 한다. 여기에는 아마존의 지속적인 삼림 파괴, 인도의 지하수 자원 감소, 중국의 농토 오염, 네덜란드의 과다 살포한 반응성 질소화합물, 미국 남서부의 건조 지대 확대가 포함된다.

삼림 파괴

경작지(무엇보다도 수출용 대두 재배)와 육우 목초지를 확대하기 위해 벌이는 (주로 브라질의) 아마존 삼림 파괴야말로 언론의 주목을 가장 많이 받아온 환경문제일 것이다. 삼림 파괴 속도는 1995년 (벨기에 면적과 거의 비슷한) 3만km²로 정점에 달했다가 그 뒤 잠깐 낮아지더니, 2004년에 다시 2만 7,800km²까지 올라갔다.[45] 이후 정부 정책이 바뀌고, 더욱 중요하게는 아마존산 콩 수입 금지(새롭게 숲을 파괴한 지역에서 경작한 콩의 구입을 막은 조치)와 소 부문의 협정에 힘입어 낮아졌다.[46]

그 결과 연간 삼림 파괴 속도는 2012년 4,500km²까지 떨어졌지만(바로 이전의 정점에 이르렀을 때보다 84% 감소), 다시금 증가하는 시기가 뒤따랐다. 2012~2019년 파괴 속도가 2배로 증가했고, 2021년경에는 약 1만 3,000km²로 늘어났다. 영국 웨일스의 약 3분의 2에 해당하는 면적이다. 아마도 지속적인 삼림 파괴의 가장 중요한 장기적 여파는 아마존 유역의 강수량 감소일 것이다. 아직은 불확실한 부분이 많지만, 가장 최근의 시뮬레이션은 (2004년 이전 같은) 빠른 파괴 속도가 계속 이어진다면, 2050년 까지 아마존 유역의 연평균 강수량이 자연적 변이 폭보다 8(± 1.4)% 대폭 감소할 것임을 시사한다.[47]

지하수 고갈

현재 세계에서 인구가 가장 많은 나라인 인도의 지하수 고갈은 많이 연구되어 있으며, 지역별 편차가 크다는 것이 드러났다. 위성 관측 자료는 1990년대 중반 이래로 북위 25도보다 북쪽에 있는 지역[건조한 북서부의 라자스탄·하리아나·펀자브 같은 주들뿐만 아니라 북동부의 아루나찰프라데시와 아삼(인도에서 비가 가장 많이 내리는 지역) 같은 주들에서도]의 지하수 저장량이 상당히 감소했음을 보여준다. 정상적인 우기에 다시 채워지는 속도보다 빠져나가는 속도가 워낙 빨라서 지하수위가 약 15~25cm/년씩 가라앉고 있다. 대조적으로 마디아프라데시·마하라슈트라·안드라프라데시에서는 거의 변화가 없거나 최대 10~20cm/년씩 수위가 상승하고 있다.[48] 이런 결론은 우물 관측 결과와 일치한다. 강수량 감소 추세는 타밀나두·케랄라·카르나타카에서만 관측되었고, 하리아나뿐 아니라 지금은 아삼에서조차 강수량이 전반적으로 증가함에도 지하수 저장량은 빠르게 감소하고 있다.[49]

중금속 오염

아마존의 우림 파괴나 대수층帶水層(인도든 아메리카의 대평원이든 물을 머금은 암석층)의 고갈 우려와 달리, 중국 토양의 중금속 오염은 상대적으로 국제적인 주목을 거의 받지 않았다. 그러나 이 문제는 폭넓은 지역에서 나타난다. 2014년 중국 농경지 20% 와 산림 10%가 한 가지 이상의 중금속에 오염되어 있었다. 무엇보다도 카드뮴(인산비료와 석탄 연소 배출물을 통해) 그리고 비소, 수은, 납에 오염되었다.

유감스럽게도 토양오염이 가장 심한 성街들은 주식 곡물의 주요 생산지이기도 하다. 그 결과 중국 곡물 생산량의 거의 15%가 중금속 오염의 영향을 받아왔으며, 후난성이 가장 심각하다. 후난성은 중국 쌀의 15%를 생산하지만 수은에 오염된 모든 식품의 거의 5분의 2, 카드뮴에 오염된 식품의 3분의 1, 납에 오염된 식품의 4분의 1, 비소 배출량의 5분의 1이 이곳에서 나온다.[50]

부유한 국가

부유한 국가 중 상당수는 현재 인구가 정체했거나 줄어들고 있으며, 식량을 과잉 생산하는 데 비례해 음식물 쓰레기의 발생률도 높다. 이런 나라는 더 합리적이면서 덜 파괴적인 방향으로 농업을 바꾸기에 더 좋은 입장에 있지만, 과거의 악행 때문이든 환경 변화 때문이든 나름의 어려운 문제에 대처해야 한다. 네덜란드의 질소 과잉이 그렇고, 미국 남서부 주들의 점점 심해지는 건조화는 세계 최대 식량 수출국에 커다란 문제를 안겨주고 있다.

네덜란드가 경이로운 수준으로 동물 폐기물에 허덕이고 있다는 사실은 모든 농경지(경작지와 목초지) 또는 경작지 단위면적당

대형 동물의 수를 비교하면 잘 드러난다. 2020년 네덜란드는 농경지 헥타르당 소가 2마리, 경작지 헥타르당 돼지가 11마리였다. 반면에 영국은 각각 0.5마리와 0.8마리, 미국은 각각 0.25마리와 0.5마리였다.[51] 모든 동물(소, 돼지, 양, 가금류)을 동등한 무게로 환산할 때, 유럽연합은 가축단위로 헥타르당 평균 0.8이다. 그중 불가리아는 겨우 0.2인 반면, 네덜란드는 3.8에 달한다.[52] 얼마나 잘 관리하든 그런 밀도에서는 헥타르당 질소 오염이 매우 심해지며, 이에 2021년 12월 15일 네덜란드 연립정부는 급진적인 방식으로 이 문제에 대처하기로 결정했다. 가축 수를 3분의 1로 줄이겠다는 것이다.[53] 정부는 250억 유로를 들여 가축을 매입 또는 재배치하거나, 최후의 수단으로 수용까지 한다는 계획을 세웠다. 당연히 농민들은 대대적으로 반대하고 나섰다.

미국 남서부에서는 강수량이 너무 적고, 로키산맥과 시에라네바다산맥의 적설량이 줄어들고, 여러 해 동안 가뭄이 지속되고 있다는 것이 환경 측면에서 주된 걱정거리다. 2022년 3월 말현재 네바다와 유타 전역, 뉴멕시코 거의 전역, 오리건과 텍사스 서부 대부분, 캘리포니아의 한 작은 지역을 제외한 거의 전역이 심각한 가뭄에 시달렸고, 그 밖에 극단적이면서 더 나아가 유례없는 수준의 가뭄을 겪는 지역도 있었다.[54] 나무의 나이테 관찰을 통해 서기 800년까지 거슬러 올라가 토양의 수분 부족 양상을 재구성했더니, 2000~2018년의 가뭄보다 더 심했던 시기는 1500년대 말뿐이었음이 드러났다.[55] 가뭄은 2022년에도 지속되었는데, 2023년의 첫 3개월 동안 기록적인 수준의 눈비가 쏟아지면서 해소되었다.[56] 앞으로 어떤 상황이 펼쳐지든 현재 거의 4,000만 명이 살고 있는 미국 주요 농업 생산지의 가뭄은 점점 더 심각한 우려를 자아내고 있다.

이런 상황에서 현실적으로 제일 심각한 문제는 가뭄의 영향을 가장 심각하게 받는 곳이 인구 밀집지이거나 주요 식량 생산지(또는 양쪽 다)여서 식량 수요와 경작 집약도가 매우 높다는 것이다. 비슷한 문제를 안고 있는 다른 지역들에서는 정치 불안과 반복되는 갈등이 상황을 더욱 악화시킨다. 중동과 아프리카 대다수 지역이 만성적으로 그런 문제에 시달린다. 이 책 마지막 장에서 다루겠지만, 이런 바람직하지 않은 추세는 되돌리거나 적어도 충분히 관리 가능하다. 그러나 지속적이고 실질적인 방향 수정 없이는 불가능하다.

이 개략적인 설명은 아주 정확하다고 할 수 없지만, 표준 경제학적 계산이 세계 식량 체계의 기여와 비용을 심하게 과소평가한다는 데에는 의문의 여지가 없다. 다음 장에서는 영양학자들이 어떤 잘못을 저질러왔는지 살펴보기로 하자.

How to Feed the World

6장

건강하려면
무엇을 먹어야 할까

이번 장에서는 속담에 으레 나오는 식으로, 이른바 알곡과 겨를 분리하는 작업을 시도하고자 한다. 의심스러운 영양학적 주장, 기적의 식단, 삶을 변화시키는 식이食餌 보조제라는 '겨'를 날려버리고, 사람이 음식에서 필요로 하는 것들과 건강한 삶 그리고 탄복할 만한 장수의 가장 좋은 토대를 제공하는 실제 음식 섭취라는 '알곡'을 골라낼 것이다. 또 이런 이해를 바탕으로 어떻게 장기적인 권장 식단을 제시할지도 살펴볼 예정이다.

사람이 음식에서 필요로 하는 것들을 파악한 지식이 쌓이고 몇몇 명확한 결론을 뒷받침하는 통계 증거도 축적된 덕분에 이런 일이 더 쉬워지긴 했다. 하지만 우리는 의심스러운 주장부터 사람들을 오도하는 주장에 이르기까지, 특이하면서 심지어 극단적인 온갖 식단을 추천하는 주장들의 홍수에 대처해야 한다.

영양의 과학

현대 지식의 많은 핵심 분야와 마찬가지로 영양학도 19세기 후반에 출현해서 제2차 세계대전 이전에 큰 발전을 이루었고(모든 비타민을 발견한 것을 포함해), 1950년 이후 더욱 깊이 있고 복잡한 이해 수준에 다다랐다.[1] 이런 이해 향상의 흐름은 당대의 과학적 합의를 반영한 공식 권고에서 기적적인 새로운 식단에 이르기까지 다양한 권장 식단으로 이어졌다. 세계보건기구가 폭넓은 자문을 거쳐 내놓은 (세계적으로 적용되는) 권장 식단과 각국의 전문가들이 내놓은 권장 식단 등 음식 에너지, 탄수화물, 섬유질, 지방(특정 지방산 포함), 단백질(필수아미노산 포함)의 권장 섭취량을 열거한 상세한 지침들이 존재한다.[2]

권장량은 나이·체중·성별에 따라 다르며 활동량, 임신, 따라잡기 성장catchup growth, 몇몇 만성질환에도 영향을 받는다. 예를 들어, 꾸준히 신체 활동을 하는 큰 체구의 30세 남성(체중 90kg)은 최대 4,200kcal/일이 필요한 반면, 대부분의 시간을 집 안에서 가벼운 신체 활동을 하며 보내는 마른 70세 여성(체중 50kg)은 1,800kcal/일 미만으로도 지낼 수 있다.[3]

(무엇을 먹었는지 떠올리면서 기록하는 신뢰도 약한 방식이 아니라, 섭취하는 모든 식품의 무게를 재서 측정한) 실제 음식 섭취량을 믿을 만한 수준으로 반복해서 연구한 자료를 축적한 나라는 극소수에 불과하지만, 식량농업기구는 평균 1인당 식품 공급량을 보여주는 국가별 상세한 식량 수급 자료(하루 평균 섭취량이 아니라, 유통

과 구매에 포함된 식품과 다량영양소의 양)를 해마다 내놓고 있다. 하루 평균 섭취량은 중간 단계에서 손실이 일어나므로 공급량보다 상당히 적다.[4]

소비량 계량화하기

식량농업기구의 식량 수급표는 전체 인구의 하루 음식 에너지 공급량이 (오늘날 격렬한 활동을 점점 덜하고 있는) 대부분의 세계 사람들이 상상할 수 있는 그 어떤 식사 요구량보다 훨씬 많다는 것을 보여준다. 부유한 나라는 1인당 3,000kcal를 훨씬 넘어서며(미국은 약 3,600kcal, 영국은 3,300kcal이며 유일하게 일본만이 예외적으로 약 2,700kcal), 중국(약 3,330kcal)과 브라질(3,200kcal)도 3,000kcal를 넘고, 인도·방글라데시 그리고 아프리카에서 가장 큰 나라인 나이지리아는 2,600kcal다. 인구가 많은 나라 중에서는 에티오피아와 파키스탄만이 2,500kcal에 조금 못 미치는데, 이는 인구 중 영양의 결핍이나 실조에 시달리는 비율이 무시할 수 없는 수준임을 시사한다.[5]

가장 최근의 식량농업기구 자료를 보면, 세계 인구 중 이 두 범주에 속한 이들의 비율은 약 10%인데, 범위는 9.2~10.4%다.[6] 1970년에는 30% 남짓이었고 2000년에는 약 15%였으므로 상당히 개선된 것이지만, 2019년의 8.4%에 비하면 달갑지 않은 증가다. 이들 중 55%인 약 7억 7,000만 명은 아시아에, 3분의 1 이상은 아프리카에 살고 있다. 이런 해로운 생활 조건을 궁극적으로 없애려면 몇몇 국가는 식량 생산(또는 수입)을 더 늘려야겠지만, 가장 먼저 필요한 조치는 식량 접근성을 개선하는 것이다. 즉, 해당 사회의 가장 가난한 이들이 적어도 최소한의 영양을 섭취할 수 있도록 해야 한다.[7] 그런 정책은 언제나 유익하다. 이환율罹患率(질병에 걸리는 비율—옮긴이)과 사망률(특히 유년기)을 줄일 뿐만 아니라 더 건강한 성인 집단을 구성하기 때문이다.

특정한 나라나 지역에서 나름의 주된 혼합 식단이 제공하는 음식 에너지를 충분히 공급하면 3가지 다량영양소인 탄수화물·단백질·지방도 충분히 섭취한다는 것이 오래된 규칙이며, 국가별 식품 공급량 자료도 그렇다는 것을 확인해준다. 다량영양소 요구량은 전체 음식 에너지 섭취량의 비율로 나타내는 것이 가장 이해하기 쉽다. 예컨대 모든 음식 에너지 중 45~65%는 탄수화물로 공급받아야 한다(50~55%가 사망률이 가장 낮은 최적 범위다). 또 지방은 20~35%, 단백질은 10~35%를 섭취해야 한다.[8] 이 모든 요구 사항은 소득 수준이 높거나 중간인 나라뿐만 아니라 세계에서 인구가 가장 많은 중국과 인도에서도 식품 공급량을 통해 쉽게 충족된다. 아시아와 아프리카의 저소득 국가들에서도 인구의 다수는 그렇다. 1인당 식품 공급량이 가장 적은 아프리카 국가로는 마다가스카르, 중앙아프리카공화국, 짐바브웨가 있다.

다량원소

저소득 식단의 전형적인 조성(2장에서 언급했듯 곡물 위주 식단)을 생각할 때, 가장 충족하기 쉬운 것은 탄수화물이다. 인류 중 영양 결핍 상태에 있는 10분의 1에 속한 사람들은 단백질과 지방 공급량이 부족할 때가 더 많다. 하루 단백질 섭취 권장량은 빨리 성장하는 10대 청소년은 40~60g, 성인은 체중 킬로그램당 매우 적은 0.8g이다. 이는 대다수 사람에게는 단백질이 하루에 45~60g밖에 필요하지 않다는 의미다. 임신과 수유 때 여성은 하루에 약 70g이 필요하다.[9] 또 단백질 섭취량은 소화율을 토대로 보정해야 한다. 우유와 달걀의 단백질은 완벽하게 소화 가능하다. 육류 단백질도 소화율이 높고(닭고기는 0.95), 콩은 그보다 한참 낮으며(0.75), 밀은 0.4에 불과하다.[10]

소화율이 낮은 한 가지 단백질 원천에만 의존하는 것은 분명 바람직하지 않지만, 에너지를 충분히 제공하는 정상적인 혼합 식단은 상상할 수 있는 모든 단백질 수요도 충분히 제공한다. 사실 하루 1인당 단백질 공급량은 현재 모든 고소득(2023년 기준 1인당 국민총소득 1만 3,206달러 이상) 국가에서 필요한 양보다 훨씬 많을 뿐 아니라(100~110g), 소득 중위권인 중국과 브라질도 각각 100g과 130g을 넘는다. 인도와 나이지리아는 수요(하루 평균 60g)를 충족하는 수준이며, 방글라데시와 에티오피아는 하루 약 30g에 불과하다. 식이 지방 공급량도 비슷한 분포를 보인다. 부유한 국가뿐 아니라 중국, 브라질, 멕시코는 수요를 초과한다. 반면에 나이지리아, 에티오피아, 방글라데시는 매우 부족하다.

영양 조언: 곧이곧대로 받아들이지 마라

소득 수준이 충분히 높아지면, 사람들은 음식을 골라 먹기 시작한다. 콩 섭취량 감소는 현대 식단 전환의 보편적 징후였으며, 달dal을 고수하는 인도는 두드러진 예외 사례다. 전 세계에서 가처분소득이 증가할 때 으레 육류와 설탕 소비량도 증가하는 양상을 보이며, 신선한 과일 소비량도 그렇다.[11] 이런 점진적인 식품 섭취 양상의 변화는 섭식을 통한 건강 혜택을 최대화하고 궁극적으로 기대 수명을 늘리는 데 최적이 아닌, 심지어 명백히 좋지 않은 식단으로 이어질 수도 있다. 아니, 많은 영양학자가 그렇다고 주장해왔다. 그들은 특정 영양소와 식품에 심하게 의존하는 식단을 비판하는 한편, 마찬가지로 편향된 다른 식단을 적극적으로 권장한다.

이런 주장들을 하나하나 다 나열하면 지루하겠지만, 지난 50년 동안의 식생활 뉴스를 대충이라도 훑어본 사람이라면 주된 권고와 결론이 몇 가지 눈에 들어오기 마련이다. 포괄적인 영양학적·의학적 연구 결과라는 형태로 제시된 것들도 있고, 사람들의 잘 속는 성향과 더 건강해지고 날씬해지고 오래 살고 싶은 (널리 퍼진) 욕망을 이용하는 자칭 전문가들이 대중매체를 통해 퍼뜨린 것들도 있다. 1950년대 이후 많이 광고되는 (그리고 상업적으로 이용되는) 새로운 식사법이 많이 등장했고, 이런 주장들은 서로 경쟁하듯 나름의 과학적 근거를 제시하면서 비교할 수 없는 탁월한 성과를 낸다고 역설한다.[12]

극단적 주장들

정반대되는 2가지 식사법, 즉 동물성 식품을 전혀 먹지 않는 식사법(건강뿐 아니라 윤리적 이유를 제시하면서)과 육류 위주의 식사법(건강을 증진시킨다고 하면서)은 우리에게 그 바탕에 놓인 전문 지식 못지않게 우리가 무언가를 진심으로 믿곤 하는 성향을 지니고 있다는 걸 잘 보여준다. 비건주의는 우유 한 방울(우리가 포유동물이며, 따라서 포유동물의 젖을 먹는 데 적합하다는 사실을 완전히 도외시하는 듯하다)도 달걀 한 개(알을 낳는다고 해서 닭이 죽는 것도 아니고, 자유롭게 돌아다니도록 방목하면 구속당할 일도 없다)도 거부하며, 모든 고기와 생선을 완전히 배제한다. 채식주의 식단은 그보다 훨씬 더 관용적이며, 유제품-채식주의lacto-vegetarianism(유제품 허용)부터 육상동물의 고기를 제외한 모든 것을 허용하는 유제품-생선-채식주의lacto-ovo-pisci-vegetarianism에 이르기까지 다양하다.

우리 종種과 그 특수한 영양 조건의 진화(특히 임신기, 유아기, 유년기, 사춘기 때)는 비건주의를 집단 규모의 식사법으로 권장할 근거가 전혀 없음을 말해주지만, 비건주의는 모든 영양소를 식물에서 얻을 수 있도록 충분한 공급원을 확보한다면 성인들이 택할 만한 식사법이다.

반면에 상당한 육류 섭취가 습관화된 나라에서는 육류를 줄이는 모든 식사법을 영양학적 근거를 토대로 강하게 권장하기 마련이며, 성인에게 특히 더 그렇다. 또 여태껏 육류가 많이 든 혼합 서구식 식사를 해온 이들에게는 이쪽이 더 받아들이기도, 계속하기도 쉬울 것이다.[13] 한편, 비건주의 식단의 환경적 혜택은 흔히 생각하는 것보다 더 적을지도 모른다. 질소와 물을 많이 필요로 하는 견과·과일·채소의 생산량을 더 늘려야 할 뿐 아니라, 현재 으레 하듯이 그런 식품을 장거리 운송해야 하기 때문에 동물 사료 생산량을 줄임으로써 얻는 혜택 중 일부가 상쇄될 수도 있다.

비건주의 정반대편에는 구석기 식사법Paleolithic diet이라는, 오해를 불러일으킬 만한 이름의 방식이 있다. 이 식사법은 (모든 종류의) 육류를 많이 섭취하되 채소와 과일을 곁들이라고 주장한다(그런데 우리 조상들 중 오로지 육류로 이루어진 식사를 계속한 이들은 거의 없다). 양쪽 극단은 대규모로 채택하기에 실현성이 없는 기본 형태를 나타낸다. 그런 식사법들을 제도화하고 실행하려면 현대 식량 생산 방식을 근본적으로 바꾸어야 할 것이다. 비건주의 식사법이라면 대부분의 경제를 지탱하는 대규모 생산 부문(육류, 달걀과 유제품, 어획과 양식)을 폐지해야 하고(심각한 경제적 파장을 낳을 것이다), 구석기 식사법이라면 앞서 언급한 온갖 문제점을 수반하는 집약적 형태의 육류 생산을 대규모로 확대해야 할 것이다. 그리고 물론 양쪽 다 인구 전체가 오랫동안 간직해온 식습관을 유례없는 규모로 뒤엎어야 한다!

우리 모두가 구석기 식단을 택한다면

국가나 세계 규모에서 주목할 만한 차이를 빚어낼 이런 변화를 어떻게 이룰 수 있을지는 아직 불분명하다. 육류 위주 식단을 주장하는 이들은 특히 망상에 빠져 있는데, 연간 육류 생산량을 크게 늘리는 데 필요한 에너지와 물질을 더 큰 규모로 활용하지 않은 채 육류를 필요한 만큼 대량 공급할 방법이 없다는 사실은 생각도 해본 적이 없는 게 분명하다. 2020년 세계 육류 소비는 모든 음식 에너지의 약 8%, 모든 음식 단백질의 17%를 공급했다.[14] 육류 비중이 높은(그러나 '구석기' 식단에는 여전히 못 미치는) 식단으로 모든 음식 에너지의 4분의 1과 모든 단백질의 절반을 공급하려면 전 세계의 동물 도축량을 적어도 3배로 늘려야 하는데, 그럴 경우 환경에는 어떤 영향을 미칠까? 또 동물 사료(잎, 곡물, 덩이뿌리, 콩)의 생산량을 얼마나 늘려야 할지도 계산해야 하는데, 엄청나게 늘어날 육류의 조성에 따라 결과가 달라질 것이다.[15]

우리 모두 비건이 된다면

비건 식단의 세계적인 채택도 나름의 문제를 안고 있다. 순수한 비건 식단의 공급이 단순히 음식 에너지를 충분히 제공하는지의 문제라면, 모든 일이 순탄하게 진행될 것이다. 그냥 알맞은 온난한 기후에서 단위면적당 탄수화물의 수확량이 가장 높은 식물인 사탕수수를 재배하면 그만이다.[16] 그러나 2장에서 설명했듯 건강한 영양이란 영양소들 사이의 적절한 균형을 뜻하며, 비건주의자로 가득한 행성은 곡물 탄수화물(단백질도 함유한)과 식물성 지방을 쉽게 공급할 수 있겠지만, 질 좋은 단백질을 많이 공급하는 일은 가장 힘든 과제로 대두될 것이다.

이는 필연적으로 콩의 재배량을 늘려야 한다는 의미다. 구대륙의 전통 사회들에서 콩류(유럽에서는 완두·누에콩·렌즈콩, 아프리카에서는 누에콩·땅콩, 아시아에서는 렌즈콩·누에콩·대두)는 두 번째 주식 작물이었다. 연간 1인당 소비량이 인도는 무려 25kg에 달했고, 라틴아메리카의 여러 나라와 유럽의 가난한 국가들도 10kg을 넘었다.[17] 그럼으로써 콩은 모든 음식 단백질의 15~30%와 모든 음식 에너지의 최대 15%를 제공했다. 그 뒤로 육류·달걀·유제품을 점점 더 많이 구입할 능력이 됨에 따라 콩소비량은 이윽고 유럽 대다수 국가에서뿐만 아니라(현재 1인당 연간 공급량은 독일 1kg 미만, 프랑스 2kg 미만) 일본(약 1.5kg)과 중국(1.5kg 미만)에서도 대수롭지 않은 수준까지 낮아졌다.[18]

이런 비율은 하루 단백질 섭취량 중 콩류의 기여분이 1g 미만, 즉 약 1%임을 의미한다. 이는 비건 식단에서 전체 단백질의 10%만 콩류로 공급한다고 해도 소비량을 10배로 늘려야 한다는 뜻이다. 이런 소비 전환은 일어나지 않을 것이다. 콩을 많이 섭취하려 할 때 어떤 문제가 있는지 잘 알려져 있기에(불리기, 긴 요리 시간, 소화불량, 글루텐이 부족해 빵이나 국수로 만들 수 없다는 점) 시간을 아끼기 위해 빨리 조리할 수 있고 소화 잘되는 음식을 선호하는 현대사회에서 누에콩·완두·렌즈콩·대두는 주식이 될 수 없다.[19] 이는 인구가 많은 국가 중에서 인도(연간 1인당 약 15kg)와 브라질(약 13kg)만 콩 섭취량이 비교적 많은 나라로 남아 있을 것임을 뜻한다. 인도에서는 렌즈콩과 누에콩(달), 브라질에서는 검정강낭콩feijao preto이 전통적인 국민 음식으로 남아 있다.[20]

대체물

콩을 직접 먹는 대신 활용할 수 있는 방법이 2가지 있다. 하나는 대두를 가공해서 두부(불린 콩을 갈아서 칼슘이나 황산마그네슘을 사용해 응고시킨 것), 된장(삶은 대두를 쌀이나 보리, 밀, 황국균Aspergillus oryzae 등을 섞어서 발효시킨 메주로 빚은 것), 간장(메주로 담거나 대두와 밀을 갈아서 간장국균Aspergillus sojae과 섞어 발효시켜 만든 것)으로 섭취하는 것이다.[21] 다른 하나는 콩으로 분리 대두 단백질(모양이나 식감이 고기와 비슷한 섬유질 구조)을 만들어 이른바 '대체육'으로 가공하는 것이다.[22] 지난 몇 년 사이에 이 전환의 파괴적이면서도 혁신적인 성격을 과장한 주장들이 마구 쏟아지고 있다. 점점 커지고 있는 대체육(그리고 대체 달걀과 대체 생선) 산업이 식단을 개선하는 동시에 지구온난화 위험도 줄여준다면서 말이다.[23]

전통적으로 동물성 식품 섭취량이 많은 일부 나라에서는 육류를 끊기가 어렵다. 쇠고기 소비량 감소는 서양 국가들에서 공통적인 현상이고(대부분 닭고기를 더 많이 먹음으로써), 모든 유형의 고기 소비량이 전반적으로 줄어들었다는 것도 많은 국가 통계에 나타나고 있다. 그러나 이런 추세가 대체육으로 고기를 대신해왔음을 뜻하는 것은 아니다. 두부는 수십 년 전부터 북아메리카의 슈퍼마켓에 있었지만, 미국인과 캐나다인은 가공육 제품 대신 이런 대두 가공품을 택하지 않았다. 두부는 피자의 페퍼로니pepperoni도 대체하지 않았다. 흠집조차 내지 못했다. 북아메리카의 연간 1인당 두부 소비량은 일본의 하루 평균 소비량보다도 낮다![24] 그리고 최근 식물성 '고기' 열풍이 불고 있음에도(아울러 팬데믹 첫해에 식물을 토대로 한 대체육 판매량이 급증했음에도), 육류 대체물이 실질적 차이를 빚어내려면 아직 갈 길이 멀다. 미국의 판매량이 이를 잘 보여준다. 2021년 미국의 육류 판매액은 약 1,600억 달러인 반면(신선한 고기가 1,200억 달러이고 나머지는 가공육 제품), 두부 판매액은 약 3억 5,000만 달러였다. 그리고 모든 육류 대체물의 총판매액은 13억 달러로 육류 판매액의 1%에도 못 미쳤다. 2022년에는 대체물의 판매액이 18억 달러로 상승했지만 총판매량은 감소했으며, 성장률을 아무리 높게 추정한다고 해도 2030년까지 육류 판매량의 10%를 넘을 가능성이 낮다.[25]

식물 섭취자들의 행성

아주 다양한 음식을 먹고 성장한 인구가 엄밀한 비건 식단을 따라야 한다면, 콩뿐만 아니라 비율을 더 높여야 하는 음식이 분명히 있다. 고기 없는 식단으로 3가지 다량영양소를 얻으려면 당연히 콩과科 곡물을 더 늘려야 하고, 채소와 과일 그리고 (단백질과 지방이 농축된) 견과도 더 추가해야 할 것이다. 동물 사료가 필요 없을 것이므로, 사료 작물 재배지를 식량용 콩류를 경작하는 데 사용하면 경작지나 자원 투입량을 더 늘리지 않아도 될 것이라는 주장이 있다. 그러나 채소·과일·견과는 주식 작물보다 훨씬 더 많은 노동력을 투입해야 하며, 그런 작물의 경작지를 확장하면 이미 요구량이 많은 자원의 투입량도 더 늘어날 것이다.[26]

야외에서 기르는 채소는 비료와 물을 많이 줘야 한다. 같은 해에 심어 수확하고 또 심는 식으로 기르는 채소가 많기 때문이다. 캘리포니아에서는 비트·브로콜리·무·시금치 같은 채소, 딸기 같은 과일을 1년 내내 생산하고 수확한다.[27] 한 종류의 채소 작물은 식량 곡물보다 단위 에너지당 물을 평균 2~3배 더 쓰는데, 같은 밭에서 해마다 세 차례 수확할 수도 있다(브로콜리·케일·상추는 60일, 아티초크·양배추·콜리플라워는 약 100일이면 수확 가능하다).[28]

그리고 온실(네덜란드의 유리온실이나 스페인 알메리아Almeria 지역의 비닐 온실 모델이 유명하지만, 지금은 아시아와 북아메리카 전역에서 토마토·고추·오이 등을 재배하는 데 널리 쓰인다)에서 기르는 채소는 시설을 짓고, 난방과 조명을 가동하고, 물을 공급하고, 생산물을 수확 및 가공하고 유통하는 데 유달리 많은 에너지가 들어간다.[29] 그 결과 온실 토마토는 동일한 양의 비타민 C(토마토를 영양학적으로 가치 있게 만드는 영양소)를 생산하는 데 투입되는 에너지가 한 차수 더 많을 수 있고, 양배추도 마찬가지다![30] 그리고 비건 문헌에서 그토록 많이 추천하는 견과도 (3장에서 이미 언급했듯) 그 어떤 작물보다 많은 물을 필요로 한다. 즉, 단위 음식 에너지당 곡물보다 물을 6~7배나 더 소비한다.[31]

제한적인 식사: 공허한 주장

좀 더 범위를 좁혀서 식단의 특정 구성 요소에 중점을 두는 권고도 있다. 대장암을 예방하려면 소화가 잘 안 되는 섬유질을 많이 먹는 게 좋다는 권고 사항은 후속 연구들을 통해 지지를 받고 있다.[32] 특정한 다량영양소 한 가지를 위주로 하는 권장 식단은 방금 언급한 육류 중심의 고단백 저탄수화물 식단도 있지만, 정반대로 고탄수화물 식단이 체중과 심장병 위험을 줄여준다고 추천하는 것도 있다.[33] 또 특정한 화합물의 섭취량을 최대화하는 걸 목표로 하는 권장 식단도 있다. 특히 항산화제가 그렇다. 아예 과일만 먹으라거나 매일 간유 캡슐을 먹으라고 권하는 극단적 식사법까지 있다.[34]

물론 이런 식단이나 보충제 요법의 무비판적이고 노골적인 주장을 있는 그대로 받아들여서는 안 된다. 이미 잘 정립된 하루 영양소 섭취 권장량 그리고 잘 설계된 장기적 영양 연구 결과와 비교해서 그 효과 여부를 판단해야 한다. 결코 서둘러서는 안 된다. 다시 10년이 흐를 때까지 기다리자. 그사이에 과학적 합의가 상당히 달라질 수 있고, 원래의 주장이 의심스러워 보일 수도 있다.

부풀린 식이 지방 이야기

식이 지방이 심혈관 질환 사망률에 어떤 역할을 하는지에 초점을 맞추어 식사법의 운명 역전 양상을 살펴보자. 심혈관 질환은 모든 부유한 나라에서 조기 사망의 주된 원인이며, 따라서 효과 있는 모든 조치가 환영을 받을 것이다.[35] 최초의 권장 식단은 1948~1950년에 시작되어 지금도 이어지고 있는 선구적인 '프레이밍햄 심장 연구Framingham Heart Study'에서 나왔다. (실온에서 고체 상태로 있는) 동물성 포화지방과 콜레스테롤(버터와 돼지기름 형태로 먹거나, 지방이 많은 육류와 유제품 형태로 먹는다) 섭취량을 줄이라는 것이다.[36] 화학·경제학·동물학을 섭렵한 뒤, 영양학 쪽으로 방향을 튼 미국 과학자 앤설 키스Ancel Keys가 이 권고안을 널리 확장시키고 대중화했다. 1958년 식단과 심혈관 질환에 관한 '7개국 연구Seven Countries Study'를 시작한 그는 포화지방 함량이 높은 식사가 이 질환의 원흉이라는 결과를 얻었다. 또한 그는 과일·채소·생선을 많이 먹고 육류를 적게 섭취하는 것이 특징인 전통적 지중해 식단을 적극 추천했다.[37]

더 구체적으로, 키스와 그 추종자들은 포화지방을 식물성기름 [단일불포화지방산(올리브)이나 다가불포화지방산(해바라기, 유채, 땅콩)]으로 대체하자고 주장했다. 식물성 경화유(마가린)는 예외다.[38] 그 뒤로 이런 권고를 반영한 새로운 식이 지침이 마련되었고, 고소득 국가들(특히 미국)은 포화지방 섭취를 줄이자는 운동을 활발히 펼쳤다. 그러나 예외 사례인 프랑스(포화지방 함량이 높은 식사를 함에도 심혈관 질환 사망률이 비교적 낮다)는 그 문제가 그렇게 단순하지 않음을 줄곧 주장해왔다.[39] 그리고 정말로 그렇다는 것이 입증되었다. 많은 참가자를 대상으로 장기간 수행한 새로운 연구들은 '나쁜 지방' 이야기를 약화시키거나 심지어 뒤엎는 결과를 내놓았다. 포화지방 섭취가 전반적인 사망률 증가나 특히 심혈관 질환 사망률 증가로 이어지지 않는다는 것이었다. 게다가 단일불포화지방산이나 다가불포화지방산을 섭취한 사람에게서 뚜렷하게 유익한 효과가 나타난 것도 아니었다.[40] 이윽고 미국은 콜레스테롤 하루 섭취량을 300mg 미만으로 유지하라는 오래된 조항을 폐지한 새로운 식이 지침을 내놓았다.[41]

현재 우리는 특정 식품이 심장동맥 질환에 미치는 효과가 포화지방의 함량에만 달려 있지 않다는 것을 안다. 포화지방산의 종류마다 미치는 영향이 다르기 때문이다.[42] 게다가 심혈관 질환 사망률 감소를 목표로 한 식단 개입의 결과는 포화지방 대신 섭취한 다량영양소의 종류에 따라 다르다. 가장 주목할 것은 포화지방을 더 많은 탄수화물 섭취(특히 정제된 식품)로 대체하는 것이 역효과를 일으킬 수 있다는 점이다.

따라서 개별 식품이나 그 성분이 아니라, 식단의 전반적 구성에 초점을 맞춰야 한다.[43] 오랫동안 식이 연구를 해온 미국 의사이자 영양학자 프랭크 후Frank Hu는 이렇게 말했다. "어느 한 가지 다량영양소에 초점을 맞춘 접근법은 낡았다. (…) 앞으로의 식이 지침은 특정한 다량영양소의 절대 상한이나 기준을 제시하는 대신 점점 더 실제 식품에 초점을 맞출 것이다."[44]

실제 식품

수십 년 동안, 그리고 이른바 초가공식품이 영양학의 최신 악당으로 등장(한때의 열풍으로, 그저 지나치게 많은 지방·당·염분을 가리키는 또 다른 이름일 뿐이다)하기 오래전부터, 나는 실제 식품 접근법을 취할 것을 주장해왔다. 우리는 평생에 걸친 식품 섭취의 궁극적 결과, 즉 밝혀진 (또는 의심되는) 질병의 발생 빈도와 부적절한 영양의 관계를 살펴보고 평균 기대 수명의 변화를 추적할 필요가 있다. 기간과 집단의 규모가 한정된 특정한 영양 섭취량이나 사망률 연구에 초점을 맞추는 것보다 이쪽이 더 많은 걸 알려줄 수 있다. 가장 설득력 있는 형태는 궁극적 결과를 살펴보는 것이다. 즉, 태어날 때의 기대 수명이다. 이 변수는 다양한 요인(유전학, 예방 보건 의료, 전반적 생활 습관, 영양, 만성질환)의 영향을 받지만, 한 집단이 평생에 걸쳐 먹는 식품이 만성적으로 어떤 해로운 영향을 미친다면 기대 수명이 높을 수 없다.

제2차 세계대전 이후 모든 부유한 나라는 매우 비슷한 수준의 보건 의료(예방 및 응급)와 충분하고도 남는 수준의 평균 식량 공급의 혜택을 보았으며, 생활 방식의 수렴도 이루어졌다(자동차 소유 비율 증가, 앉아서 일하는 시간 증가). 그 결과 코로나19 팬데믹으로 조금 역행이 일어나기 전까지, 유럽연합·미국·캐나다·오스트레일리아·일본의 기대 수명은 일정하게 증가해왔다. 게다가 식단이 서로 전혀 다른 나라들에서도 비슷한 속도로 이런 개선이 이루어졌다.[45]

일본 vs. 스페인

이런 실상을 가장 잘 보여주는 사례는 일본과 스페인을 비교한 자료다. 1950년 두 나라의 (남녀 모두를 합산한) 평균 기대 수명은 일본 60.64년, 스페인 60.21년으로 거의 같았다. 그로부터 70년이 흐르는 동안 두 나라의 식단과 생활 방식은 상당한 변화를 겪었고, 평균수명도 20년 이상 늘어났다(일본이 약 1년 더 길어져 84.67년 vs. 83.61년). 유럽연합 내에서 2020년 평균 기대 수명이 가장 긴 나라는 스페인, 스웨덴, 이탈리아로 모두 82.4년이었다. 프랑스는 82.3년으로 약간 짧은 편이지만, 여성만 살펴보면 85.3년으로 스페인(85.1년)과 이탈리아(84.7년)보다 길다. 한편, 스웨덴 남성의 수명은 80.7년으로 이탈리아(80.1년)와 스페인(79.7년)보다 길다.[46]

그런데 스페인의 수명 연장은 가장 포괄적이고 비교적 빠르게 진행된 한 가지 식단 변화와 함께 이루어졌다. 흔히 바람직하지 않다고 여겨지는 것도 상당히 포함된 이 변화는 1960년대에 시작되어 1975년 프란시스코 프랑코Francisco Franco(스페인의 군인·정치가―옮긴이) 사후에 가속화했고, 1986년 유럽연합 가입 이후 다시 빨라졌다. 요컨대 1960~2000년 스페인의 1인당 육류 공급량은 거의 4배 증가했고, 동물성(포화) 지방 공급량은 3배, 유제품 소비량은 4분의 1이 증가했다. 반면, 올리브유와 곡물 섭취량은 감소했고, 이른바 심장을 보호해준다는 포도주의 소비량도 줄어들었다.[47] 육류 소비 증가가 너무나 빠르게 그리고 상당히 많이 이루어져 20세기 말에 스페인은 유럽연합 중 육식을 가장 선호하는 국가가 되었고, 1인당 공급량(도축 무게로 따질 때)도 연평균 110kg을 넘었다. 그에 비해 전통적인 육식 국가인 프랑스, 독일, 덴마크는 각각 100kg, 80kg, 70kg이었다.[48]

이런 역설적인 결과는 생선과 과일 섭취량 증가, 특히 예방 보건 의료의 접근성 향상과 흡연율 감소를 비롯한 여러 요인의 조합으로 가장 잘 설명할 수 있다.[49] 최신 연구들은 스페인의 심혈관 질환 사망률 감소 속도가 1999~2013년 남성 -3.7%와 여성 -4.0%에서, 2013년 이후에는 각각 -1.7%와 -2.2%로 느려졌음을 보여준다. 다른 부유한 나라들도 마찬가지로 느려졌는데, 현재의 높은 평균수명이 인구 전체의 기대 수명 최댓값에 근접하고 있다고 보는 것이 가장 나은 설명일 듯하다.[50]

중국은 1인당 육류와 포화지방 공급량이 크게 증가하고 평균 수명이 꾸준히 늘어난, 주요 식단 전환의 훨씬 더 뚜렷하고 규모가 큰 사례를 제공한다. 1970~2020년 육류 공급량은 거의 8배 증가했고, 많은 도시가 현재 거의 유럽 수준에 도달해 있다.[51] 이런 증가는 전통적으로 선호하는 (그리고 종종 지방이 많은) 돼지고기 소비 위주로 이루어졌고, 그에 따라 동물성 지방의 공급량이 반세기 사이에 약 4배 증가했다. 그 기간에 평균 기대 수명은 60년에서 77년으로 늘어나 코로나19 대유행 이전인 2019년의 미국 평균 78.8년에 근접했다.[52]

우리는 식단에서 무엇을 바꾸어야 할까

관심 있는 소비자는 국가별 최신 식이 지침을 쉽게 검토하고 따를 수 있지만, 식단과 수명에 대한 이런 비교 자료는 많은 구체적 세부 사항이 차이를 보임에도(즉, 스페인·프랑스·스웨덴·일본·중국처럼 각각의 전형적 식단 구성이 서로 크게 다름에도) 그런 식단이 모두 과도한 심혈관 질환 사망률을 줄이고 수명을 늘리려는 노력과 조화를 이룬다는 사실을 보여준다. 어떤 과격한 조치도 취할 필요가 전혀 없다. 적어도 극단적 식단을 따르거나 비타민이든 무기질이든 간유든 특정한 식이 보조제를 대량 섭취하는 등의 행동을 할 필요도 전혀 없다.[53] 그렇다고 해서 어떤 점진적인 식단 조정이나 어떤 즉각적이고 신중한 개입 조치가 전혀 필요 없다는 의미는 아니다.

첫 번째로 필요한 것(비교적 비용을 거의 들이지 않고 이룰 수 있는 것)은 많은 저소득 국가에서 인구 중 큰 비중을 차지하는 이들, 특히 아동이 몇 가지 피할 수 있는 미량영양소 결핍증으로 고통받지 않도록 하는 조치다. 다른 주요 영양학적 과제에 비하면, 미량영양소 결핍증은 쉽게 이용할 수 있고 매우 효과가 좋으면서 저렴한 수단으로 해결 가능하다. 주된 식단이 필수 비타민과 무기질을 충분히 제공하지 못한다면, 식품 강화와 보조제 보급이 필요하다.[54]

많은 이들은 이런 관행이 있다는 사실조차 모르지만, 몇몇 강화 조치는 수십 년 전부터 이루어져왔다. 1920년대 유럽에서는 소금을 요오드 처리했고, 1941년 미국과 캐나다에서는 밀가루에 철과 4가지(티아민thiamin, 니아신niacin, 리보플라빈riboflavin, 엽산) 비타민 B를 첨가했다. 그 뒤로 이런 식품 강화는 전 세계로 퍼져나갔다. 식품 강화는 명백히 가장 비용 효과적인 공공 보건 의료 개입 수단 중 하나다. 상대적으로 적은 투자를 통해 이보다 더 큰 보상을 얻을 수 있는 것은 백신뿐이다. 디프테리아, 백일해, 파상풍 그리고 2가지 간염으로부터 아이들을 보호하는 '5가 혼합백신5-in-1 vaccine'이 대표적이다.[55]

안타깝지만 21세기 초에도 미량영양소 결핍 장애는 전 세계의 주요 공중 보건 문제로 남아 있다(고소득 국가에서조차 그렇다). 이런 장애는 어느 집단에서든 나타날 수 있지만, 가장 가난한 아프리카·아시아·라틴아메리카 국가들의 아동과 여성이 심각한 영향을 받는다. 특히 흔한 결핍증은 비타민 A(생선, 달걀, 유제품),

요오드(해산물과 유제품의 미량영양소), 2가지 일반적인 금속인 철과 아연(육류와 유제품에 많이 함유)이다.[56] 이런 결핍증이 전 세계에 얼마나 퍼져 있는지 파악하려면 표본조사와 혈액검사가 필요하다. 놀랄 일도 아니지만, 많은 저소득 국가는 그런 데이터가 부족하거나 오래된 것뿐이어서 세계 전체의 미량영양소 결핍증 통계는 그다지 정확하다고 할 수 없다.

전 세계적으로 비타민 A가 부족한 사람은 약 2억 5,000만 명이며, 아프리카 사하라사막 이남에서 절반 넘는 국가들의 아동 50% 이상이 여기에 속한다.[57] 이 결핍증은 시력(야맹증, 실명으로 이어지는 안구 건조증)뿐만 아니라, 면역계에도 영향을 미쳐 질병과 조기 사망 위험을 증가시킨다. 당근·호박·고구마·간·생선·치즈를 규칙적으로 먹으면 이런 위험이 감소하고, 면역 기능이 향상되고, 사망률이 줄어든다. 무엇보다도 홍역과 설사에 따른 사망률이 감소한다. 기름과 지방 및 규칙적인 영양 강화도 같은 효과를 낸다. 유아와 최대 5세까지의 아동에게 비타민 A를 보충하는 사업은 많은 나라에서 성공적으로 이루어져왔는데, 최근의 한 연구는 실제 결핍증 빈도를 알려줄 만한 자료가 대부분 낡았거나 아예 없다고 보고했다. 특히 아프리카 사헬Sahel 지역 국가들과 인도 및 카자흐스탄이 그렇다. 이는 실제로는 결핍증이 더 널리 퍼져 있음을 뜻한다. 이 연구는 또한 30개국 이상에서 결핍이 심각하며, 유병률이 30%를 넘는다는 것도 밝혀냈다.[58]

철 결핍증

철 결핍증은 산소를 모든 신체 조직으로 운반하는 적혈구 수가 감소하는 질환인 빈혈의 주된 원인이다. 2019년 17억 6,000만 명, 즉 세계 인구의 약 23%가 빈혈을 앓았다. 그중 약 55%는 증상이 가벼웠고, 약 40%는 중간, 나머지는 심각한 수준이었다.[59] 비율은 지역에 따라 달라서 서유럽은 5% 미만이고 열대 라틴 아메리카는 20%, 아프리카 사하라사막 이남 국가 대부분과 남아시아에서는 30%를 넘는다. 가장 심한 나라는 짐바브웨(49%), 말리(47%), 부르키나파소(46%)다.[60] 철 결핍증은 빈혈의 주된 원인으로 남아 있고, 저소득 국가의 아동과 젊은 여성이 여전히 가장 심한 영향을 받는다. 임상적 징후와 증상은 정신 능력 저하(유아기에 치료하지 않으면 평생 인지 장애를 겪을 수도 있다)에서 추위 민감증, 가쁜 호흡에 이르기까지 다양하다. 하지불안증후군과 이식증異食症(음식이 아닌 것을 강박적으로 먹는 것)도 흔한 증상에 속한다.[61]

여성(생리 때 피를 잃기 때문에)과 아동(철 요구량이 많기 때문에)은 더 취약하다. 게다가 검사 기준이 너무 낮아 여성과 아동의 철 결핍증을 제대로 검출하지 못할 수도 있고(더 심각한 유형만 검출한다), 현재의 기준보다 더 높은 수준에서 바람직하지 않은 변화가 일어난다는 것을 시사하는 최근 연구 결과도 있다. 이 새로운 기준을 택하면, 미국에서도 여성과 아동의 약 30%가 철 결핍 상태일 수 있다. 반면, 기존 기준에 따르면 갱년기 이전 여성의 약 17%와 아동의 약 10%만이 빈혈이다.[62] 세계 인구 전체로 보면, 철 결핍증인 사람이 적어도 오늘날 평가하는 것보다 2배는 더 많으며, 따라서 식품 강화를 의무화하고(현재 80개국 이상에서 그렇게 하고 있다) 영양제를 더 섭취할 필요가 있다.

요오드 결핍증

세계적 규모에서 보면, 요오드 결핍증은 철의 섭취 부족만큼 만연해 있다. 약 20억 명이 그 영향을 받고 있으며, 그중 아동은 2억 명 이상이라는 것이 가장 정확한 추정치다.[63] 그중에는 임상적 증상을 보이는 사람이 약 2억 명에 달하며, (갑상샘이 부풀어 오르는) 갑상샘종을 앓는 사람도 약 5,000만 명이다. 임신한 여성들에게는 조기에 요오드 결핍증 검사를 하는 것이 특히 중요하다. 임신기의 요오드 결핍은 유산, 사산, 유아 사망, 태아 선천적 결함의 확률을 증가시키기 때문이다. 또 유아기의 신체 및 정신 발달에 지장을 줌으로써 정상적이고 생산적인 삶을 살아갈 가능성을 앗아간다.

보편적으로 널리 쓰이는 해결책은 소금을 요오드로 강화하는 것이다. 적어도 15ppm을 첨가한다. 이 방법은 저렴하지만 세계적으로 널리 적용하기가 쉽지는 않다. 소금의 요오드 강화 계획은 대다수 국가에서 수립해왔지만, 지금까지 세계 인구의 75%만이 혜택을 보고 있다. 인도는 1980년대에 요오드화를 도입하기 시작했지만, 30년이 지난 지금도 여전히 혜택을 못 보는 지역이 있다.[64] 놀랄 일도 아니지만 요오드화 소금은 빈곤, 내전, 반복되는 자연재해에 시달리는 아프리카의 많은 지역에서는 구하기가 쉽지 않다.

아연 결핍증

아연은 수백 가지 효소를 비롯해 많은 단백질에 들어 있으므로 대사, 세포의 성장과 분화(따라서 정상적인 임신), 세포가 매개하는 면역반응, 신경계의 발달에 꼭 필요하다.[65] 아연 결핍증의 가장 흔한 증상은 아동의 성장 지체, 유년기 유병률과 사망률 증가, 생식 문제, 면역력 저하. 아연 결핍증은 다른 미량영양소 부족에 비해 연구가 덜 되어 있다. 21세기 초에 세계 인구의 약 30%가 아연 부족 상태라고 주장하는 연구도 있다. 더 최근의 연구는 그 수치가 17%이며, 아프리카의 비율이 가장 높다고 추정한다. 아프리카 인구의 4분의 1이 그 영향으로 발육 저해를 겪고 있다.[66] 몇몇 국가에서는 이 비율이 훨씬 높다는 연구 결과도 있다. 2015년에 실시된 '에티오피아 국립 미량영양소 조사 Ethiopian National Micronutrient Survey'의 혈청 샘플에 따르면, 이 나라 인구의 72%가 아연 결핍 상태였으며, 모든 인구 집단에서 유병률이 높았다.[67] 이런 결핍은 일부 식품을 강화하고 저렴한 영양제를 복용함으로써 막을 수 있다.

이 모든 결핍증을 2050년 이전까지 없앨 수 있다는 것은 소박한 생각이겠지만, 결핍증이 심한 나라에서의 비율이 지금보다 훨씬 낮아져 세계적으로 그 수가 줄어들 것이라는 예상은 매우 현실적이다. 식품 강화 사업은 현재 수십 개국에서 활발하게 진행되고 있으며, 매우 효과적일 수 있다. 그러나 모든 대규모 지속적 노력이 그렇듯 성공 여부는 적절한 생산과 유통, 감시, 모니터링을 얼마나 잘 갖추느냐에 따라 달라진다. 그런데 갈등이 빈발하고 행정력이 약하고 공공 서비스도 취약한 지역에서는 이런 것들을 갖추기가 쉽지 않다. 게다가 당연한 일이지만, 각각의 결핍증을 따로따로 해결하는 것보다 복합 미량영양소 보충제를 쓰는 편이 한층 비용 효과적이다.[68]

허기와 영양 결핍

세계 인구의 약 10%에 해당하는, 허기와 영양 결핍에 시달리는 사람들에게 충분한 식량을 제공하는 것이 두 번째로 시급한 문제다. 이 일이 미량영양소 결핍 문제를 해결하는 일보다 더 어렵지 않은 것임을 시사하는 객관적인 연구 결과가 있는데, 이 결론은 2가지 사실에 기대고 있다. 허기와 영양 결핍에 시달리는 사람의 수와 이런 부족의 주된 원인이 그것이다. 첫째, 만성 식량 부족을 겪고 있는 사람들의 총수(저소득 국가에서만 그런 것이 아니다)는 미량영양소 부족에 시달리는 사람들의 수와 거의 비슷하다. 식량농업기구는 2020년에 7억 2,000만~8억 1,100만 명이 "허기에 직면했고", 거의 23억 7,000명이 "식량을 충분히 얻지 못했다"고 추정했다. 둘째, 이는 대체로 실제 식품 부족 때문이 아니라, "지속되는 높은 수준의 빈곤과 소득 불평등" 때문이다.[69]

식량 섭취량 부족 상황을 완화하는 것(또는 완전히 제거하는 것)

이 일차적으로 생산량 증대의 문제가 아니라는 점은 많은 부유한 국가들의 저소득 집단에 영양 결핍이 무시할 수 없는 비율로 존재한다는 사실이 잘 보여준다. 모든 고소득 국가에서 1인당 평균 식량 공급량은 상상할 수 있는 모든 식욕을 훨씬 초월한다. 하지만 그런 나라들에서도 영양 결핍과 식량 불안이 상존하는데, 이는 실제 가용성보다 접근성이 더 중요하다는 뜻이다. 세계 주요 식량 생산국이자 수출국인 캐나다에서도 아동의 약 17%, 즉 120만 명이 식량 불안 가정에서 산다.[70]

미국은 학교에서 아침과 점심을 제공하고 식권을 발행하는 등의 방법으로 이런 부족에 대처해왔으며, 프랑스는 식량 불안정이 늘어남에 따라 가난한 가정에 식품 가격의 상승분만큼 보조금을 지원하는 계획을 세웠다.[71] 그러나 정작 가장 필요한 나라들에는 이런 공식 수단들이 없다. 그래서 아주 취약한 집단(노년층, 아이를 키우는 여성)이 겪는 특정한 문제와 연관 지어 세계 식량 쿠폰 시스템을 마련하자는 제안이 나왔다. 아마도 대상자 선정과 배급은 경제적으로 열악한 정도를 파악하는 다른 척도들과 결합해서 할 수 있을 것이다.

아프리카 사하라사막 이남 지역의 희망

가장 큰 희망과 가장 큰 좌절은 아프리카 사하라사막 이남 지역에 놓여 있다. 그런 조치들이 정말 필요한 지역인 동시에, 전형적인 작물 수확량을 개선할 잠재력이 매우 큰 곳이기도 하다. 수확량이 많아지면 지역의 식량 공급이 늘어나고, 수입 의존도가 줄어들고(많은 나라에서는 증가하고 있다), 식량 접근성도 개선될 것이다. 이 지역은 세계에서 수확량 격차(특정 작물 수확량의 세계 평균과 국내 평균의 차이)가 가장 큰 곳이다. 최근 아프리카에서 인구가 제일 많은 나이지리아의 단위면적당 식량 작물 평균 수확량은 만성적으로 식량 부족에 시달리는 에티오피아보다 훨씬 낮았고(헥타르당 벼는 약 1.4t vs. 2.4t, 옥수수는 2.0t vs. 3.3t), 브라질(헥타르당 벼 4.6t, 옥수수 5.1t)에 비하면 미미한 수준이었다.[72] 그래서 인도는 소비하는 식량 곡물 중 수입 비중이 0.5%에도 못 미치는 반면(중국은 약 3%), 나이지리아는 15%에 달한다.[73] 게다가 과거 주요 식량 수출국이던 나이지리아는 지금 기름씨마저 수입해야 하는 형편이다. 1960년대까지 나이지리아 북부의 카노Kano는 선박에 싣기 위해 부두에 수확한 땅콩 자루를 1만 5,000개나 피라미드처럼 높이 쌓아 올린 풍경으로 유명한 곳이었다.[74]

사하라사막 이남 지역의 이런 낮은 수확량은 대체로 경작 강도가 매우 낮기 때문이며, 무엇보다 기계화와 관개시설이 미흡하고 비료 투입량도 아주 적다. 최근 농경지에 투입된 질소량은 헥타르당 평균 약 3kg에 불과하다. 유럽은 30kg 이상, 중국은 약 50kg에 달한다.[75]

그런 한편으로 (마지막 장에서 강조하겠지만) 사하라사막 이남 지역에는 미국의 옥수수 지대Corn Belt, 아르헨티나의 팜파스pampas, 우크라이나-러시아의 체르노젬chernozem('검은흙'이라는 뜻)에 맞먹는 토질을 지닌 곳이 전혀 없다. 유기물이 풍부하면서 상대적으로 젊고 깊은 그런 지역들의 토양과 달리, 아프리카의 토양은 오래되고 유기물이 다 빠져나가서 본질적으로 훨씬 더 척박하다.

이런 자연적인 제약에다 사하라사막 이남 지역은 정치가 불안정해서 꾸준히 효과적인 방식으로 식량 생산 확대라는 목표를 추구하기 어렵다는 점도 상황을 더욱 악화시킨다. 아시아 48개국 중에서 정치 안정성 지수political stability index가 −1.0 미만인 곳은 9개국뿐이며, 16개국은 0보다 높다(높을수록 더 안정된 국가다). 반면 아프리카 사하라사막 이남의 47개국 중에는 0을 넘는 나라가 9개국에 불과하며, 13개국은 −1.0보다 낮다. 인구가 많은 모잠비크, 콩고, 에티오피아, 수단도 그러하다. 이 나라들의 인구를 다 합하면 2020년 4억 8,500만 명으로 유럽연합보다 많다. 나이지리아의 정치 안정성 지수는 바닥에서 일곱 번째이며, 콩고·수단·에티오피아·중앙아프리카공화국·소말리아보다 순위가 높을 뿐이다.[76]

따라서 이 지역의 식량 문제는 자연적 제약과 사회 불안정(무엇보다 반복되는 내전과 국가 간 충돌)의 복잡한 조합에서 비롯된 것이다. 이와 대조적으로, 아시아는 엄청난 인구 중 상대적으로 소수만을 제외하고 식량 공급이 충분한 상태로 옮겨가는 데 성공했다. 중국이 1980년 이후 이룬 경제 현대화의 가장 큰 성과는 값싼 제조품을 전 세계에 쏟아내는 능력이 아니라, 식량 수입량을 10% 미만으로 유지하면서 14억 인구를 먹여 살리는 능력이

다(한국과 일본은 국내 식량 소비량의 60% 이상을 수입한다!).[77]

앞으로 어떻게 될까

안타깝게도 상황이 빠르게 변할 기미는 아직 보이지 않는다. 식량농업기구는 아프리카 사하라사막 이남 지역의 1인당 평균 음식 에너지 공급량이 2030년까지 고작 약 2.5% 개선될 것이라고 예측한다.[78] 유년기 영양실조 예방이 미래의 경제성장을 확보할 가장 비용 효과적인 방법 중 하나이기에 이 점은 더욱 우려스럽다.[79]

그러나 세대를 거치면서 식단에 중요한 변화가 일어나게 마련이며, 그 결과 전형적인 소비량도 새로운 수준으로 올라선다. 1950년 이후 부유한 국가에서 일어난 변화(바람직한 것도 있지만 그렇지 않은 것도 있다)에는 쇠고기 소비량 감소와 닭고기 소비량 증가(미국에서 1인당 적색육 소비량은 1960~2002년 17% 감소한 반면, 닭고기 소비량은 거의 3.5배 증가했다!), 우유 소비량 감소(미국과 유럽 대다수 국가에서 감소했지만 요구르트와 피자 치즈 섭취량은 늘었다), 앞서 언급한 (소비량이 두 번째로 많았던) 콩 섭취량 대폭 감소, 버터에서 식물성기름으로의 전환 등이 있었다. 으레 그렇듯 장기적으로 서서히 일어나는 변화는 신뢰할 만한 수준으로 예측할 수 없긴 해도, 앞으로 30년 사이에 지난 30년 동안 일어난 것에 맞먹는 변화가 일어나지 않는다면 그 편이 더 놀라울 것이다. 게다가 더 심각한 변화가 일어날 가능성도 매우 높으며, 그런 변화가 21세기 중반까지 세계를 먹여 살리는 데 중요한 기여를 할 수도 있다. 오늘날에는 새로운 급진적 '해결책'이 나올 것이라는 과장된 기대가 너무나 많다. 그보다 더욱 중요한 것은 점진적인 개선이다.

7장

환경 영향을 줄이면서
늘어나는 인구
먹여 살리기:
의심스러운 해결책

한 세대 앞을 내다보면서 21세기 중반 세계 식량 체계의 상황이 어떠할지 생각해보자. 농작물과 가축의 생산 측면에서 많은 점진적 개선과 조정이 지속적으로 이루어지는 한편, 2가지 가장 중요하면서 서로 연관된 목표를 충족시킬 급진적 전환이 일어난다면 도움이 될 게 분명하다. 그 2가지 목표는 여전히 증가하고 있는 세계 인구에 충분한 영양을 제공하고, 세계 식량 체계에 들어가는 투입량을 줄여 많은 환경 영향을 완화하는 것이다. 더적은 것으로 더 많은 것 하기, 즉 대부분의 일을 더 효율적으로 하기는 이 책의 마지막 두 장에서 다룰 대안을 한마디로 요약한 것이라고 할 수 있다. 현재 우리가 이해하고 있는 식량 요구량과 실제 식량 공급의 수준 및 조성을 생각할 때, 세계 식량 체계의 개선을 겨냥한 실제 도전 과제는 세 범주로 나눌 수 있다. 쉬운 것부터 살펴보자.

1. 21세기 중반에는 인구가 지금보다 거의 20억 명 더 늘어날 텐데, 그에 맞춰 기존 식량 생산량 늘리기.
2. 식품 사슬의 모든 단계에서, 그리고 고소득 국가와 저소득 국가 양쪽에서 변명의 여지 없이 많이 배출하는 음식물 쓰레기 줄이기.
3. 환경 부담의 규모를 줄이도록 세계 식량 체계 재구성하기.

예측과 성취

첫 번째 과제는 앞서 언급한 영양 결핍 문제 해결 과제와 대체로 지역이 겹친다. UN의 중기적 전망에 따르면 2020~2050년에 인구가 약 19억 명 늘어날 것으로 예상되는데, 그중 아프리카가 60%를 차지한다. 특히 사하라사막 이남 지역의 비율은 50% 남짓이다.[1] 따라서 그 지역은 2가지 과제에 직면할 것이다. 기존 집단의 영양 결핍 상태를 완화하기 위해 식량을 더 생산해야 하는 한편, 10억 명을 더 먹여 살려야 한다. 유럽은 상황이 전혀 다를 것이다. 절대 인구가 감소할 것으로 예측되며, 이민을 상당한 수준으로 허용해야만 인구 성장이 가능한 수준이다. 북아메리카는 약 15%, 아시아는 약 14%의 인구 증가가 예상된다. 한국과 일본에 이어 중국도 인구 성장이 멈추었다. 인도는 세계에서 가장 인구가 많은 나라이지만, 최근 합계 출산율이 둔화함에 따라 앞으로 인구 성장이 대폭 줄어들 수도 있다.[2]

나는 2050년 세계 식량 체계의 현황이 어떠할지 설명하지 않을 것이다. 모든 장기 예측 시도가 그렇듯 기껏해야 몇 가지 꽤 정확한 결론과 많은 크나큰 오류의 조합이 될 테니 말이다. 가장 훌륭한 정보에 입각한 1990년의 평가조차도 2020년의 세계 식량 상황을 설명할 때 놓친 게 있었다. 1990년에 예상하지 못했던 가장 중요한 발전은 중국, 인도, 러시아의 변화였다. 중국의 경제적 부상은 유례없는 30년 동안의 성장으로 이어졌다(국내외에 다양한 영향을 미치면서). 중국의 1인당 평균 식량 공급량도 3분의 1이 증가해서 프랑스, 독일, 이탈리아의 평균에 5% 정도 못 미치는 수준에 이르렀다. 그래도 일본의 평균보다는 훨씬 높다.[3]

인도도 거의 마찬가지로 인상적인 성취를 이루었다. 인도의 1인당 평균 식량 공급량은 (현재 분명히 과도한) 중국에 비해 여전히 약 20% 뒤처져 있지만, 1990년 이래로 인구가 (유럽연합 총인구보다 많은) 5억 700만 명 늘어났음에도 거의 20% 증가했으며, 아주 최근까지도 식량 곡물의 수입이 미미한 수준을 유지했다.[4] 그리고 1990년만 해도 소련은 작물 생산량이 적고 곡물을 수입하는 나라로 유명했다. 약 3,300만 톤의 곡물을 수입했다. 그러나 1991년 말 소련이 해체된 뒤 러시아는 세계 주요 밀 수출국이 되었다. 2020년에는 4,300만 톤의 곡물을 수출했다.[5] 최근에 벌어진 러시아-우크라이나 전쟁의 단기적 영향에 대해서는 많은 연구가 이루어졌지만, 세계 식량 공급에 장기적으로 어떤 영향을 미칠지 판단하기에는 아직 너무 이르다.

단기적 예측

2030년까지 세계 식량 체계가 나아갈 가능성이 가장 높은 궤적을 설명하는 일은 훨씬 쉽다. 식량농업기구가 내놓은 전망은 늘어나는 세계 인구를 먹여 살리는 데 필요한 농업 생산량 증대가 압도적 수준으로(거의 90%) 생산성 개선을 통해 이루어질 것이라고 올바로 예측한다. 즉, 경작지를 더 이상 늘리지 않고서 말이다.[6] 지역별 수확량 격차가 크다는 것은 많은 저소득 국가에서 앞으로 수확량이 상당히 증가한다고 예상하는 것이 매우 현실적임을 시사하지만, 그러려면 투입 요소와 기반 시설에 지속적인 투자가 이루어져야 할 것이다. 아프리카 농작물 수확량 격차가 줄어들지 않는다면, 이는 환경의 방해나 농사법의 미흡 때문이 아니라, 지속적인 사회 갈등과 행정력 부족 때문일 것이다. 대다수 중간 소득 국가들에서는 동물 사료 효율을 개선해야 한다. 육류·달걀·우유의 수요가 더 늘어날 것으로 예상되며, 2030년보다 훨씬 이전에 양식이 (어획을 능가하는) 해양 단백질의 주요 공급원이 될 것이기 때문이다.[7]

고소득 국가는 식량 생산을 늘릴 필요가 전혀 없다. 오히려 정반대로 할 필요가 있다. 가장 집약적인 경작과 사육 방식의 의도적 감축(네덜란드에서는 이미 집약 농법을 제한하는 조치가 이뤄지고 있다), 그리고 육류 소비 자제는 유럽연합·북아메리카·오스트레일리아·일본에서 최악의 환경 영향 중 일부를 완화해줄 것이다. 2가지 주요 발전 양상이 고소득 국가에서 농업 생산에 뚜렷한 변화를 가져올 수도 있다. 바이오 연료 생산의 규모와 지구온 난화 속도를 늦추기 위해 고안한 조치들이 부과할 수 있는 제약 이 그것이다. 미국에서는 2013년 이래로 연간 옥수수 수확량의 40%를 에탄올로 전환하고 있다. 브라질에서는 2021년에 수확 한 사탕수수의 55%를 에탄올로 전환했다. 이 비율은 앞으로 높 아질 가능성이 있고, 항공기의 바이오 연료 사용량이 늘어남에 따라 다른 나라들에까지 확대될 수도 있다. 또는 반대로 전기차 의 공격적인 채택을 통해 자동차 연료와 첨가제의 수요가 줄어 들면서 그 비율이 낮아질 수도 있다.[8]

예측 너머: 의심스러운 시도들

아마 2030년 이후를 내다보는 가장 좋은 방법(의심스러운 예측 과 결함이 있을 수밖에 없는 시나리오를 제시하지 않으면서)은 최근에 찬사를 받았지만 효과적일 가능성이 낮거나 제한된 방식으로만 성공을 거둘 것 같은 수단들을 먼저 짧게 검토하는 것일 듯싶다. 대중매체뿐 아니라 많은 열정적인 사업가와 투자자가 반복해서 극찬해온 과장된 기대에 비해 훨씬 낮은 성과를 내는 것들이다. 이 책의 마지막 장에서는 세계 식량 체계가 환경에 미치는 영향 과 쓰레기 배출을 줄이면서도 생산성을 향상시킬 수 있는 조치 들에 대해 살펴볼 것이다.

21세기의 첫 25년 동안 과학적 돌파구와 공학적 혁신을 이루었다는 주장이 홍수처럼 쏟아졌으며, 개중에는 파괴적이고 혁신적이고 심지어 획기적으로 비치는 것들도 종종 있다. 현재 언론과 대중 서적에 이런 무비판적 열광(비전문가든 '전문가'든 하나같이)이 만연하다는 점을 생각할 때, 새로우면서 탁월한 전망을 내세움으로써 엄청난 주목을 받아왔지만, 2050년까지 세계 식량 체계를 바꾸는 데 실질적으로 기여할 가능성이 그다지 높지 않은 제안·방법 그리고 전환을 신중한 균형추를 갖고 현실적으로 평가하는 일이 매우 중요하다.[9]

여기서는 (현재의 주된 방식으로부터 급진적으로 벗어난) 주요 전환 중 4가지를 살펴보기로 하자. 기존 주류 방식의 부정적 결과를 설령 제거하지는 못할지라도 줄이면서 식량을 충분히 공급할 수 있다고 제안하는 것들이다.

1. 식량 생산을 유기농으로 전면 전환하기. 현대 농업의 폐해를 없앨 이상적인(자연적인) 형태의 식량 생산 체계를 다룰 때 늘 언급되곤 하는 개념의 반복.

2. 영속 농업permaculture과 복합 농업polyculture의 대규모 채택을 통해 새로운 경작 방식을 창안하고, 노동력과 투입량을 줄임으로써 토양 파괴 억제와 보수력保水力(흙이 수분을 보존할 수 있는 힘―옮긴이) 개선하기.

3. 필요한 질소를 스스로 공급하거나 더 높은 광합성 효율로 햇빛을 전환함으로써 식량 생산의 환경 발자국을 대폭 줄일 수 있는 유전자 변형 식량 작물.

4. 배양한 동물성 식품의 대량생산. 무엇보다도 시험관(아니, 더 정확히 말하면 스테인리스 강철 통) 육류가 그렇고 생선, 달걀, 우유도 가능하다. 그러면 소수의 세포 제공 동물을 제외하고는 가축이 아예 필요 없고, 사료용으로 쓸 작물의 대량생산도 필요 없을 것이다.

다수가 아닌 소수를 위한 유기농

아마 금세기 중반에 식량의 충분한 확보를 목표로 한 모든 가망 없어 보이는 해결책 중 가장 급진적인 것은 지난 150년 동안 이어진 추세를 뒤집어 행성 전체를 유기 농법으로 전환하자는 주장일 듯하다. 일반적으로 정의되는 방식에 따르면, 유기농은 합성 비료를 전혀 쓰지 않으면서 농사짓는 것을 뜻한다. 이는 작물 잔해와 거름을 재순환하고 콩을 심어 필수영양소인 질소를 공급하며, 합성 살충제와 제초제·살균제도 전혀 쓰지 않고, 오로지 천연 해충과 잡초 방제 전략에 의존한다는 의미다.[10] (합성 비료도, 합성 농약도 전혀 쓰지 않는) 이런 급진적 전환이 수확량과 수확의 신뢰성에 아무런 부정적 영향을 미치지 않으면서 이루어진다면 반대할 사람이 누가 있겠는가?

그러나 세계 질소 순환과 작물한테 가장 중요한 이 다량원소에 친숙한 사람이라면(이제 독자 여러분도 그럴 것이다) 합성 질소 비료 없이 과연 현재의 수확량을 유지할 수 있을지 몹시 의구심을 품게 마련이다. 인공 비료 발명 이전에도, 경작자는 식물의 모든 다량원소를 필요한 만큼 제공하기 위해 유기물의 재순환에 무기화합물을 추가하곤 했다. 칠레에 쌓여 있는 구아노guano를 채굴해서 처음 질산염 비료로 쓰기 시작한 것은 1826년이었지만, 구아노를 널리 활용하기 시작한 것은 반세기가 지난 뒤였다. 1913년에는 대기 중의 질소로부터 암모니아를 합성하는 하버-보슈법이 등장해 세계의 질소 공급을 떠맡았다. 탄산칼륨의 대규모 채굴은 1861년 독일 작센에서 이뤄졌고, 미국 플로리다에서는 1883년 인산염 채굴을 시작했다.[11] 순수한 영양 원소를 기준으로 할 때, 2020년 세계 농업은 연간 질소 약 1억 톤, 인 약 2,000만 톤, 칼륨(포타슘) 약 3,000만 톤을 사용했다.[12]

가장 많은 양이 필요할 뿐만 아니라, 가장 큰 수확량 차이를 낳는 것은 합성 질소비료다. 합성 질소비료를 쓰지 않는다면, 농업은 인류의 적어도 40%를 먹여 살릴 수 없을 것이며(현재의 주된 식단을 기준으로 할 때), 질소가 든 모든 유기 폐기물(작물 잔해와 식품 가공 잔해, 동물과 사람의 배설물)을 재순환하고 (질소고정균과 공생함으로써 경작지 토양에 질소를 추가하는) 콩과科 식물의 경작을 확대한다고 해도, 현재의 하버-보슈법으로 생산하는 고체(주로 요소와 질산염)와 액체 비료의 양을 따라갈 수 없다.

하지만 유기농이 거의 기존 농법만큼, 더 나아가 그보다 더 생산적이라는 결과를 내놓은 몇몇 초기 비교 연구도 있긴 하다. 2007년의 한 연구는 유기농이 "지금 수준으로 인구 전체가 먹을" 음식 에너지를 충분히 공급할 수 있다고 단호하게 결론지었다. "녹색 거름으로 쓰인 질소고정 콩류는 (…) 현재 쓰이는 합성 질소비료량 전체를 대체할 수 있기 때문이다."[13] 이런 결론은 모두 의심스럽다. 부정확한 작물 생산성 자료에 의존하고 콩류 피복작물(알팔파alfalfa, 토끼풀 등)의 대규모 확대라는 단순한 가정에 기대고 있기 때문이다. 좀 더 엄밀한 연구에 따르면 유기농은 기존 농법보다 수확량이 평균 20% 낮다. 돌려짓기, 농가와 지역 수준에서 유기농의 양분 공급량을 유지하기 어렵다는 점까지 고려하면 이 격차는 더욱 커질 가능성이 높다.[14]

수확량 자료와 토양 이용 강도(한 수확 작물의 돌려짓기 햇수 간격)에 관한 가장 최근의 메타 분석 결과도 이를 확인해준다. 이에 따르면 유기농은 수확량이 평균 25% 낮고, 곡류는 격차가 30%에 달한다. 게다가 이런 수확량 격차를 돌려짓기로 수확하는 작물의 수 감소와 결합하면, 생산성 격차는 돌려짓는 작물에 따라 29~44%까지 올라간다.[15] 더욱 명확한 결론을 내린 연구들도 있다. "유기농은 세계를 먹여 살릴 수 없다. 유기 농법의 작물 수확량이 매우 낮다는 상당한 과학적 증거가 있기 때문이다. 장기적 수확량 감소는 기존 작물에 비해 40~50%까지 떨어질 수 있다. 따라서 유기농이 비슷한 수확량을 달성하려면, 아주 넓은 땅에서 경작을 해야 할 것이다. 그러나 최근 연구에 따르면, 지구상에서 그런 땅은 구할 수 없다."[16]

독일은 이런 실상을 보여주는 완벽한 사례를 제공한다. 놀랄 일도 아니지만, 독일은 이 같은 급진적 전환을 적극 지지해왔으며, 2030년까지 경작지의 30%를 유기 농법으로 전환한다는 목표를 세웠다. 그러나 2023년 1월 뮌헨공과대학교 연구진이 내놓은 상세한 연구는 유기농이 많은(특히 환경적) 이점을 지니고 있지만, 기존 농사법보다 매우 넓은 땅이 필요하다고 결론지었다. '생태' 농법과 기존 농법을 비교해보니 겨울 밀은 거의 2.3배, 사료용 옥수수는 2배 더 넓은 땅이 필요했다.[17] 동시에 독일인은 또 다른 녹색 목표, 즉 화석연료 제거 목표를 달성하는 데 필요한 바이오 연료 작물을 재배할 땅을 마련할 수 있도록 육류 섭취를 줄이라는 요구를 받고 있다.[18] 추가로 필요할 이 모든 땅은 어디에서 구할까?

유기농 계산 오류

질소는 핵심 투입 요소이지만, 앞서 언급한 2007년의 세계 유기농 연구 저자들은 콩류 피복작물이 21세기 초에 투입된 합성 비료보다 더 많은 질소를 제공할 수 있다는 결론을 내리기 위해서, 이 풋거름 작물의 재배를 총경작지의 약 11% 수준에서 경작지 전체(약 15억 헥타르)로 확대할 수 있다고 가정했다. 그러나 이는 지극히 학문적인 얘기다. 이렇게 세계 모든 경작지에서 연간 2가지 작물을 기른다고 가정할 때, 연구진은 그런 대규모 전환을 불가능하게 하거나 적어도 앞으로 수십 년 동안 실현 가능성을 거의 없게 만드는 현실적인 문제가 적어도 5가지 있음을 알아차리지 못한 게 분명하다.

첫째, 세계에는 이미 연간 두 번 이상 수확하는 경작지 비율이 상당히 높다. 이모작은 미국에서는 많지 않지만, 아시아와 라틴아메리카(브라질 세하두Cerrado의 대부분 지역에서는 대두·옥수수·수수·목화를 이모작하며, 아르헨티나 북부의 대부분 지역에서는 2년에 걸쳐 3가지 작물을 수확한다) 그리고 유럽 각지에서는 흔하다. 21세기 초에는 세계 경작지의 약 12%에서 이모작이 이루어졌고, 벼의 34%와 밀의 13%가 그렇게 재배되었다. 중국에서는 경작지의 34%에서 이모작을 하고(대개 벼를 잇달아 심는 식으로), 삼모작을 하는 곳도 5%에 달한다.[19] 게다가 채소를 집약적으로 생산하는 곳에서는(캘리포니아에서든 자바에서든) 연간 같은 토양에서 많으면 4~5가지 작물을 생산한다.

둘째, 세계 경작지 중 묵히고 있는 땅도 비슷한 비율을 차지한다. 한 가지 작물을 기르지 않는 계절이나 한 해 내내 경작하지 않는 땅을 말한다. 세계 휴경지 면적을 가장 폭넓게 조사해보니, 21세기 초에 거의 4억 5,000만 헥타르(경작지의 거의 30%)에 달했다.[20]

경작지를 묵히는 이유는 그러한 관습이 여러 가지로 이롭다는 게 오래전부터 알려져 있기 때문이다. 먼저, 토양의 유기물과 미생물 다양성이 증가한다. 눌렸던 흙이 부풀고 토양의 물리적 특성과 보수력도 개선된다. 또 해충의 한살이를 교란함으로써 살충제 투입량도 줄인다.[21] 이런 이점은 열대와 아열대 지역에서 특히 두드러지며, 그런 까닭에 몇 년 동안 경작지를 묵히곤 한다. 반半건조 온대 곡물 생산지(미국 서부의 옥수수 지대, 북아메리카 중부의 평원, 중앙아시아의 스텝 지대)에서는 한 해 걸러서 휴경을 한다. 휴경년에 토양이 물을 충분히 머금으면 다음 해에 풍족하게 수확할 수 있다. 그런데 이모작을 보편적으로 채택하면, 이런 혜택을 일부 잃게 될 것이다.

셋째, 보편적인 이모작 채택이 현재의 (이른바 바람직한 수준에 못 미치는) 농사법보다 큰 보상을 안겨주므로 전환을 거역할 수 없을 것이라는 주장은 경제적 현실과 개인의 의사 결정을 무시한다.

주로 단일 작물을 경작하는 세계 많은 지역(미국에서는 이모작을 하는 5%의 경작지 외에 대부분 지역)에서 이모작을 채택하려면, 봄과 가을의 경작지 관리 방식을 바꾸는 등 늘 해오던 것과 다르게 일해야 한다. 종자를 구입해 심고, 성숙한 피복작물 사이로 쟁기질을 해야 한다. 또한 환금작물을 재배하기 위해 경작지를 정리하는 데 추가로 비용이 발생하고, 기존 농사 일정을 따르는 생산자보다 보상이 더 적을 위험도 감수해야 한다.[22] 학술 논문에서처럼 피복작물 돌려짓기를 100% 채택한다는 가정은 그 방식을 해마다 따라야 하는 세계 농민 수억 명을 전혀 고려하지 않을 때에야 가능하다. 자발적인 채택을 통해 넓어질 면적이 법적으로 의무화할 때의 면적보다 더 많을 가능성은 사실상 낮아 보인다.

넷째, 농업학자는 콩류 피복작물을 기를 때 다양한 문제가 발생할 수 있음을 잘 안다. 예컨대 곡류의 발아율이 낮아져 밭에 듬성듬성 빈 곳이 생기고 수확량이 줄어든다. 아울러 월동이 가능할 것이라고 여겼던 지역에서 얼어 죽고, 뿌리가 빽빽하게 뒤

엉켜 고랑의 배수를 막고, 다음에 심을 작물을 오염시키고, 식물 독성 화합물의 방출이 늘어나 후속 작물의 발아를 억제한다.[23]

이런 현실을 고려할 때(그 보편적인 유기농 연구의 저자들이 가정했듯) 콩류 피복작물을 통해 헥타르당 연간 평균 102.8kg의 질소를 고정했다가 그다음에 심는 곡류, 덩이뿌리, 기름작물이 이용하도록 한다는 가정은 받아들이기 힘들다. 다양한 콩류 피복작물(알팔파와 토끼풀에서 살갈퀴·동부콩 그리고 사료용 완두에 이르기까지)을 그렇게 단순화한 균일 방식으로 세계 경작지 전체(15억 헥타르)에 해마다 씨를 뿌려 열대부터 아한대까지 다양한 환경에서 재배한다는 가정은 심하게 잘못된 것이다.[24]

다섯째, 피복작물을 보편적으로 확대 재배하려면 필요한 종자를 엄청나게 생산해야 한다. 온대 지역에서 피복작물 종들은 대체로 생육기 대부분을 거친 뒤에야 성숙하므로, 씨앗을 얻기 위해 재배한다면 그 땅에서는 곡물·기름작물·덩이뿌리 작물을 기를 수 없다. 2020년 미국에서 옥수수 생산에 도움을 줄 피복작물 씨를 공급하는 데 필요한 면적을 처음 정량적으로 계산한 연구 결과, 콩류 종에 따라 현재 옥수수 생산 면적의 4~12%를 그 씨앗 생산에 써야 한다는 결론이 나왔다.[25] 게다가 이는 미국 옥수수만을 대상으로 계산한 결과다. 피복작물을 모든 경작지로 확대한다면, 종자를 개발하고 끊임없이 관리할 새로운 대규모 산업이 필요할 것이다.

과거의 교훈

    콩류 피복작물을 해마다 보편적으로 돌려짓기한다는 것이 가능성이 매우 낮은 주장인 한편, 집약적 경작의 역사는 전통 농업에서 써온 (2~4년 간격의) 잦은 돌려짓기가 현대의 고수확을 낳기에 역부족이라는 것도 확인해준다. 고대부터 알려진 이런 돌려짓기는 18세기 말부터 영국과 서유럽 각지에 널리 퍼졌고, 일부 지역에서는 곡류와 덩이뿌리 작물이 이용 가능한 질소의 양을 이윽고 3배까지 늘렸다. 이런 혁신은 아마 유럽의 경제 발전에 증기력만큼이나 중요한 기여를 했을 것이다.[26] 마찬가지로 중국의 농업도 돌려짓기 덕분에 수 세기 동안 높은 수확량을 유지했다.[27]

    그러나 이런 관행은 20세기의 늘어나는 인구에 필요한 아주 높은 연간 식량 작물 수확량을 확보할 수 없었고, 무기 비료의 집중적 살포로 보강하거나 대체되었다. 게다가 질소가 언제나 수요가 가장 많은 영양소이긴 해도, 고수확을 이루려면 본래 토양 자원과 재순환된 작물 잔해 등이 제공하는 것보다 더 많은 인과 칼륨이 필요하며, 이 2가지 다량원소는 콩류 피복작물을 돌려짓기해도 충분히 얻을 수 없다.

배설물

피복작물에 필적하는 유일한 대규모 유기 질소 공급원인 동물 비료가 해결책일 수 있지 않을까? 단연코 아니다. 가장 나은 추정값에 따르면, 2019년 세계의 가축은 약 1억 2,800만 톤의 질소를 배설했는데, 그중 70%는 목초지에 그대로 남았고 약 2,700만 톤(즉, 우리·축사 같은 사육 시설에서 나온 배설물에 든 질소의 약 70%)만이 농경지에 뿌려졌다.[28] 모든 합성 비료의 절반만을 대체한다고 해도(나머지 절반은 콩 작물로 대체한다고 가정한다), 최근에 재순환된 약 20%가 아니라 연간 배설물의 적어도 절반을 재순환시켜야 할 것이다. 이는 목초지에 싸놓은 배설물을 대규모로 수거하는 일을 시작해야 한다는 의미다. 그러나 갓 싸놓은 되새김동물의 배설물이라고 해도 질소 함량은 겨우 1~2%에 불과하며, 수백만 제곱킬로미터의 면적에 여기저기 흩어져 있다. 세계 목초지 면적은 3,000만 제곱킬로미터가 넘는다! 이처럼 드넓게 흩어져 있는 (질소가 미미하게 포함된) 배설물을 수거해서 작물 생산성이 높은 지역까지 운반하는 데 드는 기술적 과제와 비용을 생각해보라.

대안은 가축이 사육 시설에서 배설물을 더 많이 싸도록 하는 것인데, 이는 아예 고려할 가치도 없다. 그러려면 식량이 아닌 사료용 작물을 받아들일 수 없을 만큼 대량 재배해야 할 테고, 그렇게 늘린 동물이 돼지와 가금류가 아니라면 메탄 배출량도 상당히 증가할 것이다. 또 한 가지 필수적인 고려 사항이 있다.

똥거름의 대규모 확대 적용은 고도로 기계화한 값비싼 방식을 쓰지 않는다면 많은 노동력이 필요할 테고, 이는 단위 수확량당 노동 투입량 감소라는 장기 추세에 역행하는 일이라는 것이다.[29]

내 판단은 이렇다. 즉, 유기농에 쓸 수 있는 2가지 대안(콩 돌려짓기 또는 집약적인 똥거름 재순환)이 '지금 먹는 것처럼' 2050년에 세계 인구를 먹여 살릴 만큼 식량을 충분히 생산하는 데 필요한 다량영양소를 모두 제공할 수 있다는 주장은 (온건하게 표현해서) 매우 비현실적이라고 생각한다.

일년생에서 다년생으로: 어려운 경로

완전한 유기 농법은 모든 유전자 변형 생물GMO, 모든 살충제·살균제·제초제도 사용하지 않는 것이다. 자연 방어 체계를 증진시키는 전략이 그런 것들과 거의 동일한 수준으로 작물을 보호하길 바라면서 말이다. 새로운 (이른바 덜 파괴적인) 작물 재배를 지지하는 이들은 주요 곡류의 지속적 경작을 널리 채택함으로써 덜 침입적인 방식으로 이런 자연 방어 체계를 강화할 수 있을 것이라고 주장해왔다.

주요 작물의 지속적 경작(영속 농업, 풀을 베어 풋거름이나 건초를 얻듯 다년생 작물의 모종을 심은 뒤 해마다 새로 자라는 작물 부위를 계속 수확하는 방식)은 토양 다짐 감소, 침식 완화, 보수력 증가, 에너지와 기계 그리고 비료 사용량 감소를 비롯해 농업과 환경에 명백히 많은 혜택을 줄 것이다. 이 개념은 새로운 것이 아니며, 실제로 다년생 식량(그리고 사료) 곡류의 개발이 수십 년째 진행 중이다. 비록 현재 첫 수확을 한 다음 으레 다시 자라게 한 뒤 또 베어내곤 하는 주식 작물은 사탕수수뿐이지만 말이다. 그러나 이 열대 풀(원래 다년생 종)은 진정한 영속 농업 형태로 재배되는 것이 아니다. 이 작물의 세계 최대 생산국 브라질을 보면, 대여섯 번까지는 수확량이 꽤 괜찮게 유지되지만, 그 후에는 새 모종을 다시 심는다.[30]

중간개밀intermediate wheatgrass, *Thinopyrum intermedium*은 가장 많이 연구된 다년생 곡류다. 일년생 밀의 서리와 가뭄 내성을 개선하기 위해 육종 분야에서 널리 쓰여왔으며, 영속 농법을 앞장서서 주창한 웨스 잭슨Wes Jackson이 설립한 캔자스의 토양연구소Land Institute가 컨자Kernza라는 상표로 이 식물을 사료와 곡물용(빵의 원료)으로 공급해왔다.[31] 낟알이 작고 수확량이 떨어진다는 게 주요 단점이긴 해도, 옹호자들은 2030년대 초까지 낟알은 커지고 키가 작아져 더 많은 수확이 가능한 품종이 나올 것으로 기대한다. 아무튼 2022년 현황을 보면 이렇다. 미국에서 컨자 재배 면적은 약 1,600헥타르인데, 밀은 거의 1,400만 헥타르에 달했다.[32] 러시아는 캔자스에서 유래한 내한성 강한 개밀 품종을 곡물과 사료 양쪽으로 시험 재배해왔다.[33] 러시아는 또한 추위와 가뭄에 강하면서 단백질과 글루텐 함량이 높은 다년생 밀 Trititrigia을 마찬가지로 곡물과 사료 양쪽 용도로 개발해왔다.

다년생 벼: 언제까지, 얼마나 빨리?

다년생 벼의 개발은 다년생 야생종인 오리자 롱기스타미나타 *Oryza longistaminata*가 존재하고 움벼(수확한 뒤 남은 그루터기에서 다시 자란 벼)가 에너지 투입량과 생산비를 덜 들이면서도 비슷한 순에너지 수율을 낼 수 있다는 사실에 힘입어 더 쉽게 이루어져 왔다.[34] 실제 벼 영속 농업은 야생 벼와 일년생 벼인 오리자 사티바*Oryza sativa*의 교잡을 통해 개발 목표에 더 가까워져 있다. 1997년에 시작된 이 연구는 2018년 중국에서 다년생 품종을 내놓기에 이르렀다.[35]

지금까지 다년생 벼 개발 현황을 가장 포괄적으로 살펴본 보고서에 따르면, 4년에 걸쳐 여덟 차례 연속 수확했을 때 헥타르당 평균 수확량이 6.8톤이며(해마다 새로 심는 방식은 6.7t/ha), 2021년 중국 남부의 소규모 자작농들이 심은 면적은 1만 5,333헥타르에 달했다(중국 벼 재배 면적의 약 0.05%).[36]

해마다 논을 갈거나 모를 옮겨 심을 필요가 전혀 없고 비료와 관개용수도 덜 쓰므로, 다년생 벼는 자원과 노동력을 절감할 수 있다. 그러나 실험적으로 수백 헥타르에서 재배해 세 차례 수확을 했다고 해서, 수백만 헥타르에서(중국은 연간 약 3,000만 헥타르의 면적에 벼를 심는다) 잘 자라는 진정한 다년생 작물을 확보했다고 할 수는 없다. 이 새로운 작물의 재배 규모 확대를 가로막는 주요 제한 요인은 기후와 잡초다. 중국에서 이 품종은 북위 26도 위쪽에서는 겨울에 살아남지 못하고, 논을 갈 수 없으므로 잡초가 무성해진다. 중국은 다년생 벼 연구를 계속하고 있지만, 여기에 참여한 연구자 한 명은 새로운 품종이 중국의 넓은 벼 경작지에서 일년생 벼를 대체할 것이라고 상상하기는 어렵다고 결론지었다(2022년 기준으로).[37]

곡류 영속 농업(아니, 적어도 다년생 작물)의 개발은 분명히 계속 이어지겠지만, 20~30년 안에 새로운 품종이 세계 주식 식량 수요의 중요한 몫(5분의 1까지라도)을 차지할 가능성은 극히 낮다.[38]

다년생 복합 경작

몇 종류의 작물을 한 경작지에서 동시에 재배하는 다년생 복합 경작이 출현할 가능성은 더욱더 낮다. 이 대안을 향해 한 걸음을 내딛은 사례가 있는데, 일년생 곡류를 섞어짓는 고대 관습을 부활시킨 것이다. 밀과 보리, 밀과 호밀처럼 곡류를 섞어짓는 방식은 과거 유럽·아시아·북아메리카 각지에서 흔했다. 이런 섞어짓기는 최근 지속 가능한 농업으로 나아가는 단계로서 권장되어왔다.[39] 그러나 미국 식물학자 로버트 루미스Robert Loomis는 거의 20년 전에 물 사용량 증가와 농사 관리의 어려움, 다년성에 따른 어쩔 수 없는 수확량 감소를 강조하면서 다년생 곡류와 복합 경작이라는 개념을 비판했다(그의 철저한 비판은 사후인 2022년에야 발표되었다). 모범적인 방식으로 요약한 그의 결론은 지금도 유효하다. "수확량을 유지하려면, 생육 습성과 상관없이 외부 투입이 필수적이다. 다년생 곡류의 복합 경작은 현행 생산 체계의 대안이 될 만큼 충분한 식량을 생산할 가능성이 거의 없어 보인다."[40]

유전자 변형 개념(그리고 현실)

그리고 있을 법하지 않은 발전의 길로 한 걸음 더 나아가려면, 유전적 재설계를 통해 햇빛을 상당히 더 높은 효율로 전환하거나 질소고정균과 공생함으로써 필요한 질소 대부분을 공급받을 수 있는 식량 작물이 곧 상업적으로 이용 가능해질 것이라고 믿어야 한다. 주식 곡물이 스스로 질소를 생산하게끔 만드는 방법엔 기본적으로 2가지가 있다. 공생균인 리조비움Rhizobium의 숙주로 삼거나(즉, 콩류처럼 만드는 것), 질소고정nitrogen-fixing, nif 유전자를 직접 곡류 유전체에 집어넣어 공생을 영구 형질로 만드는 것이다.[41]

질소고정 곡류 연구는 1970년대부터 이루어져왔지만, 엄밀하게 말해서 여전히 기초 과학과 실험실 단계를 벗어나지 못했다. 시험 재배지에서 자라는 질소고정 밀도 전혀 없고, 설령 주식 곡류에서 질소고정 효소를 생성하는 데 성공한다고 해도, 그것이 수확량이나 다른 어떤 바람직한 식물 형질에 심각한 부정적 영향을 미치지 않는지 확인해야 한다. 그런 뒤에는 모든 형질 전환 작물이 그렇듯 그 품종에 대한 반감을 극복해야 할 것이다. 미국과 캐나다에서는 형질 전환 옥수수와 유채를 많이 재배하고 있지만, 유럽연합은 이런 품종들을 금지한다. 이 문제를 수십 년 동안 연구해온 믿을 만한 연구자들은 우리가 질소고정 곡류를 확보하는 데 얼마나 걸릴까라는 질문에 답할 수 없으리라는 사실을 잘 알고 있다.[42]

더 빨리 자라고 자원을 더 적게 사용하는 한편, 광합성 최대 전환 효율을 더 높일 수 있는 유전공학 작물은 미래 식량 생산에 더욱 큰 기여를 할 것이다. 아마도 가장 유망한 대안은 이산화탄소 농축 기구를 추가함으로써 광합성을 진행하는 루비스코 효소의 활동을 증진시키는 것일 듯하다(다시 말해, C_4 광합성 경로에 더 가깝게 만드는 것). 그러면 루비스코의 수확량을 떨어뜨리는 바람직하지 않은 산소화 효소 활동을 최소화하는 동시에 수확량을 증대시키는 활동은 더 촉진될 것이다.[43] 이런 노력은 수십 년째 진행되고 있으며, (혁신의 초기 단계에 으레 그렇듯) 비현실적인 기대를 수반하곤 한다. 1986년 식물유전학자 크리스 서머빌Chris Somerville은 이렇게 결론지었다. "시험관에서의 유전자 구조 조작과 식물 유전자 변형 기술의 최근 발전 덕분에 루비스코의 직접적 유전자 변형이라는 목표가 수중에 들어왔다."[44] 그러나 거의 40년이 지난 지금도 그 목표는 여전히 손에 잡히지 않고 있다.

2020년 생물물리학적 이산화탄소 농축 메커니즘CO_2 concentrating mechanism, CCM을 작물에 도입해 수확량을 늘린다는 전망을 검토한 연구진은 더 현실적인 결론을 내놓았다. 수십 년 동안 연구한 뒤에 나온 그들의 결론은 이러했다. "이런 CCM을 육상식물에 도입해 재편하려는 노력이 성과를 보려면 앞으로 여러 해가 더 걸리겠지만, 이미 고무적인 예비 연구 결과가 나오고 있다."[45] 얼마나 고무적인지는 여전히 논란거리다. 2022년 일리노이주의 한 연구진은 작물 잎에서 햇빛이 열로 흩어지는 문제(작물의 광합성 효율을 떨어뜨리는 흔한 문제)에 대한 생명공학적 해결책을 발견했으며, 짧은 야외 실험에서 수확량이 33%까지 증가했다고 주장했다.[46] 그러나 곧 다른 식물학 연구진이 그 주장을 반박하고 나섰다. 그들은 일리노이주에서 수행한 대두 연구의 전제가 의심스럽고, 결과를 평가하는 데 쓰인 야외 실험 과정도 타당하지 않다고 지적하면서 이렇게 결론지었다. "작물 광합성을 변경함으로써 수확량이 상당히 증가했다는 증거를 전혀 찾아볼 수 없다."[47]

물론 필요한 질소를 스스로 고정하거나 더 높은 효율로 광합성을 할 수 있는 작물을 개발하려는 이런 노력의 발전 속도가 느린 것은 놀랄 일이 아니다. 수억 년에 걸친 진화가 식물에 부과한 근본적인 한계를 극복하는 것은 매우 어려운 과제이며, 어떤 상업적 돌파구가 이루어져 새로운 초효율적 식량 작물을 통해 세계 수확량이 증대할 것이라고 내다보는 게 쉽지는 않다.

배양육

    질소고정 곡류나 탈탄산 효소 활성이 증진된 C_3 작물을 당장 상업적으로 이용할 가능성은 전혀 없지만 배양육cultivated meat, 즉 실험실에서 고기를 생산하는 쪽으로 매우 유망한 발전이 이루어지고 있다는 소식은 많이 들리고 있다. 배양육이 처음으로 특허를 받은 것은 1999년이었고, 2013년 네덜란드가 최초로 실험실에서 (엄청난 비용을 들여) 작은 쇠고기 조각을 배양해 내놓는 데 성공했다. 2016년에는 최초로 배양육 기업이 출범했다. 2020년 12월에는 싱가포르의 한 회원제 클럽 생물 반응기에서 (2년 동안 조정 과정을 거친 뒤) 배양한 닭고기 덩어리가 처음으로 소규모 시판되었다.[48] 이 새로운 산업에 투자된 금액은 2021년 약 20억 달러에 달했고, 세계 최대 육가공업체인 브라질의 JBS는 1억 달러를 투자해 2024년에 배양육 판매를 시작하겠다는 계획을 발표했다.[49] 나아가 현재 이런 혁신적 배양 기법을 활용해 생선(민물고기와 바닷고기 포함)과 새우의 살, 달걀과 우유를 생산하려는 연구까지 이루어지고 있다.[50]

    정말로 동물 없이 동물성 식품을 일상적으로 대량생산하고 도축 없이 스테이크, 돼지고기, 닭 가슴살을 구할 날이 가까워졌을까? 아니면 배양육 산업의 도래가 임박했다는 말은 엄청나게 과장된 기대의 또 다른 사례에 불과할까? 의심스러운 주장들을 회의적인 시선으로 바라보는 책 한 권을 여기까지 읽은 독자라면 짐작했겠지만, 좀 더 체계적으로 상황을 살펴보기로 하자.

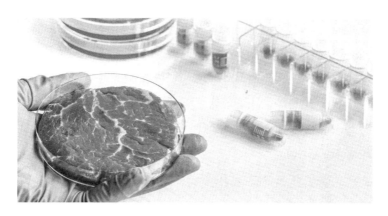

배양육을 향한 원대한 열망. 배양 접시에서 세계를 먹여 살리기까지.

어떻게 배양할까

배양육 생산은 공여 동물 조직에서 채취해 생검을 거친 성체 뼈대근 줄기세포로부터 시작하는 복잡한 다단계 과정이다.[51] 이 세포를 동물의 몸속 조건과 비슷하게 고안한 배지培地(식물이나 세균, 배양 세포 따위를 기르는 데 필요한 영양소가 들어 있는 액체나 고체—옮긴이)에서 증식시킨다. 먼저 포도당, 아미노산, 성장 인자, 비타민, 염류의 수용액으로 이루어진 (산소가 풍부한) 성장 배지를 작은 플라스크에 채운다.

이 기본 배양액에 가수분해한 효모, 콩, 쌀, 미생물 물질을 첨가해 근육 모세포(배아에서 만들어지는 근육세포의 전구체)를 생산하는 데 필요한 화합물을 추가로 공급할 수도 있다. 이어 성장하는 세포들을 점점 더 큰 생물 반응기로 차례차례 옮기면서 배양한다. 그 과정에서 동물 조직으로부터 채취한 작은 근위성 세포 myosatellite cell(근육에 존재하는 성체 줄기세포―옮긴이) 덩어리가 증식성 근육 모세포가 되고, 그것을 조성이 좀 다른 배양액으로 옮기면 근육 모세포들이 융합해 근육 대롱(여러 개의 핵을 지닌 섬유)를 형성하고, 증식을 멈춘 후에는 근육과 지방 및 연결 조직으로 분화한다. 이 전체 과정은 종에 따라 2~8주가 걸린다. 세포들이 붙어 자라면서 육류를 닮은 조직을 형성하도록 구조적 지지대 역할을 하는 비계는 식용 재료로 만들거나 소비하기 전에 녹여 없애야 한다.[52] 영양학적으로 볼 때, 이런 배양 산물은 (닭고기 덩어리와 매우 비슷한) 지방 없는 살코기의 완벽한 대용물이지만 요리한 쇠고기나 돼지고기에 비해 구조, 식감, 지방 함량이 부족하다.

배양육의 대량생산은 배양 조건을 세심하게 제어하는 생물 반응기(커다란 스테인리스 강철 통)에서 이루어진다. 반응기 안에서 배양액을 계속 휘저어 세포를 떠다니는 상태로 성장시키는 것이 가장 흔한 방식이다. 바이오 의약품 산업은 용량이 최대 2만 리터에 달하는 생물 반응기를 쓰고 있지만, 배양육을 대량 생산하려면 그것도 아주 작다. 그러나 크기야 어떻든 생물 반응기는 온도(포유류 세포는 37℃가 최적), 산성도(pH 7.4, 오차 범위 0.4), 용존 산소와 이산화탄소 농도, 포도당과 세포 농도를 끊임없이 정교하게 모니터링하면서 매우 비좁은 매개변수 범위 내에서만 가동할 수 있다. 생물 반응기는 무균 환경에서 가동하고, 모든 세균·곰팡이·바이러스의 감염을 차단하고, 세포의 교차

오염을 막고, 항생제도 써야 한다. 이런 조건을 유지하려면 순간 저온살균과 미세 여과 등 다양한 멸균 방법이 필요하다. 아울러 당연히 가열, 휘젓기, 멸균, 청소, 위생 처리에 상당한 에너지를 투입해야 한다.

배양육 생산의 수지타산

2021년 3월 대체 단백질 생산자들의 조직인 굿푸드연구소 Good Food Institute는 파운드당 1만 달러 넘는 배양육 생산비가 2030년까지 2.5달러로 떨어질 것이라고 예측한 기술-경제 분석 결과를 발표했다. 그렇게 무려 4,000분의 1로 줄어들면 천연 제품과 경쟁할 수 있다면서 말이다![53] 이 주장에 자극을 받은 화이자동물건강Pfizer Animal Health의 전직 임원 폴 우드Paul Wood는 독립 기관에 그 보고서를 분석해달라고 의뢰했다. 그러자 다음과 같은 이유로 그 연구소의 주장을 반박하는 결과가 나왔다. 먼저, 최종 소비 제품이 무엇인지 정의하지 않았고, 세척·포장·유통에 드는 추정 비용을 빠뜨렸다. 그리고 세포 배양은 식품 생산 규모에서는 실현 불가능한 의약품 생산 수준의 지속적인 멸균 상태를 필요로 할 것이다. 아울러 세포 기반 단백질에는 필수 비타민과 무기질을 첨가해야 하고, 입맛에 맞추려면 기름과 지방도 추가해야 할 것이다.

아마도 가장 근본적인 차원에서 보자면, 제약 산업이 지난

**목초지와 CAFO에서 멸균 강철 통으로:
세계 육류 중 상당량이 생물 반응기에서 나올까?**

15~20년 사이에 세포 기반 의약품의 생산성을 겨우 10~20배 높였다는 점을 생각할 때, 세포 기반 육류 생산의 비용이 현재의 1,000분의 1보다 낮은 수준까지 떨어질 가능성은 희박하다. 휴 휴스Huw Hughes는 배양육 1kg을 생산하는 실제 비용이 8,500~3만 6,000달러 이상일 것이라고 추정한다. 그에 비하면 2021년 2월 현재 미국에서 손질한 닭고기의 도매가는 킬로그램당 3.11달러였다. 게다가 "이런 비용 추정값은 원재료를 세척·가공·포장해서 해로운 오염이 없는 맛있는 제품으로 내놓는 방법들을 포함해 소비 제품을 명확히 정의할 때, 더 올라갈 수밖에 없다".[54]

이 두 번째 분석은 굿푸드연구소의 낙관적 결론과 전혀 달랐다. 2020년 12월 배양육 생산 과정을 단계별로 평가한 또 다른 연구도 일련의 기술적 도전 과제(세포 대사, 반응기 설계, 구성 성분 가격, 대량 처리 시설의 비용 등) 때문에 배양 과정이 식품 규모에서는, 즉 연간 수백만 톤씩 생산하는 규모에서는 성공할 가능성이 낮다고 보았다.[55]

규모

생물 반응기의 규모 확대를 논의할 때, 기존 과정과 몇 가지 기초적인 비교를 해보면 천연육의 상당량을 대체할 만큼 상업적 생산을 할 경우 얼마나 아찔한 규모가 필요한지 잘 드러난다. 굿푸드연구소의 분석에 쓰인 모형 시설은 배양육을 연간 1만 톤 생산하고, 가장 큰 교반 반응기의 1만 리터 배양액에서 세포를 증식시킨 뒤 더 작은 2,000리터의 반응기로 옮겨서 분화와 성숙을 유도한다. 그 생물 반응기들의 총부피는 세계 전체의 바이오 의약품 산업이 현재 가동하고 있는 총부피(약 6,300만 리터)의 거의 3분의 1은 되어야 할 것이다.[56] 이는 현재 세계 육류 생산량의 1%만 생산하려고 해도 이런 시설이 300곳 필요하다는 의미다.

그리고 제약 산업, 특히 백신을 대량 제조하는 시설은 새로운 유형의 이런 산업 규모의 배양육 생산 시설에 기능적으로 가장 가깝기 때문에, 필요한 에너지 투입량을 비교하는 데에도 적절하다. 지금까지 미국에서 배양육의 시험관 생물량 배양 과정을 가장 상세하게 분석한 연구진은 예상대로 그 방식이 농산물 투입량이 더 적고 가축보다 땅을 더 적게 필요로 하겠지만, 에너지를 더 집중적으로 사용해야 하므로 비용은 더 많이 들 것이라고 결론지었다. 사실 배양육의 지구온난화 기여도는 돼지나 가금을 키우는 것보다 더 클 가능성이 높다![57] 세계 제약 산업과 자동차 산업의 탄소 발자국을 비교한 가장 놀라운 분석 결과 중 하나를 생각하면, 이런 발견도 덜 놀랍게 보인다. 동일한 분석 모형과 방법론을 썼을 때, 전자가 후자보다 약 55% 높은 강도를 보인다(100만 달러를 기준으로 측정).[58]

그리고 설령 배양육 생산 기술이 예상대로 발전해서 상당한 에너지 절감을 가져온다고 할지라도, 전혀 새로운 유형의 이 산업 규모를 어떻게 키울 것인가 하는 문제가 남아 있다. 현재 세계 육류 생산량은 연간 3억 톤을 넘는다. 시험관 고기가 그 양의 10%를 공급한다고 하면, 연간 3,000만 톤 이상을 배양해야 할 것이다. 여기서 다시 제약 산업과 비교를 해보자. (닭, 소, 돼지에게 먹이는) 동물 항생제의 세계 판매량은 연간 10만 톤에 가까우며, 사람보다 동물에게 투여하는 양이 약 2배에 달하므로 2020년 세계 항생제 총생산량은 연간 15만 톤 정도였다.[59] 따라서 연간 3,000만 톤을 공급하는 새로운 배양육 산업을 구축하려면, 세계 항생제 산업의 규모를 지금보다 200배 더 키우는 (지난 75년에 걸쳐 발전한 것과 비슷한) 새로운 산업화 과정이 필요할 것이다.

마케팅을 믿는다면

그러나 배양육 옹호자들은 이런 사실에 그다지 개의치 않는 듯하다. 굿푸드연구소가 2021년에 내놓은 배양육 산업 현황 보고서는 기록적인 수준의 신규 투자가 이루어졌고, 새로운 기업들이 생겨났으며(2021년 총 107개 업체로, 2015년보다 거의 2배 늘어났다), 이제 시험 배양 단계(2019~2022)가 끝나 2022년에 시연 규모(연간 수천 톤씩 생산)에 들어섰다고 결론지었다. 그다음은 연간 수백만 톤씩 산업 규모로 이루어지는 생산 단계다. 그러나 이 보고서의 개정판도 "1만 2,000년 동안 이어진 육류 생산 방식을 전환하는 첨단 산업"이라고 표현하는 수준에 그쳤다.[60] 리서치앤드마케츠닷컴ResearchAndMarkets.com은 2022년 1월 내놓은 보고서에서 2040년까지 모든 육류의 60%(그때쯤이면 세계적으로 동물 조직tissue 약 2억 5,000만 톤에 해당)가 생물 반응기에서 배양한 세포로부터 나올 것이라고 내다보면서, 진짜 육류는 빠르게 쇠퇴할 것이라고 전망했다.[61] 또 네덜란드 정부는 2022년 4월 질소 오염 문제를 없애면서 유럽연합 최대 육류 수출국으로서 지위를 유지시켜줄 '완전한 세포 농업 생태계'를 구축하기 위해 대학, 기업, 자문 기관의 연합체인 세포농업네덜란드Cellulaire Agricultuur Nederland에 6,000만 유로의 예산을 지원했다.[62]

원하는 대로 이루어진다면 약 1만 년 전에 시작된 동물 길들이기와 맞먹는 수준으로 중요한, 식량 생산에 획기적인 전환이 생길 것이다. 그러나 소규모 상업적 운영조차도 몇 년 이상 지속된 사례가 없는 산업에 관해 어떤 전망을 내놓으려면, 먼저 신중한 태도를 취해야 하는 것이 맞다. 굿푸드연구소의 2022년 보고서는 (이제 그들이 선호하는 용어가 된) 새로운 '배양육' 기업들을 소개하고 많은 '시제품'(닭고기와 버거에서 쇠고기 커틀릿과 생선 완자에 이르기까지)을 나열하고 있지만, 약속한 대량생산 소식은 전혀 언급하지 않았다. 2023년에도 슈퍼마켓까지 진출한 시험관 고기는 전혀 없다.[63] 게다가 식물성 '고기' 산업도 급성장하지 않고 있다. 2022년 미국의 소매 단위 판매량은 8%가 떨어졌다.[64]

2040년경에 살고 있을 독자라면 누가 옳았는지 알게 될 것이다. (내가 볼 때 설득력 있는 주장을 펼치는) 바이오 의약품 산업에서 오래 일한 사람들이 옳을까? 그들은 다양한 이유로 생물 반응기에서 세포를 증식시켜 배양육을 연간 수천만 톤씩 지속적으로 생산할 수 있을 만큼 규모를 확대하기가 쉽지 않다고 본다. 그렇다면 우리는 닭 수십억 마리, 소 10억 마리, 돼지 수억 마리가 스테인리스 강철 생물 반응기에서 배양하는 근육세포 더미로 빠르게 대체되는 모습을 보지 못하게 될까? 아니면 현재의 열광적인 배양육 지지자와 투자자들이 옳을까? 그들이 믿고 있듯 2030년 이전까지 배양육 판매량이 상당히 증가하고, 20년 이내에 육류용 가축이 완전히 퇴출될 뿐 아니라 배양 생선과 갑각류도 야생 어획과 양식을 대체하고, 달걀과 우유도 생물 반응기에서 나올까?

가장 나은 증거를 믿는다면

    잘못된 정보가 우려될 만큼 난무하기에 나는 이런 의심스러운 대안들을 평가하고, 21세기 중반까지 그런 대안들이 충분한 식량 공급량 확보에 실질적 차이를 낳지 못할 것이라고 (더 나아가 근본적 차이를 빚어낼 가능성은 훨씬 더 낮다고) 여기는 이유를 설명할 필요가 있다고 생각했다. 나는 역사적 선례들을 언급하고 (근본적인 전환에는 시간이 걸린다는 점, 초기에는 단순하다고 전제한 것들이 시간이 흐르면서 훨씬 더 복잡하다는 게 드러난다는 점), 그걸 현실적 관점에서 다룸으로써 내 논지를 뒷받침했다. 새로운 (그리고 맹목적으로 극찬받을 때가 너무나 많은) 접근법이 빠르게 유례없는 성과를 올리길 바라는 대신, 이미 알려져 있고 효과적인 해결책을 발전 및 완성시킨다는 관점을 갖고 말이다. 물론 어떤 설명에서는 내가 틀렸음이 드러날 수도 있고, 크나큰 발전이 이루어져 현재의 의심스러운 대안이 상업화를 달성해 널리 받아들여질 수도 있다는 걸 얼마든지 인정한다. 그것은 탁월한 성과이자 (덜 놀랍지만 결국에는 효과적이라는 게 드러날 해결책을 옹호한다고 해도 그 영향력이 줄어들지 않을) 환영받을 만한 발전일 것이다.

    이전 책들에서도 언급했지만, 나는 비관주의자도 낙관주의자도 아니다. 나는 과학자다. 물론 과학적 합의는 새로운 발견과 새로운 평가가 이루어짐에 따라 달라진다. 하지만 2020년대의 신중하면서 적절히 회의적인 관점을 취한다면, 비건주의가 대규모로 채택된다거나 배양육이 저렴한 비용으로 대량생산될 날이 임박했다는 몹시 희망적인 견해를 받아들일 수 없다. 우리는 식물성 식품과 동물성 식품의 공생적 상호작용이 사람의 건강을 개선하고, 동물성 식품을 기피할 경우 많은 인구, 특히 아동과 노인 그리고 수유하는 엄마에게 영양 결핍증의 위험이 커진다는 사실을 잘 안다. 게다가 비건 식단을 일부 핵심 미량영양소의 낮은 함량과 낮은 생체 이용률을 감안해서 세심하게 구성한다고 해도, 건강하게 잘 먹으며 살아가기 어려운 사람도 많을 것이다.[65] 또 우리는 유망하면서 이른바 세상을 바꿀 것이라는 혁신들 중에서 결국 그런 결과를 가져오지 못한 것이 아주 많다는 사실도 잘 안다.[66] 야심과 열망은 현실하고 다르다.

8장

늘어나는 인구
먹여 살리기:
무엇이 효과적일까

식량 생산에 큰 돌파구가 생길 거라는 주장을 비판한 회의론 중 일부가 틀렸음이 드러난다면, 또 광합성 효율이 더 높은 작물을 개발하거나 배양육을 저렴하게 대량생산하는 쪽으로 어떤 중요한 초기 발전이 이루어진다면, 나는 기뻐할 것이다. 이 두 방향의 돌파구가 열린다면, 환경 영향을 줄이면서 식량을 더 많이 생산하는 일이 쉬워질 것이다. 그러나 우리가 그런 심오한 변화 없이, 잘 검증된 해결책과 가능성 높은 점진적 개선에 의지해 90억 명 이상을 먹일 식량을 확보할 수 있다는 생각도 고무적이다. 게다가 이 놀라운 성취에는 환경 영향 감소도 뒤따라야 한다.

이 책에서 탐구한 현안 중 일부를 짧게 요약해보면, 바람직하지 않은 영향을 줄이면서 적절한 투입량으로 생산량을 더 높인다는 복합적인 과제의 규모와 복잡성이 어떤 수준인지 드러난다. 열대 지역에서 경작지와 목초지를 새로 늘리면 삼림이 파괴

된다. 연이어 심는 작물을 널리 반복해서 경작하면 토양침식이 심해진다(작물에 땅이 다 가려져 빗물이 직접 흙에 닿지 않도록 보호하기 전까지). 어느 한 작물만을 계속 재배하거나(옥수수를 수확한 뒤 또 옥수수를 심는 것) 제한된 수의 작물 종만을 기르면 작부作付 체계의 다양성이 줄어들고, 해충과 잡초가 자리를 잡을 기회가 더 많아진다.

식량 생산은 토양에 다양한 영향을 미친다. 항상 일어나는 바람과 물에 의한 침식, 토양 다짐(중장비 사용을 반복함에 따라), 토양 유기물 상실, 토양 염류화(건조 지역에서 지나친 관개를 함에 따라), 비료와 유기성organic 폐기물 및 산업 폐기물에서 나오는 중금속 오염이 그렇다. 물 순환에도 영향을 미친다. 관개에 따른 물 사용량 증가, 지나친 양수에 따른 대수층의 지하수위 하락, 수용성 화합물(무엇보다도 비료의 집중 살포에 따른 질산염)이 일으키는 오염, 해안에 반복해서 형성되는 '죽음의 해역(해양 오염으로 수중 산소 농도가 낮아져 바다 생물이 살 수 없는 곳―옮긴이)'이 대표적이다. 또 앞서 언급했듯 식량 생산은 온실가스의 주요 배출원이다. 토지 이용 변화와 유기물 감소에서 비롯되는 이산화탄소, 무산소 습식 논밭과 되새김동물의 창자에서 혐기성 발효를 통해 배출되는 메탄, 질소비료의 탈질화 산물인 아산화질소가 그렇다.

다행히 단순하게 주된 관습을 바꾸거나 어느 한 가지 새로운 대안을 택하는 것만으로도 여러 가지 효과와 혜택이 발생한 사례가 많다. 작물의 돌려짓기는 토질을 개선한다(한 계절에 콩류 피복작물을 기른 뒤 밭을 갈면 토양에 유기물과 세균이 고정된 질소가 더 늘어난다). 물 효율성이 높은 작물로 대체하면 뽑아내는 지하수의 양을 줄일 수 있다. 또 서양의 대다수 국가에서 수십 년째 진행되고 있는 변화인데, 쇠고기보다 닭고기를 더 먹는 쪽을 택하면 환경 피해가 줄어드는 일련의 대규모 연쇄 효과가 나타난다. 닭은 같은 양의 단백질을 생산하는 데 필요한 사료의 양이 훨씬 적기 때문이다(따라서 경작지, 물, 비료의 사용량도 훨씬 적다). '무엇이 효과적일까'라는 범주에 들어갈 내용은 차고 넘치며, 상세히 다루려면 아마 또 한 권의 책이 필요할 것이다. 여기서는 널리 채택할 수 있는 방안 중 몇 가지만 살펴보기로 하자.

무엇이 효과적일까

환경에 가하는 지나친(우리는 분명히 그렇게 하고 있다) 부담을 줄이려면, 효율을 더 높이고 자발적으로 투입량을 더 낮추는 쪽을 택하는 것만으로는 부족할 수 있고, 극도로 집약적인 식량 생산을 제한할 필요가 있을 것이다. 이런 제한은 세심하게 파악한 환경 용량을 토대로 정해야 할 것이며, 앞서 언급한 (단위면적당 질소 부하를 제한한) 네덜란드의 조치는 높은 생산성과 환경 한계를 조화시키기 위해 고안한 방안의 탁월한 사례다.[1] 토양의 유기물 함량과 보수력 제고는 지속적인 관심사가 되어야 하며, 탄소 격리 효능도 있으므로 더욱 노력을 기울일 필요가 있다. 토양은 세계 최대의 유기 탄소 저장소다. 따라서 탄소 저장 능력을 상대적

으로 조금이라도 높이면 대기에서 이산화탄소를 의미 있는 수준으로 제거할 수 있다.[2]

　가능하면서도 현실성 있는 지역에서 섞어짓기(앞서 언급했듯 어쩔 수 없는 단점들을 능가하는 이로운 효과를 많이 갖고 있다)는 잦은 또는 주요 선택지가 되어야 하며, 경제적으로 받아들일 수 있다면 동물 배설물(유기농의 핵심 요소)을 적절히 관리해서 재순환하는 일도 장려해야 한다. 또 주요 작물의 품종을 개량하면 수확량의 지속적이고 점진적인 개선을 기대할 수 있고, 특정한 환경적 한계에 더 잘 대처할 수 있는 작물을 도입하면 생산성이 대폭 증가할 것이다. 예를 들어, 침수와 가뭄에 강한 벼 품종을 개발하면 특히 더 환영받을 테고, 점점 온난화하는 세계에서 잦아지는 가뭄에도 잘 살아남을 수 있는 밀의 도입 역시 마찬가지다.[3]

작물을 위한 첨단 기술

　이른바 정밀 농업precision agriculture은 흥미로운 착상 형태로 시작되어 발전했으며, 점점 저렴해지고 북아메리카와 유럽 양쪽에서 투입량과 환경 영향을 최소화하면서 생산성을 높이는 수단으로 널리 활용되고 있다.[4] 이 새로운 유형의 농사법에는 독특한 기법이 몇 가지 있다. 먼저 토양 모니터링은 양분과 수분 함량의 변화를 파악할 수 있게 해준다. 위성위치확인시스템GPS은 농기계가 식별력을 갖춰 정확하게 농경지에 비료를 주고, 제초제와 살충제를 뿌리고, 관개를 할 수 있도록 해준다(즉, 농기계를 가장 효율적인 방식으로 운용하게 해준다). 그리고 레이저는 밭을 평탄하게 고르는 데 활용할 수 있다(그러면 관개를 좀 더 효율적으로 하고 유출수를 줄일 수 있다). 또 예전에는 까다롭고 비용이 많이 들어서 계속 지켜볼 수밖에 없었던 많은 경작 변숫값을 지금은 낮게 비행하는 드론에 실린 원격 센서를 통해 적은 비용으로 수집할 수 있다.

기술 기반 농법을 확대하면 세상이 더 좋아질 것이며, 아프리카의 소농들이 이를 받아들이면 더욱더 그럴 것이다. 그러려면 토양 검사와 정확한 농사 조언(고소득 국가에서 오랫동안 당연시해온 관행) 같은 '연장 서비스extension service'의 확대와 더 저렴한 대안이 필요할 것이다. 전 세계의 소농 대다수가 그런 지식의 혜택을 본다면, 토양에 더 잘 맞는 작물을 고르고, 많은 보상이 가능한 작물을 돌려짓기하고, 해충 저항성이 뛰어난 품종을 선택하는 것 같은 단순한 수단을 통해 생산성을 개선할 수도 있다.[5]

수십 년 동안 추구해온 최선의 농사법을 더욱 개선하고 연장하는 이런 방안을 조합하면, 현대 집약 농업에 상당한 변화를 일으킬 것이다. 관심 있는 독자라면 이런 실천, 최근의 발전, 앞으로의 기여 가능성을 상세히 다룬 문헌을 많이 찾을 수 있다. 그러나 이 책을 마무리하는 이번 장에서 나는 2가지 매우 효과적인 변화에 초점을 맞추고자 한다. 무언가를 더 하기보다는 덜 하는 데 초점을 맞춘 전략이다. 그런 전략을 채택하면 자연 생태계에 영향을 덜 미치고 물질과 에너지의 투입량을 줄이면서 21세기 중반까지 세계가 필요로 하는 식량을 생산하는 데 도움이 될 것이다. 요컨대 원원win-win 시나리오다.

바로 세계적으로는 엄청난 음식물 쓰레기의 감축 방안을 모색하며(이 문제는 마지막에 더 상세히 살펴볼 것이다), 부유한 국가에서는 높은 육류 소비를 줄이고 그 조성을 바꾸는 조치를 취하는 것이 바로 그렇다(이런 과정은 얼마간 진행되어왔지만, 앞으로 더욱 진전시킬 수 있다). 이 같은 방안은 어떤 엄청나게 파괴적인 혁신과 급진적인 대전환 없이 평범한 점진적 변화에 의존한다. 이런 변화는 가능하며 또 필요하지만, 종종 비현실적인 것에 초점을 맞추는 언론과 많은 대중적 논픽션 작가들의 외면을 받곤 한다. 뒤에서 설명하겠지만, 이런 방안은 뉴스거리도 안 되고 흥미조차 불러일으키지 못했지만, 체계적이고 장기적으로 추진하면 상당한 (뉴스거리이자 주목을 끄는) 결과를 가져올 것이다.[6]

음식물 쓰레기

먼저 음식물 쓰레기를 살펴보자. 이 쓰레기를 저감하는 것이 투입량을 전혀 늘리지 않으면서 식량 공급량을 늘리는 가장 확실한 (그러나 대부분 고질적으로 무시되곤 하는) 방식을 대변하기 때문이다. 아무튼 버리는 음식물은 이미 수확해서 대부분 가공 및 유통된 것이다. 따라서 음식물 쓰레기 저감은 식량 생산과 관련된 환경 영향을 줄이면서 가용 식량 공급을 늘릴 거의 공짜 (또는 매우 저렴한) 기회를 제공한다. 쓰레기 저감의 누적 효과는 상당하다. 미국에서 사람들 입에 들어가지 않는 이런 식량을 생산하는 데 경작지에 들어가는 물의 25%, 원유 소비의 최소 4%가 쓰인다. 그리고 연간 적어도 3,500만 톤 이상의 음식물 쓰레기가 매립된다.[7]

음식물 쓰레기가 생기는 이유는 명백한 과잉 생산(특히 몇몇 나라를 제외하고 고소득 국가는 거의 다 인구가 고령화하면서 하루 평균 섭취량이 줄어든다는 점을 생각할 때)과 상대적으로 저렴한 식품 가격부터 가정에서 요리하는 빈도가 줄어들고 유통기한이 얼마 안 남은 식품을 꺼리는 태도에 이르기까지 다양하다. 미국 소비자는 음식을 버리는 가장 중요한 이유로 식중독 우려를 꼽는다. 그러나 많은 제품은 냉장고에 보관하면 유통기한이 지난 뒤에 먹어도 지극히 안전하다. 예를 들어, 개봉하지 않은 요구르트나 버터우유butter milk는 일주일(때로는 2주일)이 지나도, 달걀은 3~5주일이 지나도 안전하다. 반면, 신선한 고기는 유통기한을 3~5일 넘기면 안 좋다.[8]

물론 어쩔 수 없는 쓰레기도 있고(껍질, 뼈, 달걀 껍데기, 찻잎), 불가피하지는 않지만 용서할 만한 쓰레기도 있다. 인간 삶의 정상적인 비효율성으로 생기는 것들 말이다. 그러나 대부분의 음식물 쓰레기는 불필요하고 피할 수 있다. 최근까지 이 양을 정량화하려는 시도는 거의 이루어진 적이 없다. 수십 년 동안 각국과 세계의 식품 관련 기관들은 수확 이후의 식량 손실을 최소화하는 과제가 아니라, 식량 생산량을 최대화하는 과제에 몰두했기 때문이다. 이 초점을 옮기는 일은 쉽지 않으며, 음식물 쓰레기를 줄이려는 노력은 아직 갈 길이 멀다. 효율이라는 측면에서 볼 때 낮게 달린 과일을 따먹는 것에 해당하지만, 나는 이런 기회를 이용할 속도와 범위를 따질 때 결코 환상을 품지 않는다.

어떻게 해야 가능할까

생활 쓰레기 재활용은 오래된 건물을 현행 효율 기준을 충족시키도록 단열하는 일에 비유하는 편이 가장 적절할 듯하다. 이 과제들이 반드시 쉬운 것은 아니지만, 당장 할 수 있으며 장기적으로 보상을 받는다. 주택 개량 혜택은 수십 년 동안 대대로 지속된다. 그러나 권유·홍보·지원이 있다고 해도, 실제로 주택 단열 개·보수 활동은 지지부진하다. 에너지를 더 생산하거나(태양력, 풍력) 새로운 에너지전환기를 도입하는 일(전기차)에 쏟아지는 투자와 삼중 유리창 및 유리섬유 단열재 설치에 투입되는 돈을 비교해보라.[9] 마찬가지로 일부 물질은 다른 물질보다 재활용하기가 훨씬 어렵지만(플라스틱 포장재와 알루미늄 캔을 비교하는 것이 가장 좋은 사례), 설령 미흡한 수준이라고 해도 어느 정도 재활용하는 편이 그냥 싹 다 내버리는 것보다 낫다.[10] 양쪽에서 벌어지는 일들은 그리 놀랍지 않다. 즉, 유망한 신기술, 참신한 계획 실행, 새로운 접근법의 추진에 제도적·경제적으로 지원을 하는 쪽이 (나름 효과가 있긴 하지만 별로 끌리지 않는) 기존 방식의 개선과 쓰레기 저감을 지원하는 쪽보다 언제나 더 매력적이기 때문이다.

내가 이 책에서 보여주려고 시도했듯 모든 해결책은 문제의 규모와 복잡성을 제대로 이해하는 것에서 출발해야 하며, 옹호할 수 없는 높은 수준으로 발생하는 음식물 쓰레기를 줄이는 과제도 마침내 점점 주목을 받고 있다. 전에는 거의 오로지 식량 생산에만 관심이 있던 식량농업기구조차 마침내 스웨덴식품생명공학연구소Swedish Institute for Food and Biotechnology에 의뢰해 세계 음식물 쓰레기 현황을 처음으로 조사했다. 2011년에 나온 보고서에 따르면, 세계 식량 손실과 낭비가 차지하는 비율이 곡물은 약 30%, 뿌리 작물과 과일 그리고 채소는 40~50%, 기름씨·육류·유제품은 20%, 생선은 35%에 달한다.[11] 예상한 대로 유럽연합과 북아메리카에서 음식물 쓰레기가 많이 나왔고(연간 1인당 100kg 수준), 아프리카 사하라사막 이남과 동남아시아는 그보다 한 차수 더 낮았다.

이 연구를 토대로 식량농업기구는 2014년 '세계 식량 손실 및 낭비 저감 사업단Global Initiative on Food Loss and Waste Reduction'을 설립했는데, 그 뒤로 세계적인 평가 자료가 나온 적은 전혀 없다.[12] 그러나 2007년에 시작된 영국의 WRAP 연구는 쓰레기 저감 노력이 어느 정도 성과를 나타내고 있음을 보여준다.[13] 첫 연구는 몇 가지 근본적인 변수를 정량화하려 시도했고, 영국 가정이 음식물 쓰레기를 연간 670만 톤 생산한다고 발표했다. 구입한 식품의 약 3분의 1에 해당하는 수치다. 이 중 거의 90%는 생활 쓰레기로 수거해 대부분 매립했다(메탄 생성에 기여). 이 쓰레기 가운데 적어도 5분의 3은 피할 수 있는 것이었고, 어쩔 수 없이 나오는 음식물 쓰레기(벗긴 껍질, 뼈, 찻잎)는 버려진 총량의 5분의 1에 못 미쳤다.

버려진 음식물 중 감자가 가장 많았고 빵 껍질, 사과, 육류, 생선이 그 뒤를 이었다. 그리고 음식물 쓰레기의 약 절반은 신선했다. 아마도 가장 놀라운 점은 피할 수 있는 쓰레기의 4분의 1 이상은 통째로 또는 뜯지도 않은 채 버려졌다는 것이다. 2012년의 2차 WRAP 연구는 2007년 이래로 가구 수가 4% 증가했음에도 가정의 음식물 쓰레기 배출량은 15%(130만 톤) 줄었다고 발표했다. 도시 쓰레기 수거업체에서 수거한 음식물 쓰레기도 18% 줄었다.[14] 포장 방식의 변화와 식품의 재분배 개선이 이런 차이를 낳은 주된 요인이었다.

또 2012년 미국 천연자원보호협회Natural Resources Defense Council는 〈미국은 어떻게 농장에서 식탁을 거쳐 매립지에 이르기까지 식량의 최대 40%를 잃고 있을까How America Is Losing Up to 40 Percent of Its Food from Farm to Fork to Landfill〉라는 분석 보고서를 냈다.[15] 그리고 가장 의외의 연구 결과는 캐나다에서 나왔다. 2019년의 이 보고서는 생산된 식량의 58%가 "손실되거나 버려지고" 있으며, 그중 32%는 "회수해 캐나다 전역에서 지역사회를 지원하는 데 쓸 수 있다"고 주장했다.[16] 대중의 주목을 가장 많이 받은 것은 이런 공공기관의 보고서였지만, 학계와 경영 분석 분야 쪽도 식량 손실 문제에 점점 더 많은 관심을 보였다.

펍메드PubMed에 올라온 논문 목록을 보면, 이 세계적인 흐름이 잘 드러난다. 수십 년 사이에 음식물 쓰레기를 주제로 한 논문은 아주 드문 상태에서(연간 50편도 안 되었다) 2000년 139편, 2010년 753편으로 늘어났고(2000년의 5배 이상), 2020년에는 3,021편(2010년의 4배)으로 증가했다.[17] 고무적이게도 (그리고 이 문제의 복잡한 성격에 걸맞게) 새롭게 쏟아지는 이 문헌들은 일반적인 사항을 넘어 방법론적 문제와 음식물 쓰레기의 모든 주요 원천을 다루며, 많은 구체적인 해결책을 논의한다. 오해를 일으키는 비교와 과대 추정을 피하려면 분석의 기본 틀을 잘 정하는 것이 중요하다. 식품의 먹을 수 없는 부분과 먹을 수 있는 부분을 둘 다 음식물 쓰레기로 정의한 연구도 있는 반면, 먹을 수 있는 부분에만 한정한 연구도 있다. 공급 사슬의 모든 단계를 고려한 연구도 있고, 가공 단계나 가정에서 나오는 쓰레기에만 초점을 맞춘 연구도 있다.[18]

실용적 지침

또 음식물 쓰레기 연구는 충분히 구체적이어야 우리 행동에 실용적 지침을 제공할 수 있다. 무엇보다도 가장 큰 보상을 안겨줄 수 있는 행동과 습관에 초점을 맞출 필요가 있다. 미국 국민건강영양조사National Health and Nutrition Examination Survey의 16년(2000~2016)에 걸친 전국 평균 식품 섭취량 자료(그리고 음식물 쓰레기와 식품 가격 자료)를 토대로 수행한 최근 연구는 그런 실용적 지침의 탁월한 사례다. 이 연구는 1인당 하루 평균 식료품 중 27%가 버려지며, 14%는 먹지 않고 59%만 소비한다고 결론지었다. 또 하루 음식물 쓰레기 비용 중 가장 큰 몫을 차지하는 2가지가 외식업체에서 소비하는 육류와 해산물(하루 식료품 구입비의 최대 약 7%), 가정에서 소비하기 위해 구입하는 과일과 채소(하루 식료품 구입비의 약 5%)라고 파악했다.[19]

최근에 이뤄진 세계 음식물 쓰레기 연구는 널리 믿는 것보다 훨씬 더 많은 음식을 소비자가 버리고 있다고 결론지었다. 실제로 가장 폭넓게 인용되는 세계 음식물 쓰레기 추정값보다 2배 이상 많아 1인당 하루 약 215kcal가 아니라 약 540kcal라고 한다.[20] 게다가 예상할 수 있는 크나큰 국가별 차이는 소비자의 부富와 선형-로그 관계를 보인다. 즉, 음식물 쓰레기는 하루 식료품비가 1인당 6.70달러를 넘을 때 생기기 시작한다. 무엇보다 그 수준을 넘자마자 빠르게 상승하지만(부가 늘어남에 따라), 곧 증가율은 낮아진다. 또 다른 분석은 전반적으로 증가하다가 포화 상태에 이르는 추세가 나타나는 것은 맞지만, 일부 저소득 국가에서 가장 부유한 국가만큼 많은 쓰레기를 배출하는 등 변이가 크다는 것도 보여주었다.[21]

그렇다고 해서 소비자의 소득이 늘어나기 전에 음식물 쓰레기가 더 이상 증가하지 않도록 막는 조치를 시작하는 게 바람직하지 않다는 얘기는 아니다. 중국에서는 소득이 급증하는 동안 그런 노력이 거의 이루어지지 않았다. 식량 공급량은 1970년대 말의 최저 생활수준에서 하루 3,000kcal 이상을 소비하는 수준에 이를 만큼 증가했다. 중국건강영양조사China's Health and Nutritional Survey 자료는 가정 음식물 쓰레기 배출량이 1991~2009년 약 20% 감소했음을 시사하지만, 소득 증가로 외식을 더 자주 하게 되면서 음식점 배출 쓰레기량이 증가했다.[22] 중국에는 전국 음식물 쓰레기 배출량에 기여하는 아주 중요한 요인이 하나 더 있는데, 바로 체면치레다. 이는 자신의 평판과 위신을 지키고 창피한 꼴을 피하는 데 매우 신경 쓰는 것을 말하는데, 이런 태도는 사교 모임에서 음식을 과소비하는 형태로 펼쳐진다. 예컨대 먹을 수 있는 것보다 더 많은 음식을 장만함으로써 잔치의 규모를 키우고 그에 따라 음식물 쓰레기도 증가한다.

잘 알려진 이 전통적 행동은 최근의 실증적 연구를 통해서도 확인되었는데, 특히 외식할 때 개인의 허영심과 음식물 쓰레기 사이에 강한 상관관계가 있음이 나타났다.[23] 이와 대조적으로 새로운 연구에 따르면, 중국의 시골 지역에서는 여전히 가정 음식물 쓰레기 배출량이 매우 적었다. 가장 가난한 지역은 겨우 1.1%였고, 가장 부유한 시골 지역도 2%였다.[24] 실제 총량이나 배출률이 어느 정도든 중국 음식물 쓰레기는 대중의 걱정거리가 되는 수준에 다다랐고, 2021년 4월 새로운 법률이 제정되었다. 이런 유형의 입법 조치가 이루어진 세계 최초의 사례다. 이 법을 통해 정부는 "기술적으로 실현 가능하고 경제적으로 적절한 수단을 써서 음식물 쓰레기 발생을 예방하고 줄일" 것이며 "사회적으로 책임 있고, 건강하고, 자원을 절약하고, 환경친화적인 소비 방식"을 촉구하는 한편 "단순하고, 적절하고, 생태 친화적이고, 저탄소적인 생활 방식"을 주창했다.[25]

예방 수단

(주방 쓰레기에서 건물과 도로 폐기물로 만든 강화 콘크리트에 이르기까지 다양한 범주의) 물질 재활용처럼 음식물 쓰레기 예방과 식량 손실 감소에도 다양한 노력을 기울여야 한다. 한정된 대규모 시설에서 산업 규모로 이루어지는 것(신선 식품과 냉동식품 저장)도 있고, 가정 냉장고의 내용물 관리처럼 대부분 개인적이고 일상적인 활동을 수반하는 것도 있다. 음식물 쓰레기를 줄이는 물류 해결책에는 더 나은 수요 예측, 재고의 적정 수준 유지, 가격 인하, 식품 종류 리뷰, 포장 디자인 개선(나중에 살펴볼 예정이다)이 포함된다.[26] 거의 모든 고소득 국가는 전반적인 식품 공급량을 줄여야 한다. 총손실이 20%에 달함에도 1인당 하루 3,000kcal 넘게 공급하면 쓰레기가 더 늘어날 수밖에 없다. 유럽연합에서는 최근 불가리아와 슬로바키아를 제외한 모든 나라가 그 수준을 넘었으며, 그중 3분의 1은 미국과 캐나다처럼 3,500kcal를 상회한다.[27]

모든 나라는 도매창고 저장과 유통 손실을 최소화할 필요가 있다. 여기에는 많은 기술적·경영적 해결책이 있다. 대규모 저장 시설은 모든 출하 물품의 품질과 유지 가능 기한을 전자적으로 추적할 수 있고, 감지기를 통해 온도와 습도 등을 최적 조건으로 관리할 수 있다. 그리고 현대화하고 있는 저소득 국가들에서도 비용이 꽤 들지만 서서히 현대적인 유통 방식을 채택해야 한다.[28] 또 적절한 저장과 취급, 유연한 가격 책정, 미리 준비된 식품 기부는 소매 단계에서 차이를 낳을 수 있다.

우리는 무엇을 할 수 있을까

가정 수준에서는 문제를 자각하고 현실을 이해함으로써 쓰레기를 줄이려는 동기를 부여하는 것부터 시작해야 한다. 미국에서 수행한 한 연구를 보면, 응답자의 약 4분의 1만이 음식물 쓰레기를 줄이는 일이 중요함을 잘 알았다. 그런데 주된 동기가 비용 절감이고, 그다음이 (중요도를 따지면 비슷한 수준으로) 가정을 효율적으로 관리하고 굶주리는 사람들을 생각하도록 자녀에게 모범을 보여주기 위해서라고 답했다. 에너지와 물 사용량, 온실가스 감축은 순위가 가장 낮았다.[29]

가정의 음식물 쓰레기는 포장의 크기나 종류를 바꾸어 식품이 쓰레기가 되기 전에 소비할 수 있도록 하고 내용물 보존이 더 잘 되도록 하는 것 같은 단순한 변화만으로도 줄일 수 있다.[30] 최첨단 기술을 활용하는 한 가지 대안은 음식물의 상태를 사용자에게 알려주는 '지능형' 냉장고다. 그러나 비용 대비 인지된 유용성을 따질 때 금방 널리 쓰일 가능성은 낮다.

외식 쪽을 보면 북아메리카에서는 가장 먼저 할 일이 내놓는 음식의 양을 줄이는 것임이 명백하다. 허기가 가시지 않을 수준까지 줄이라는 것이 아니라, 유럽이나 아시아의 식당에서 내놓는 더 합리적인 양에 가까운 수준으로 맞추자는 얘기다.[31] 일반적으로 손님이 먹다 남은 음식을 버리는 많은 식당에서는 음식물 쓰레기의 규모와 대다수 사람들의 기대(사람들은 대부분 음식물 쓰레기가 줄어들길 바란다)를 상기시키는 작은 알림판을 붙여놓기만 해도, 남은 음식을 포장해달라는 요청이 상당히 늘어날 수 있다.[32] 음식물 쓰레기를 조금씩만 줄여도 상당한 누적 효과를 얻을 수 있다.

전반적인 문제

가장 의미 있는 결과를 빚어낼 만한 조치는 아마 소매 시장에 과도하게 식품을 공급하지 않는 것일 듯하다. 세계 인구 중 약 9억 명이 1인당 하루 평균 식품 공급량이 3,300kcal를 넘는 나라들에 거주한다. 이 수치는 그 무엇으로도 옹호할 수 없다. 우리는 실제 연구를 통해 (주로 앉아서 생활하거나, 어떤 경우든 심한 신체 활동을 요구하는 직업을 갖고 있지 않고 평균수명이 늘어나는) 고소득 경제국에서 성인의 전형적인 1인당 식사량이 하루 2,000~2,200kcal라는 것을 알고 있다. 따라서 음식물 쓰레기 발생량이 30%라고 해도 필요한 공급량은 2,900~3,100kcal를 넘지 않는다. 결과적으로, 부유한 나라가 지금처럼 상대적으로 낭비 상태를 유지한다고 해도 단순히 식품 공급량을 하루 평균 3,000kcal로 줄이면, (프랑스와 이탈리아의 인구를 더한 값과 비슷한) 약 1억 3,000만 명에게 같은 수준의 음식을 먹일 식량을 절약할 수 있을 것이다. 그리고 부수적으로 음식물 쓰레기 발생도 예방하고 환경 부담도 그만큼 줄어들 것이다.[33]

음식물 쓰레기는 소비자의 선택 폭을 줄임으로써 감축할 수 있다. 선택의 여지를 대폭 줄이자는 얘기가 아니다. 영양의 질을 구성하는 필수 성분 확보와 다양한 요리를 할 수 있는 전제 조건이라는 측면에서 식품의 다양성은 분명히 지지할 만하다. 하지만 미국의 슈퍼마켓에 4만~5만 가지 식품을 공급해야 할 필요는 전혀 없다. 비교적 최근인 1990년대까지도 품목이 '겨우' 7,000가지에 불과했지만 선택의 폭이 좁다는 불만이 제기된 적 없다는 사실을 생각하면 더욱 그렇다.[34] 근래 품목이 엄청나게 다양해졌다는 것은 필연적으로 쓰레기도 그만큼 더 생길 수밖에 없음을 의미한다.

먼저 상대적으로 환경 발자국을 많이 남기는 식품들의 다양성을 조금 줄이는 일부터 시작하는 것이 최선이다. 요구르트가 가장 좋은 사례 중 하나다. 1960년대 말 미국에서 요구르트는 판매량이 미미하고 종류도 몇 가지 없었다. 그런데 2020년에는 구식 플레인 요구르트(지방 함량이 제각각인 다양한 제품이 있다)에서 수십 종류의 그리스식 요구르트(대부분 밀도와 지방 함량이 높다)에 이르기까지, 체리 맛 나는 아이슬란드 스키르skyr(마치 아이슬란드에서 그런 조합이 가능하다는 양!)에서 비건과 '프로바이오틱' 제품에 이르기까지 약 300가지가 판매되었다.[35] 사실 최근에 미국의 요구르트 판매량이 줄어든 것은 이처럼 종류가 지나치게 많아서 소비자들의 선택 폭이 너무 넓어졌기 때문일 수도 있다.

인기 없는 대안

나는 음식물 쓰레기를 줄이는 방안 중 가장 인기 없는 것을 마지막으로 미루었다. 최근 전쟁이 촉발한 가격 상승으로 식료품비 지출이 늘어났다는 인식이 널리 퍼져 있지만, 근래 고소득 국가의 식품 가격은 역사적으로 가장 저렴한 수준이다. 그리고 식품 가격을 더 올리자는 주장은 정치적으로는 용납할 수 없을지 모르지만, 정치보다 과학에 더 초점을 맞춘 책에서는 비판적으로 평가하는 것이 마땅하다. 2020년에 미국 가정의 평균 가처분소득 중 식료품비의 비율은 겨우 8.6%로 최저점에 도달했다. 비교하자면 1930년에는 25%, 1965년에는 15%였다. 유럽연합은 평균 약 12%, 일본은 26%, 중국은 거의 30%에 육박한다(하지만 이 중국 수치에는 술과 담배도 포함된다).[36] 코로나19 대유행과 러시아의 우크라이나 침략이 이런 장기적 비율 감소 추세를 역전시키기 시작했지만, 그 효과가 얼마나 강력하고 얼마나 오래 지속될지는 두고 봐야 한다.[37]

수요의 가격 탄력성(가격 변동이 수요에 미치는 상대적인 영향을 가리키는 말로, 짐작하겠지만 주식은 탄력성이 낮고 사치품은 상대적으로 높다)을 다룬 경제학 문헌은 아주 많지만, 음식물 쓰레기는 소비의 전 범위에서 발생하므로 가격 상승(필연적으로 인구 중 가장 가난한 집단이 큰 영향을 받는다)이 감축의 최선 방안은 아닐 것이다.[38] 반면, 식량 생산의 실제 환경 비용을 더 제대로 반영하기엔 식품 가격이 너무 낮다는 주장은 논박할 여지가 없다. 그러나 이런 주장은 식품 가격을 높여서 쓰레기를 줄이자는 설득력 있는 이유가 아니라, 외부 비용(에너지와 모든 물질에 해당) 회피라는 훨씬 더 큰 문제의 일부로 제기된다.

좀 더 환경친화적인 육류로 덜 먹기

고소득 국가에서 농업이 환경에 미치는 영향을 줄이는 '덜 하기' 접근법(평균 육류 섭취량을 줄이고 육류 조성을 바꾸는 것)의 두 번째 보상은 확연히 승수효과를 보인다. 식물성 사료를 동물성 식품으로 전환하는 효율이 어쩔 수 없이 낮다는 점을 생각할 때(4장 참조), 육류 소비를 한 단위 줄일 때마다 닭고기나 돼지고기는 사료 수요가 대체로 2~5단위, 쇠고기나 양고기는 10단위 이상 줄어든다는 의미다. 그러면 당연히 농약, 관개 수량, 작업량(디젤연료 사용량, 토양 다짐 정도)이 줄어드는 파급효과도 일어난다.

그리고 이런 접근법은 현재 극찬을 받곤 하는 2가지 방안보다 실질적인 변화를 이끌어낼 가능성이 훨씬 더 높다. 앞서 언급했듯 비건주의는 보편적으로 받아들여지지 않을 것이다. 채식주의는 그보다 훨씬 더 수용될 수 있겠지만(그래야 한다고 말하는 이들도 있다), 과일과 견과를 상당 비율 포함시켜야 할 테니 채식이 대체할 식단에 비해 에너지와 물을 대폭 절감하는 결과를 낳지 못할 수도 있다. 배양육은 앞으로도 오랫동안 (결정적인 역할이 아니라) 그다지 중요한 역할을 하지 못할 수 있다(7장 참조). 식물성 대체육도 시장에서 큰 비율을 차지할 가능성이 낮다(6장 참조). 대조적으로, 부유한 나라의 현재 높은 동물성 식품 소비율을 줄이고 육류 조성을 바꾸는 일은 합리적이면서 매우 바람직하다. 무엇보다도 분명히 해낼 수 있는 일이다. 영양을 충분히 공급하는 데 아무런 지장도 주지 않으면서, 또 생산자에게 갑작스러운 경제적 손실을 입히지 않으면서 해낼 수 있기 때문이다.

사실 몇몇 나라는 이미 그렇게 해왔으며, 놀라울 만큼 큰 규모로 실천하고 있는 곳도 있다. 따라서 그런 나라들에서는 이런 방향의 추구가 그저 오래 이어진 소비 추세를 유지하거나 더 나아가 촉진하는 것에 불과하다. 다른 나라들에서는 점진적인 퇴출을 촉진하고 의도적이면서 명확한 전략을 추진해 평균 섭취량을 상당히 낮춤으로써 집중적인 대규모 사육 시설의 수와 사료 수요를 눈에 띄게 감축하고, 농업의 전반적인 환경 발자국을 줄이는 추가 조치가 필요할 것이다. 이 모든 일은 금지와 급속한 변화에 의지하지 않고도 가능하다.

성공 사례

    역사적으로 육류 소비율이 높다고 알려진 국가들에서 그 수치가 줄어든 두드러진 사례는 덴마크(1992년의 정점 수준에서 25% 감소)와 독일(1990년대 중반 이후 17% 감소)이다. 두 나라의 감소 속도는 미국과 비슷하거나 더 빠르다. 미국은 적색육 소비량이 1971년 최고점에 이른 뒤 25% 감소했고, 환경에 더 큰 부담을 주는 쇠고기 수요는 1977년 이후 37%가 줄었다.[39] 이런 전환은 가격 차이 이외의 요인들을 통해 나왔다. 입맛 변화, 요리 편의성 그리고 물론 건강과 환경에 대한 관심이다.

    그러나 이런 비율은 식량 수급표에서 도출한 것이며, 일부 국가에서 정기적으로 가정 설문 조사를 통해 파악한 실제 식품 소비량 자료는 그 수치가 더욱 줄어들었음을 시사한다. 식량농업기구의 자료가 아닌 프랑스의 식량 수급표를 보면, 2020년 적색육(쇠고기, 송아지 고기, 돼지고기, 양고기, 말고기)의 1인당 평균 소비량은 도축 무게로 연간 약 65kg이었다. 일주일 단위로는 1.25kg인데, 소매점에서 팔리는 정육 기준으로 보면 약 550g에 해당한다. 그러나 실제 소비량 설문 조사 자료는 프랑스인 대다수가 이미 적색육을 일주일에 500g도 안 먹는 '소량 소비자'임을 보여준다. 국가 건강 영양 프로그램National Health Nutrition Program이 권장하는 양이 바로 500g이다.[40]

감축을 향해: 프랑스의 육류 소비

짐작하듯이 성별(성인 남성은 성인 여성보다 고기를 약 2배 더 먹는다)과 소득 집단에 따라 소비량에 차이가 있지만, 아주 적게 먹는 사람(일주일에 100g 미만)이 500g 넘게 먹는 사람보다 더 많다 (23% vs. 20%)! 프랑스의 상황은 가격과 건강에 대한 관심이 이끄는 점진적 변화가 장기적으로 적색육의 1인당 일주일 섭취량을 250~300g으로 줄이는 목표를 달성하는 매우 현실적인 방안임을 명확히 보여준다. 도축 무게로 따지면 연간 30~35kg으로, 최근 일본의 소비량보다 약간 적고 2020년대 초 유럽연합 평균의 약 절반 수준이다.[41]

육류 생산이 환경에 미치는 피해를 줄이는 쪽으로 동물단백질의 평균 섭취량을 바꾸는 과정은 적색육(특히 쇠고기)에서 닭고기로의 전환을 계속하는 것 외에 다른 노력들이 필요하다. 현재 생산되는 달걀은 사료 효율이 닭고기와 비슷한 수준이며, 양식 어류(특히 초식성)는 사료 에너지 집약도가 최소인 동물성 단백질을 생산한다.

어떻게 하면 쇠고기를 더 잘 먹을 수 있을까

곡물 사료(그리고 수반되는 환경 비용)를 아예 들이지 않거나 토지 이용을 줄이기 위해 현재 이용하는 목초지 일부에서만 방목을 한다면, 세계적으로 쇠고기를 얼마나 생산할 수 있을까? 과도한 이용으로 방목지가 실제로 얼마나 많이 얼마나 심하게 훼손되었는지는 학자마다 의견이 다르다. 세계 목초지의 20%라는 추정값부터 건조 기후대 방목지의 70% 이상이 그렇다는 견해에 이르기까지 다양하다.[42] 따라서 모든 목초지의 절반을 완전히 생산에서 제외하고, (더 이상의 훼손을 막기 위해) 남은 목초지(약 17억 5,000만 헥타르)의 방목 밀도를 헥타르당 절반가량의 가축단위로 낮추는 것은 급진적인 조치라고 할 수 있다. 이 단위는 소의 생체중 250kg에 해당하며, 아프리카 사하라사막 이남 지역의 전형적인 방목 밀도와 비슷하다. 그리고 브라질의 약 절반, 유럽연합이 정한 최대 밀도의 4분의 1에 불과하다.[43]

이런 가정(도축률 10%, 생체중에서 도축 체중으로의 전환율 60%)을 적용하면, 풀을 먹여서 생산하는 쇠고기의 양은 연간 1,000만~1,500만 톤일 것이다. 여기에다 일년생 작물을 수확하고 가공할 때 나오는 잔여물 사료를 (주식 작물과 돌려짓기를 통해 재배한) 콩류 사료와 섞어서 생산할 수 있는 쇠고기도 더해야 한다. 이 가용 사료의 총량을 계산하려면 일련의 가정이 필요한데, 모든 비평가가 직접 계산할 수 있도록 자세히 적어두겠다.*

제한적인 저밀도 방목과 잔여물, 곡물 가공 부산물, 사료 작물 먹이기를 결합하면 연간 쇠고기를 2,000만~3,000만 톤 생산할 수 있을 것이다(도축 무게 기준). 이는 현재 연간 총생산량의 약 3분의 1에서 2분의 1 수준이다. 다시 요약해보면, 사료 낟알(곡류와 콩)을 전혀 쓰지 않고 세계 목초지의 절반 이상을 이용하지 않으면서 부산물과 한정된 사료 작물 식물량에만 의존해도, 연간 모든 사람이 (최근의 평균 약 7.5kg에 비해) 적어도 쇠고기 3kg씩을 먹을 만큼 생산할 수 있다. 육류의 환경 영향을 60~70% 줄이면서 말이다. 그러나 이런 평균 공급량 감소는 일부 사람에게 평소보다 적색육을 상당히 덜 먹으라는 의미이고, 생산자에게는 경제적 손실을 뜻한다. 그런 변화가 얼마나 멀리까지 그리고 얼마나 빨리 진행될지는 불확실하다.

최근의 돼지고기 생산량 수준을 유지하고(연간 약 1억 2,000만 톤), 달걀 생산량을 2배로 늘리고(1990~2020년 거의 3배 증가했으므로 어려울 리 없다), 닭고기 생산량을 2배로 늘린다면(2000~2020년, 즉 겨우 20년 사이에 그렇게 했듯이), 2050년에는 적색육 약 1억 5,000만

---

* 전형적인 짚/곡물 비율(지금은 일반적으로 벼와 옥수수는 1, 밀은 1.3), 그리고 사료로 쓸 수 있는 작물과 제분 및 착유 부산물의 비율에서 시작한다.[44] 제분 부산물의 경우 벼는 수확물 무게의 약 30%, 밀은 15%다. 이 두 작물로부터 연간 약 3억 톤의 사료가 생산되며, 기름씨에서 기름을 짜고 남은 (단백질이 풍부한) 깻묵도 비슷한 양이 나온다(수확된 씨의 20~25%). 이것들은 좋은 사료이며 증류주의 술지게미, 유제품의 유장乳漿(젖 성분에서 단백질과 지방을 빼고 남은 부분─옮긴이), 과일과 채소 통조림의 잔여물도 그러하다. 이는 육류로 전환되지 않는다면 버려야 할 것들이다. 반면, 작물 부산물(짚과 줄기)은 대부분 동물에게 먹이지 않는다. 양분 재순환, 침식 보호, 토양 유기물 강화, 수분 보존을 위해 토양으로 돌려보내거나 태워 없앤다. 부산물의 사료화 비율과 평균 사료 효율을 어떻게 가정하느냐에 따라 결과의 범위 폭이 다소 달라질 수 있지만, 매우 보수적으로 계산해도 최소한 풀을 먹여 생산하는 쇠고기의 총량이 적어도 이 정도는 나올 것이다.

톤, 닭고기 2억 4,000만 톤(모두 도축 무게), 달걀 1억 7,500만 톤을 생산하게 될 것이다. 그리고 설령 최근의 야생 어류 어획량에 변화가 없다고 해도(남획을 막고 개체수가 회복될 수 있도록) 양식업 생산량을 50% 늘린다면(그 방향으로 나아가고 있다), 어류와 갑각류의 생산량이 연간 약 2억 2,000만 톤에 달할 것이다. 이를 모두 더하면 90억 명 모두에게 하루에 동물성 단백질 22g씩을 공급할 수 있다. 이는 최근 육류, 달걀, 해산물로부터 얻은 동물성 단백질의 양과 맞먹는다.

이것은 환경 영향을 상당히 줄이면서 동물성 단백질을 충분히 공급할 수 있다고 여기는 많은 시나리오 중 하나일 뿐이다. 이는 예측이 아니라 적색육 소비량의 그다지 극적이지 않은 감소와 환경 영향의 상당한 저감을 결합할 수 있는 현실적 가능성을 가진 한 가지 지표다. 이런 종류의 탐색적 계산은 도전 과제의 규모와 어떤 것들이 현실적으로 가능한지 감을 잡는 데 유용하다. 그러나 수십 년 동안 세계화가 진행되었음에도, 상당한 차이와 심한 불평등이 여전히 널리 존재한다. 예컨대 중국과 아프리카 사하라사막 이남의 식량 생산이 그렇다.

불평등

이 두 지역을 선택한 이유는 분명하다. 지난 30년 동안 무엇이 국가의 식량 공급량을 개선할 수 있는지를 중국만큼 잘 보여준 나라는 없었으며, 같은 기간에 아프리카 사하라사막 이남 지역처럼 만성적으로 성과가 지지부진한 곳도 없었다. 가뜩이나 많은 인구가 계속 늘어나고 있음에도 말이다.

여기서 내가 지난 수십 년 동안의 (정성적이든 정량적이든) 모든 모호한 예측을 피하려고 노력해왔음을 강조해야겠다. 그리고 나는 지금 그런 예측들을 제시하려는 것이 아니다. 대신에 늘 현실을 정확히 평가하고, 가장 실현 가능성이 높은 결과가 무엇인지를 제시하고자 한다. 나는 미국의 환경론자이자 월드워치 Worldwatch와 지구정책연구소Earth Policy Institutes 창립자인 레스터 브라운Lester Brown이 1995년《누가 중국을 먹여 살릴 것인가?Who Will Feed China? Wake-Up Call for a Small Planet》를 내놓기 거의 30년 전부터 식량 생산의 장기적 전망 문제를 연구해왔다.[45] 그의 얇은 책은 중국의 곡물 생산량이 이미 정점에 다다랐고, 2030년까지 적어도 20% 줄어들 것이며, 중국이 곧 자국민을 먹여 살릴 능력을 잃을 것이고, 연간 3억 톤 넘는 엄청난 식량 부족에 직면할 것이라고 주장했다. 한마디로, 중국이 "세계를 굶주리게 할 수 있다"는 얘기였다.

이 의심스러운 분석에 응답한 글에서, 나는 중국의 최근 농업 발전과 관련해 나타난 여러 가지 우려스러운 추세(경작지 상실, 토질 악화, 관개용수 문제)뿐 아니라 중국의 경작지 면적이 공식 기록이 보여주는 것보다 상당히 넓다(2000년에야 공식 수정이 이루어졌다)는 점을 지적했다. 그리고 수확량이 낮아서 개선 여지가 충분한 곳들이 많으며, 동물 사육의 현대화뿐 아니라 질소와 농업용

수의 효율을 개선할 여지도 상당하다는 점을 함께 고려해야 한다고 지적했다. 내 결론은 명쾌했다.

> 중국이 다음 세기의 1분기 동안 스스로를 먹여 살리지 못하게끔 만들 극복 불가능한 생물물리학적 이유는 전혀 없어 보인다. 게다가 이런 도전 과제를 해결하기 위해 아직 검증되지 않은 생명 공학적 발전이나 어떤 유례없는 사회적 변화에 의존할 필요도 없다. 잘 알려져 있고 잘 검증된 경제적·기술적 해결책(더 나은 관리, 더 나은 가격 결정, 더 나은 투입, 더 나은 환경보호)을 조합하면 충분히 많은 식량을 추가로 생산할 수 있다.[46]

그리고 실제로 1995~2022년 중국 인구가 16% 늘어날 때 곡물 수확량은 거의 50% 증가했고, 1인당 평균 식량 공급량은 하루 3,000kcal를 초과해 세계에서 가장 부유한 나라들 수준에 근접했다.[47]

서문에도 적었듯이 거의 30년 뒤, 나는 더욱 극단적인 예측을 접했다. 2022년 5월 영국 작가이자 정치 활동가 조지 몽비오는 이렇게 주장했다. "지구 식량 체계는 2008년 위기로 치닫던 세계 금융 체제와 비슷해지기 시작하고 있다. 금융 붕괴는 인류의 복지를 황폐하게 만들었지만, 식량 체계의 붕괴는 어떤 결과를 빚어낼지 상상도 할 수 없다."[48] 그런데 세계 식량 체계는 정말로 붕괴하기 직전 상태에 있을까? 그런 생각은 터무니없는 유추에 토대를 둔 것이다. 우선 부실 은행들은 2008년이 아니라

2009~2011년에 더 많이 파산했고, 해당 국가든 세계적인 규모에서든 그 뒤의 경제성장에 심각한 타격을 주지 않았다. 한 국가나 세계의 은행 업무가 파탄 난 사례는 전혀 없고, 세계경제가 유달리 침체에 빠지는 일도 일어나지 않았다. 2010년대에 세계경제는 계속해서 연간 3% 넘게 성장했다.[49]

더 근본적인 차원에서 보면, 지표면의 3분의 1에 퍼져 있고 열대부터 북위 50도 이상에 이르는 환경에서 동식물 생물량을 연간 수십억 톤씩 생산하는 세계 식량 체계 전체가 거의 한순간에 행성 규모로 붕괴할 수 있다는 모든 주장은 받아들이기가 극도로 어렵다. 물론 핵전쟁이든 소행성 충돌이든 진정으로 세계적인 재앙을 맞이한다면 가능할 것이다. 아무튼 그런 주장은 언론의 주목을 받을 수 있고, 심지어 책으로까지 내놓을 수 있지만, 진지한 분석의 세계에 속하지는 않는다. 게다가 세계 식량 체계 전체가 붕괴 직전에 있다면, 나는 그 붕괴를 막을 수 있는 신속한 대책이 과연 있을지 전혀 상상조차 할 수 없다.

중국의 사례

반면, 중국의 식량 전망에 대해서는 어느 정도 알고 있기에 나름대로 평가할 수 있다. 이런 전망은 중국의 향후 식량 수요를 어떤 식으로 가정하느냐에 따라 달라진다. 앞서 언급했듯 최근 중국의 1인당 식량 공급량은 하루 3,000kcal를 넘은 상태이며,

UN의 중간 변혁 예측은 중국 인구가 2020년 14억 3,900만 명에서 2050년에는 14억 200만 명으로 약간 줄어들 것이라고 내다본다. 그리고 중국의 향후 식량 생산량을 가장 낮게 전망한 시나리오는 매우 가난한 농촌 지역의 섭취량을 개선하는 차원에서 아주 조금 증가할 것이라고 예측한다. 다양한 중간 수준의 전망(주로 육류와 과일의 소비 증가에 따른)은 중국의 주식 곡물 수요가 10~15년 안에 최근보다 더 올라가서 정점에 달할 것이라고 본다. 반면, 식단의 전환(육류, 해산물, 과일을 더 소비하는 쪽으로)이 꽤 지속될 것이라는 가정하에서는 2050년까지 식량 수요가 3분의 1 증가할 것이라고 본다.[50]

가장 큰 차이를 빚어내는 요소는 중국의 향후 육류 소비량일 것이다. 중국은 세계 최대 육류 소비국이며 다른 나라와의 격차도 엄청나지만(세계 육류 소비량의 27%로 미국의 2배), 1인당 소비량을 따지면 미국의 절반이다. 여론조사 결과를 살펴보면, 스스로를 전통적인 소비자(통상적인 육류 섭취자)라고 여기는 사람의 비율이 미국과 비슷했고(미국 60%, 중국 57%), 나머지는 스스로를 깨어 있는 소비자라고 생각했다. 그리고 비건주의에서 고기 섭취량을 나름 제한하는 사람에 이르기까지 다양한 부류가 존재했다.[51] 깨어 있는 육류 소비자의 비율은 증가할 가능성이 높으며, 거기에 인구 노화(건강에 더 신경을 쓰고 고기를 덜 먹는 경향이 있다)를 결부시키면 육류 평균 소비량은 안정 상태에 이르거나 아마 좀 줄어들 수도 있다.

중국의 환경 조건도 고려해야 한다. 중국은 본질적으로 경작지를 더 늘릴 수 있는 여지가 전혀 없다. 1990년 이후 교외 농경지를 대규모 산업 및 주택 단지로 급속히 전환했는데, 그 과정을 계속할 여력도 없다. 북부의 성들은 물 공급량이 늘 위태위태하고, 전국의 물 수지는 기후변화 때문에 상당히 변덕스러워질 수 있다. 또 5장에서 언급했듯 전체 경작지의 약 5분의 1이 중금속 축적의 영향을 받아왔다. 이런 현실에 지속적인 식단 변화가 결부되면 곡물 수입량이 꽤 늘어나고, 여전히 매우 높은 수준이던 식량 자급률(2016년 95%)도 떨어질 것이라고 예상할 수 있다.

각 성의 수확량 차이를 고려한 중국의 쌀 생산 잠재력을 상세히 분석한 연구는 현재의 수확과 소비 추세를 유지하기만 해도, 기존 생산지를 줄이지 않는다고 할 때 이 주식(쌀)의 자급자족 상태가 지속될 가능성이 높다고 결론지었다. 또 전반적으로 벼 이모작 방식의 수확량 증대와 일모작을 하는 세 성의 비교적 낮은 수확량 격차를 줄이는 데 투자하는 쪽이 가장 유리할 것이라고 내다봤다.[52]

내가 거의 30년 전에 내린 결론은 약간의 단서를 달아서 앞으로 20~30년 동안 더 연장할 수도 있을 듯하다. 중국이 미국만큼 육식을 선호하게(1인당 기준) 되지 않는 한 세계 곡물 시장에 과도한 요구를 하지는 않을 것이며, 최근의 식량 생산량 및 수입량을 약간 늘림으로써 관리할 수 있을 것이다(완전히는 아닐지라도 대체로). 식단이 더 바뀌면 사료용 곡물, 식용유, 특수 상품의 수입량이 더 늘어날 수도 있다. 이런 변화는 식량 가격 상승의 주요 원인이 될 수 있고, 큰 대외 무역 흑자국인 중국과 달리 식량 수입 대금을 지불할 능력이 훨씬 떨어지는 저소득 국가에 영향을 줄 수 있다. 따라서 중국이 조만간 식량 재앙에 빠지거나 식량 재앙을 일으킬 일은 전혀 없다.

아프리카 사하라사막 이남의 식량 생산

사하라사막 이남의 전망은 훨씬 더 우려스럽다. 2022년 〈세계 식량 위기 보고서The Global Report on Food Crises〉에는 식량난에 허덕이는 35개국의 명단이 실렸다. 중앙아메리카는 4개국, 아시아는 6개국이었다. 한편 아프리카 사하라사막 이남 지역은 25개국이었다. 작은 섬나라를 제외하면 그 지역 면적의 거의 60%에 달한다.[53] 6장에서 언급했듯 주식 작물의 수확량이 가장 낮은 지역이자, 수확량 격차를 좁힐 필요성이 가장 절실한 지역이다. 인구의 4분의 1이 항구적인 식량 불안을 겪고 있으며(건기 또는 가뭄이나 메뚜기가 창궐하는 시기에 더 심해진다), 2050년까지 늘어날 세계 인구의 약 절반이 살아갈 지역이기 때문이다. 사하라사막 이남의 작물 수확량은 가능한 수준에 한참 못 미치며, 수확량 격차는 주식 곡물(옥수수, 벼, 수수)뿐 아니라 감자와 각 지역에 중요한 콩에서도 나타난다. 그리고 (아래의 사례들이 잘 보여주듯) 모두 다량원소, 특히 질소의 부족이 가장 큰 장애물이다.

최근의 한 연구는 그 지역의 옥수수 수확량을 현재 수준의 물 부족 상태에서 수확 가능한 잠재력의 약 20%에서 50~75%로 높여야 하지만, 그러려면 질소비료 투입량을 최소 9~15배 늘려야 할 것이라고 추정했다. 그렇지 않으면 지속적인 토양 양분 '채굴'로 수확량이 더욱 낮아질 것이다.[54] 소농(경작지 면적 2헥타르 미만)은 질소를 헥타르당 10kg보다 적게 뿌릴 때가 많으며(여기에 늘 부족하지만 많든 적든 유기 비료도 포함), 그 결과 토양의 질소 함량이 점점 줄어들고 수확량도 만성적으로 낮게 유지된다. 17개국에서 다양한 벼 생산 체계(관개, 빗물, 고지대)를 대상으로 시험 재배를 해보니, 가장 부족한 영양소가 질소이고 그다음은 인이었다. 질소를 추가함에 따라 수확량이 증가했지만, 그래도 아시아 최대 수준에는 한참 못 미쳤다.[55] 아프리카 동부와 남부에서 이루어진 또 다른 연구는 헥타르당 약 1~3톤인 수확량 격차가 잡초 억제, 유해 조류 방제, 경지 정리, 짚 관리(재순환, 현장 소각, 제거)와도 관련이 있음을 알아냈다. 따라서 비료의 양을 늘리는 것만으로는 부족하다.[56]

그러나 미래의 모든 옥수수 수확량 시나리오를 복잡하게 만드는 주요인이 하나 있다. 그 지역에서 뿌리가 영향을 미치는 토양 환경인 근권rooting zone의 불확실성이다. 미국 옥수수 지대의 상대적으로 젊고 깊은 토양과 달리, 사하라사막 이남 지역 농경지는 (알루미늄과 철이 풍부한 토양층인 홍토laterite여서) 근권이 제한적일 뿐 아니라 보수력도 한정되어 있다. 최선의 가용 공간 정보를 토대로 한 평가에서, 사하라사막 이남의 (곡물이 뿌리를 뻗기 용이한) 토양 깊이가 미국의 옥수수 지대나 아르헨티나의 팜파스에 상응하는 수준이 되기만 하면 옥수수를 충분히 생산할 수 있다고 결론지은 이유는 바로 그 때문이다.[57] 이런 단일 변수에 몹시 민감하므로 수확량 증대 가능성을 더 현실적으로 평가하려면, 대다수 지역에서 토양의 특성을 더 자세히 파악해야 한다.

강수량의 정상적인 변동 때문에 해마다 수확량이 크게 달라진다는 점도 또 다른 제약 요인이다. 사하라사막 이남 지역은 미국의 옥수수 지대보다 변동 폭이 2배가 넘으며, 그에 따라 수확량 예측의 불확실성이 더 커서 비료 투입량을 늘리는 투자를 할 때 당연히 위험도 커진다. 아주 메마른 해에는 수익이 나지 않을 수도 있기 때문이다.

수확량이 떨어지는 작물은 옥수수뿐만이 아니다. 사하라사막 이남 지역의 감자 수확량도 현재 헥타르당 평균 10톤 남짓에 불과하다. 반면, 잠재 수확량은 60t/ha이 넘고 시험 재배지에서도 30t/ha을 넘는다. 이렇게 50톤이라는 수확량 격차가 생기는 주된 이유는 질 나쁜 종자, 세균성 시들음병, 척박한 토양, 미흡한 양분 공급 그리고 해충 때문이다.[58] 서아프리카의 주요 콩 작물은 동부콩인데, 수확량이 낮아 대체로 헥타르당 500~800kg이다.[59] 그러나 여기서도 3가지 다량영양소의 공급량을 늘리는 것이 가장 중요한 요소이며, 해충 방제는 두 번째다. 모든 콩류가 그렇듯 동부콩도 질소를 고정할 수 있지만, 이런 공생 활동은 인의 가용성에 따라 제한을 받으며, 동부콩은 요소 비료에 반응한다.

비료가 더 많이 필요하다는 것은 사하라사막 이남 지역의 보편적 요구 조건이며, 이들 국가 중 8개국의 자료를 분석한 결과도 그렇다는 것을 확인해준다. 비료 사용량이 늘수록 수확량 격차는 줄어들며, 예상할 수 있듯이 더 나은 종자와 함께 썼을 때 특히 더 그렇다.[60] 또 당연하지만 수확량 격차는 농민들이 최적 생산 방식에 관한 정보를 접할 수 있을 때 상당히 줄어든다. 수확 잠재력이 낮은 지역은 특히 그렇다. 주목할 만한 발견은 수확량 격차가 여성이 가장인 가구에서 심하고, 빈부 격차가 수확량 격차를 키우고, 소농의 수확량 격차는 경작지 면적에 비례하며 3.3헥타르를 넘어서야 줄어들기 시작한다는 것이다.

미래는 어떻게 될까

수확량 격차의 주된 이유가 무엇인지는 명백하고 그 해결책도 잘 알려져 있지만, 한 가지 중요한 질문이 남아 있다. 필요한 수확량 격차 감소 조치를 실행하면, 2050년까지 이 지역에서 스스로를 먹여 살릴 수 있을까? 아프리카, 유럽, 미국의 농업학자들로 이루어진 국제 연구진은 사하라사막 이남 10개국의 수확량 격차를 분석한 후 이렇게 결론 내렸다. "기존 생산지에서 수확량 격차를 없애는 것만으로는 사하라사막 이남 지역의 미래 곡물 수요를 충족시키기 불가능할 것이다."[61] 이런 의견은 사하라사막 이남 주요 10개국의 수확량 격차를 해당 지역의 자료를 토대로 현실적으로 검토해서 나온 것이며, 연구진은 (삼림 벌채 및 목초지 전환을 통한) 경작지 확장을 하지 않고 주식 곡물의 수입 의존성이 더 심해지는 것을 막으려면 추가 조치가 필요하다고 말한다. 무엇보다도 이모작이나 삼모작처럼 수확 강도를 증대시키고 관개 면적을 확대하는 것이 필요하다.

그렇다고 해서 21세기 중반에 사하라사막 이남 지역이 늘어날 인구 10억 명까지 먹여 살릴 만큼 식량 안보를 더 튼튼히 할 수 없다는 의미는 아니다. 하지만 그렇게 하려면 기존 농경지의 수확량 개선뿐 아니라 훨씬 더 복합적인 노력을 지속적으로 기울여야 하며, 아메리카와 유라시아로부터 들여오는 상당한 양의 식량에도 여전히 의존해야 할 것이다. 현재 세계가 직면한 과제들 중에 아프리카의 생산-수요 격차를 조금이라도 낮추는 것보다 중요한 일은 거의 없다. 앞서 개괄한 자연적 제약을 제외하고 이 지역이 뒤처져 있는 근본적 이유는 수십 년 전부터 잘 알려져 있다. 미흡한 행정력, 만연한 정치 불안, 끝없어 보이는 국경 분쟁, 너무나 많은 나라들에서 벌어지는 내전(수단, 남수단, 에리트레아, 에티오피아, 소말리아, 르완다, 부룬디, 콩고민주공화국, 앙골라, 나이지리아, 니제르, 말리, 라이베리아, 시에라리온, 모잠비크), 국내의 긴장 상태(아프리카에서 인구가 가장 많은 에티오피아와 나이지리아에서는 만성적이다), 극심한 경제 불평등과 지나친 수입 의존도 등이 그렇다. 그리고 경제 발전을 가로막는 이런 기본적인 문제를 없애거나 적어도 약화시키지 못한다면, 우려되는 식량 공급 상황이 더욱 나빠져 다시금 이런 고질적인 위기가 심화되는 악순환이 벌어질 수 있다.

지구온난화

그리고 물론 지구온난화와 식량 생산의 상호작용에서 비롯되는 더욱 거대한 난제도 있다. 지구 물 순환의 변화(따뜻한 지역에서 비와 눈이 더 잦아지겠지만, 비와 눈을 가장 필요로 하는 곳이 아닐 수도 있다)부터 생육기 변동(프랑스의 포도주용 포도 수확일이 앞당겨지는 게 대표적인 사례다)과 주식 작물의 영양 함량에 미치는 영향까지 여러 가지 바람직하지 않은 사건이 그렇다.[62] 그러나 대기 이산화탄소 농도 증가는 식물, 특히 작물에 이롭기도 하며, 생물권에 초목이 더 우거지게 하는 효과를 일으키는 것도 분명하다.

위성 관측 자료는 21세기의 첫 20년 동안 세계 식생지의 약 절반에서 녹음이 더 짙어졌음을 보여준다(우주에서 볼 때 잎들이 더 빽빽해졌다). 이렇게 식물들(작물, 풀, 나무)의 늘어난 잎 면적은 아마존 우림 전체 면적과 비슷했다. 반면에 지구의 4% 미만 지역에서는 갈색화가 일어났다. 그리고 작물을 재배하기 좋은 환경에서 기르는 옥수수의 수확량을 조사하니, 최근에 증가한 수확량의 약 절반은 10년 동안의 기후변화 추세와 관련이 있었다. 그에 비해 농사 방식 개선은 약 40%, 유전적 잠재력 개선은 겨우 13% 수확량 증가에 기여했음이 드러났다.[63] 게다가 녹화綠化 효과는 앞으로 더욱 뚜렷해질 수 있다. 식물의 이산화탄소 흡수를 다루는 기존 모델들이 생리학의 최신 연구 성과를 반영한 것은 아니기 때문이다. 높아지는 기온에 식물이 순응하는 양상, 이산화탄소가 루비스코를 포함한 쪽으로 이동하는 속도에 따른 변화, 잎 질소의 재분배 등이 그렇다. 이런 효과들까지 고려하면, 21세기 후반에는 세계 녹음이 기존 모델에서 제시하는 것보다 최대 20%까지 더 늘어날 수 있다.[64]

이런 복잡성과 상호작용에 관한 우리의 이해는 계속 향상되고 깊어진다. 그러나 이런 효과를 가장 상세하게 살펴보는 일은 장기 예측 모델에 의존한다. 그리고 방금 언급한 향후 녹화 범위에 관한 최근의 모델 수정 사례가 시사하듯 장기 예측 모델은 (기본 가정과 기후변화의 복잡성 및 광합성 생산성의 상호작용에 관한 우리의 이해 부족부터 예상되는 영향을 관리하기 위해 앞으로 수십 년 동안 우리가 취해야 할 완화 및 적응 조치에 이르기까지) 여러 일반적인 문제들을 안고 있다. 우리가 취해야 할 조치들에는 파종 날짜 조정, 작물 성숙 기간 단축, 이모작 또는 삼모작 확대, 가뭄에 잘 견디는 품종 도입, 의미 있는 식단 조정 등이 포함된다.

그리고 기온 상승과 이산화탄소 농도 증가는 필연적으로 식물별·지역별로 상당한 차이를 빚어낼 것이다. 최근의 한 모형은 높은 배출량 시나리오에서 2050년까지 중국과 브라질의 옥수수 수확량이 1.5~2t/ha, 아시아와 라틴아메리카의 벼 수확량이 0.5~1t/ha씩 줄어들 수 있는 반면, 더 고위도 지역의 밀 수확량은 1~2t/ha씩 증가할 수 있다고 예측한다.[65] 그리고 이런 수확량 감소(여기서는 실제가 아니라 모형이 예측한)가 우려된다면, 작물 경작을 최적화함으로써(각 지역의 수확 잠재력을 최대로 달성할 수 있도록) 8억 2,500만 명을 더 먹일 수 있을 만큼의 식량을 생산할 수 있다고 결론 내린 최근의 다른 세계 평가 연구 결과도 있다는 것을 말해두고 싶다. 게다가 이 연구는 물 수요를 10% 줄이면서 그렇게 할 수 있다고 내다본다.[66] 또 다른 연구는 파종과 수확 날짜를 옮기는 등 생육기를 기후변화에 맞춰 적절히 조정하면 기후변화의 부정적 영향을 줄이고, 실제 세계 작물 수확량을 약 12% 늘릴 수 있다는 것을 보여주었다.[67]

그리고 설령 이런 환영할 만한 수확량 증가가 여러 모델이 예측한 것만큼 뚜렷하게 나타나지 않는다고 할지라도, 앞서 주장했다시피 곡물의 최종 용도를 조정해야 한다. 우리는 곡물의 3분의 1 이상을 동물에게 먹일 필요가 없으며, 곡물의 거의 10%를 바이오 연료로 전환할 필요도 없다. 그리고 수요 측면에서, 세계 식량 생산에 영향을 미칠 또 다른 중요한 요인이 있다. 바로 인구 노화다. 20~60세에는 기초대사량과 총에너지 지출이 꽤 안정적으로 유지되지만, 그 뒤에는 떨어지기 시작하며 체중 감소보다 에너지 지출 감소(활동량 저하)가 더 중요해진다.[68] 놀랄 일도 아니지만, 2022년 인구의 35%가 60세 이상을 차지하는 일본에서는 1인당 평균 식량 공급량이 1990년 이래로 이미 약 10% 줄었고, 급속히 노화하는 다른 나라들에서도 비슷하게 점진적인 감소가 일어난다고 예상할 수 있다. 지금은 중국도 여기에 포함된다.

그래서 나는 세계 식량 공급의 장기적 전망에 대해서는 여전히 모르겠다고 말하련다. 지속되는 인구 성장 때문에, 또는 지속되는 지구온난화 때문에 어떻게 될지 불분명하며, 현재 우리가 할 수 있는 일에 제한을 받지도 않을 것이다.

이 문제를 다루려면 또 다른 책, 그것도 아주 두꺼운 책이 필요할 것이다. 이번 책은 주로 기본적인 생물물리학적 결정 요인 (광합성 효율, 영양소 요구량, 사료 효율), 식량 생산의 결과와 그 이용 (영양 요구 조건, 식량 공급, 세계 식량 체계의 특성)을 주로 다루었다. 여기에 (내가 판단할 때) 2050년까지 세계 식량 공급에 근본적인 변화를 일으킬 가능성이 그리 크지 않은 (유망하다고 알려진) 혁신들, 또 효과적이면서 꾸준히 추구할 때 환경에 미치는 영향을 줄이며 인류를 먹여 살릴 식량을 생산한다는 이상적인 목표에 더 가까이 다가가게끔 해줄 수도 있는 방안들을 짧게 평가한 내용을 덧붙였다.

내 목표는 세계 식량 생산의 근본적인 한계와 본질적인 복잡성을 더 깊이 이해하는 데 있었다. 그중 가장 중요한 것은 광합성을 통한 생산성의 생물물리학적 한계와 인간 행동 변화의 어려움이다. 특히 주된 식단을 바꾸는 일은 쉽지 않다. 이런 현실 때문에 대규모 환경 파괴를 더 악화시키지 않으면서 세계 식량 안보를 확보할 해결책을 내놓을 만한 대안들의 범위가 줄어든다. 그러나 선택의 범위가 이렇게 좁아져도, 현실적으로 볼 때 여전히 세계 식량을 앞으로도 충분히 공급할 수 있다는 희망을 가질 만하다. 다음 세대에 식량을 적절히 공급하는 데에는 그 어떤 유례없는 개선도, 시도된 적 없는 급진적인 해결책도 필요하지 않다. 우리는 그저 식량 생산 효율을 높이고, 음식 쓰레기를 감축하고, 식단을 조정하고, 식품이 전반적으로 환경에 미치는 영향을 줄이는 방안들을 장려하는 일을 계속하기만 하면 된다.

인구 감소(현재 대규모 이민을 허용하지 않는 모든 고소득 국가들의 표준으로 자리 잡았다), 출산율 저하(인구가 많은 모든 나라들이 속하며, 아시아 국가들은 이미 인구 대체 수준에 근접했거나 그보다 낮아진 반면, 아프리카 국가들은 아직 그보다 높다), 식량 수요 하락(대체로 모든 고령화 사회에서 나타난다)에 힘입어 이 일은 한 세대 전에 생각했던 것보다 더 쉬워질 게 분명하다. 한 세대 전에는 세계 인구가 100억 명을 한참 넘어설 것이라는 전망이 가장 그럴듯한 장기 예측이었다. 지금은 2060년대 중반에 97억 명으로 정점을 찍은 뒤, 2100년에 약 88억 명으로 줄어들 것이라는 전망이 가장 가능성이 높다. 이전의 예측들에 비해 20억 명이 적은 수치다.[69]

그런 한편으로 지구온난화에 따른 기후변화는 세계 각지에 불균등하게 영향을 미쳐서 부정적인 변화와 긍정적인 변화가 결합되어 일어날 테고, 그에 따라 일부 지역과 일부 작물은 대처하기가 한층 힘들어질 것이다. 그리고 작물과 가축의 유전자 변형으로 수확량이 대폭 증가할 수 있다는 주장은 인상적으로 들리지만, 그런 품종이 언제쯤 상업적 규모로 채택될지는 여전히 불분명하다. 주된 식단을 자발적으로 상당한 수준까지 바꾸게 될 것이라는 전망도 마찬가지다. 세계적인 전환에는 긴 시간이 걸리게 마련이다.

이런 불확실한 것들의 조합은 전혀 새로운 것이 아니다. 나는 추측이 아니라 사실을 제공하기 위해 이 책을 썼으며, 다행스럽게도 이런 사실들은 우리를 안심시킨다. 우리는 그 어떤 장기 정량적 예측이든 의심스러운 시선으로 바라봐야 한다. 하지만 기본적인 생물물리학적 현실과 지속적인 수확량 증대를 고려하고 앞으로 이루어질 개선을 현실적으로 평가할 때, 대규모 충돌과 유례없는 사회 붕괴가 일어나지 않는 한 세계는 21세기 중반 이후까지 늘어나는 인구를 먹여 살릴 수 있다고 주장하는 것이 합리적이다. 또 그때쯤이면 새로운 인구통계학적 현실과 새로운 과학 발전이 결합해 전혀 새로운 대안들을 제시할 수도 있을 것이다.

옮긴이의 말

스밀의 책을 읽다 보면 여러 번 놀라고 감탄하게 된다. 이 방대한 통계 자료를 대체 어떻게 모으고 정리하고 요약했을까 하는 생각이 먼저 들고, 이어서 어떻게 이렇게 짜임새 있게 배치해서 이야기를 끌고 나갈 수 있을가 하는 감탄이 이어진다. 그리고 그 숫자들을 차근차근 제시하면서 과장된 주장을 논박하고, 합리적이면서 객관적으로 논지를 펼쳐나가는 과정에 다시금 놀라게 된다. 게다가 자신이 제시한 숫자들이 어떤 점에서 미흡하고 한계가 있는지까지 명확히 밝히면서 논리를 전개한다.

이 책에서 저자는 이런 방식을 인류의 식량 문제에 적용한다. 맬서스가 한 마디 툭 던진 이래로 늘 인류는 식량 부족으로 굶어죽지나 않을까 하는 걱정을 안고 살아왔다. 게다가 세계 인구가 하염없이 늘어나왔으니 더욱 그렇다. 물론 최근 들어 우리 나라는 오히려 인구 감소로 사정이 정반대가 된 느낌도 있지만, 세계 전체를 보면 여전히 그렇지 않은가?

게다가 온난화에 따른 기후 변화와 급격한 날씨 변동, 산불과 해충, 감염병 등등 식량 생산을 저해하는 온갖 요인들이 더욱 난무하면서, 매일같이 뉴스에 뜬다. 그러니 걱정은 더 커질 수밖에 없다. 머지않아 수십억 명이 굶어죽을 것이라는 비관론이 늘 있어온 것도 당연하다.

그런 한편으로 식량 문제를 해결할 수 있다는 이런저런 주장들도 인기를 얻고 있다. 유기농부터 대체육과 유전자 변형 작물에 이르기까지, 환경에도 좋고 건강에도 좋으면서 인구 전체를 충분히 먹여 살릴 수 있다는 대안들을 내세우는 이들도 힘을 얻고 있다. 듣고 있으면, 녹색 혁명의 시대에 이어서 먹거리 문제를 항구적으로 해결할 새로운 식량 혁명이 곧 이루어질 것 같기도 하다.

이 책은 수많은 객관적인 통계 자료와 숫자로 우리가 길들여 식량으로 삼은 동식물이 왜 지금과 같은 것들인지부터 시작해서 지금까지 식량 생산에 일어난 변화와 추세를 짚어나가면서, 온갖 주장들을 비판적으로 검토한다. 어떤 주장이 과장된 것이고, 어떤 대안이 실현 불가능한 것이고, 어떤 것이 가능한지를 하나하나 따진다. 우리 자신이 옹호하거나 마음에 드는 주장이 논박될 때면 언짢을 수도 있지만, 저자가 객관적인 자료로 펼쳐나가는 이야기를 듣고 있으면, '아, 그렇구나' 하는 감탄이 절로 나온다. 인류와 식량이라는 중요한 문제의 진정한 해결책이 무엇인지를 편견에 휩싸이지 않고 합리적으로 생각할 수 있게 해준다.

이한음

참고문헌

1장　지금까지 농업은 우리를 위해 무엇을 했을까

1.　침팬지가 사체를 먹는다는 사실은 연구를 통해 밝혀졌지만, 이는 드물게 발생하며 동족 섭식도 마찬가지다. Watts, D.P. 2008. "Scavenging by chimpanzees at Ngogo and the relevance of chimpanzee scavenging to early hominin behavioral ecology." *Journal of Human Evolution* 54: 125 – 33; Goodall, J. 1977. "Infant killing and cannibalism in free-living chimpanzees." *Folia Primatologica* 28: 259 – 89; Nishie, H. and M. Nakamura. 2017. "A newborn infant chimpanzee snatched and cannibalized immediately after birth: Implications for 'maternity leave' in wild chimpanzees." *American Journal of Biological Anthropology* 165(1): 104 – 9. For the best evidence of Neanderthal cannibalism see: Rougier, H. et al. 2016. "Neandertal cannibalism and Neandertal bones used as tools in Northern Europe." *Scientific Reports* 6: 29005.

2.　주목할 만한 침팬지 식단 연구들. Wrangham, R.W. and E.Z.B. Riss. 1990. "Rates of predation on mammals by Gombe chimpanzees, 1972 – 1975." *Primates* 31: 157 – 70; Basabose, A.K. 2002. "Diet composition of chimpanzees inhabiting the montane forest of Kahuzi, Democratic Republic of Congo." *American Journal of Primatology* 58: 1 – 21; Watts, D.P. et al. 2012. "Diet of chimpanzees (*Pan troglodytes schweinfurthii*) at Ngogo, Kibale National Park, Uganda, 1. Diet composition and diversity." *American Journal of Primatology* 74: 114 – 29; Piel, A.K. et al. 2017. "The diet of open-habitat chimpanzees (*Pan troglodytes schweinfurthii*) in the Issa valley, western Tanzania." *Journal of Human Evolution* 112: 57 – 69; Moore, J. et al. 2017. "Chimpanzee vertebrate consumption: Savanna and forest chimpanzees compared." *Journal of Human Evolution* 112: 30 – 40.

3. Pruetz, J.D. and P. Bertolani. 2007. "Savanna chimpanzees, *Pan troglodytes verus*, hunt with tools." *Current Biology* 17: 412 – 17.

4. Wessling, E.G. et al. 2020. "Chimpanzee (*Pan troglodytes verus*) density and environmental gradients at their biogeographical range edge." *Journal of Primatology* 41:822 – 48; Chitayat, A.B. et al. 2021. "Ecological correlates of chimpanzee (*Pan troglodytes schweinfurthii*) density in Mahale Mountains National Park, Tanzania." *PLoS ONE* 16(2): e0246628.

5. Pobiner, B.L. 2020. "The zooarchaeology and paleoecology of early hominin scavenging." *Evolutionary Anthropology* 29: 68 – 82.

6. Ben-Dor, M. et al. 2021. "The evolution of the human trophic level during the Pleistocene." *Yearbook of Physical Anthropology* 175 (suppl. 72): 27 – 56.

7. 과잉 살육 가설의 역사. Martin, P.S. 1958. "Pleistocene ecology and biogeography of North America." *Zoogeography* 151: 375 – 420; Martin, P.S. 2005. *Twilight of the Mammoths*. Berkeley: University of California Press. For its critique see: Smil, V. *Harvesting the Biosphere*. Cambridge, MA: MIT Press, 78 – 87.

8. 수렵·채집인의 민족지학 연구들을 검토하고 요약한 문헌. Murdock, G.P. 1967. "Ethnographic atlas." *Ethnology* 6: 109 – 236; Kelly, R.L. 2013. *The Lifeways of Hunter-Gatherers: The Foraging Spectrum*. Cambridge: Cambridge University Press; Cummings, V. et al., eds. 2018. *The Oxford Handbook of the Archaeology and Anthropology of Hunter-Gatherers*. Oxford: Oxford University Press.

9. Marlowe, F.W. 2005. "Hunter-gatherers and human evolution." *Evolutionary Anthropology* 14: 54 – 67.

10. Maschner, E.D.G. and B.M. Fagan. 1991. "Hunter-gatherer complexity on the west coast of North America." *Antiquity* 65: 921-3; Ames, K.M. 1994. "Complex hunter-gatherers, ecology, and social evolution." *Annual Review of Anthropology* 23: 209 – 29.

11. Huffa, C.D. et al. 2010. "Mobile elements reveal small population size

in the ancient ancestors of Homo sapiens." *Proceedings of the ational Academy of Sciences* 107: 2147−52.

12. Tallavaaraa, M. et al. 2015. "Human population dynamics in Europe over the Last Glacial Maximum." *Proceedings of the ational Academy of Sciences* 112: 8232−7.

13. Bailey, R.C., G. Head, M. Jenike et al. 1989. "Hunting and gathering in tropical rain forest: Is it possible?" *American Anthropologist* 91: 59−82; Bailey, R.C. and T.N. Headland. 1991. "The tropical rain forest: Is it a productive environment for human foragers?" *Human Ecology* 19: 261−85.

14. Sheehan, G.W. 1985. "Whaling as an organizing focus in Northwestern Eskimo society." In T.D. Price and J.A. Brown, eds., *Prehistoric Hunter-Gatherers*. Orlando, FL: Academic Press, 123−54; Krupnik, I.I. and S. Kan. 1993. "Prehistoric Eskimo whaling in the Arctic: Slaughter of calves or fortuitous Ecology?" *Arctic Anthropology* 3: 112.

15. Childe, V.G. 1936. *Man Makes Himself*. London: Watts & Company, 61. 농업과 채집 생활의 장기간 공존에 대해서는 다음을 보라. Smil, V. 2017. *Energy and Civilization: A History*, Cambridge, MA: MIT Press; Bharucha, Z. and J. Pretty. 2010. "The roles and values of wild foods in agricultural systems." *Philosophical Transactions of the Royal Society B* 365: 2913−26.

16. Lo Cascio, E. 1994. "The size of the Roman population: Beloch and the meaning of the Augustan census figures." *Journal of Roman Studies* 84: 23−40; Scheidel, W. 2007. *Roman Population Size: The Logic of the Debate*. Stanford, CA: Princeton/Stanford Working Papers in Classics.

17. Zeder, M. 2006. "Central questions in the domestication of plants and animals." *Evolutionary Anthropology* 15: 105−117. 호더는 이 반대되는 설명을 인간-사물 얽힘의 과정으로서 제시한다. Hodder, I. 2012. *Entangled: An Archaeology of the Relationships between Humans and Things*. Hoboken, NJ: John Wiley.

18. Richerson, P.J. et al. 2001. "Was agriculture impossible during the Pleistocene but mandatory during the Holocene? A climate change hypoth-

esis." *American Antiquity* 66: 387 – 412.

19. Binford, L.R. 2001. *Constructing Frames of Reference: An Analytical Method for Archaeological Theory Building Using Ethnographic and Environmental Data Sets*. Berkeley, CA: University of California Press.

20. Butzer, K.W. 1976. *Early Hydraulic Civilization in Egypt*. Chicago: University of Chicago Press; Butzer, K.W. 1984. "Long-term Nile flood variation and political discontinuities in Pharaonic Egypt." In: J.D. Clark and S.A. Brandt, eds., *From Hunters to Farmers*. Berkeley, CA: University of California Press, 102 – 12.

21. Buck, J.L. 1937. *Land Utilization in Chin*a. Nanking: University of Nanking; Perkins, D.S. 1969. *Agricultural Development in China*, 1368 – 1968. Chicago: University of Chicago Press.

22. Chorley, G.P.H. 1981. "The agricultural revolution in Northern Europe, 1750 – 1880: Nitrogen, legumes, and crop productivity." *Economic History Review* 34: 71 – 93; Clark, G. 1991. "Yields per acre in English agriculture, 1250 – 1850: Evidence from labour inputs." *Economic History Review* 44: 445 – 60; Bieleman, J. 2010. *Five Centuries of Farming: A Short History of Dutch Agriculture*. Wageningen: Wagenin- gen University.

23. 식량농업기구의 2021년 세계 총면적(수십억 헥타르). https://www.fao.org/faostat/en/#data/RL. 농지 4.82, 경작지 1.58, 가용 재배지 1.40, 다년생 작물 재배지 0.18, 목초지와 야초지 3.20. 세계 인구 78억 명을 경작지로 나누어 올림한 값이다.

24. FAO. 2021. *The State of Food Security and nutrition in the World*. https://www.fao.org/faostat/en/#data/RL

25. FAO. 2001. *Human Energy Requirements*. Rome: FAO; WHO. 2007. *Protein and Amino Acid Requirements in Human Nutrition: Report of a Joint FAO/WHO/UNU Expert Consultation*.

26. 아마도 영양 성분(에너지, 다량원소, 미량원소)에 대한 가장 상세한 데이터를 찾을 수 있는 최적의 온라인 사이트는 https://www.nutritionvalue.org 일 것이다. 이 사이트에서는 모든 데이터를 단위 무게(국제 단위 및 미국 단위)와 부피(미국 단위)뿐만 아니라, 끼니별(크기별, 가능할 경우 요리별)로도 제공한다. 또한 날것뿐만 아니라 가공 또는 조리한 음식에 대한 자료도

포함되어 있다.

27. 2020년대 초반, 전 세계 무화과의 70% 이상이 튀르키예, 모로코, 이집트, 알제리, 이란 등 5개국에서 생산되었다.

28. 이는 바나나, 수박, 사과, 오렌지, 포도로 구성된 세계 5대 과일종의 연간 수확량을 모두 합친 것보다도 많다.

29. Rothman, J. et al. 2007. "Nutritional composition of the diet of the gorilla (*Gorilla beringei*): a comparison between two montane habitats." *Journal of Tropical Ecology* 23: 673 – 82; Schulz, D. et al. 2018. "Anaerobic fungi in gorilla (*Gorilla gorilla gorilla*) feces: an adaptation to a high- fiber diet?" *International Journal of Primatology* 39: 567 – 80.

30. Furness, J.B. et al. 2015. "Comparative Gut Physiology Symposium: Comparative physiology of digestion." *Journal of Animal Science* 93.

31. Fry, E. et al. 2020. "Functional architecture of deleterious genetic variants in the genome of a Wrangel Island mammoth." *Genome Biology and Evolution* 12: 48 – 58.

32. Stefansson, V. 1946. *Not by Bread Alone*. New York: Macmillan.

33. Nunavut Department of Health. 2013. *Nutrition Fact Sheet Series Inuit Traditional Foods*. Iqaluit: Nunavut Department of Health.

34. Tucker, A. 2009. "In search of the mysterious narwhal." *Smithsonian Magazine*. https://www.smithsonianmag.com/science-nature/in-search-of-the-mysterious-narwhal-124904726/

35. Shaw, J.H. 1995. "How Many Bison Originally Populated Western Rangelands?" *Rangelands* 17: 148 – 50; Isenberg, A.C. 2000. The Destruction of the Bison: An Environmental History, 1750 – 1920. Cambridge: Cambridge University Press.

36. Forest Service. 2018. "Hunting, fishing and conservation go hand in hand." https://www.fs.usda.gov/inside-fs/delivering-mission/ sustain/ hunting-fishing-and-conservation-go-hand-hand

37. Rowell, R.M. et al. 2012. *Handbook of Wood Chemistry and Wood Composites*. Boca Raton, FL: CRC Press; Maleki, S.S. et al. 2016. "Characterization of cellulose synthesis in plant cells." *The Scientific World*.

38. 많은 저소득 국가는 여전히 아동과 청소년의 비율이 높은 편이며, 이는

세계 평균 체중값을 낮추는 역할을 한다.

39. 소의 개체수가 가장 많은 인도와 브라질에서는 상대적으로 작은 소가 많기 때문에, 세계 평균 소의 체중도 낮아진다.

40. Dijkstra, J. et al., eds. 2005. *Quantitative Aspects of Ruminant Digestion and Metabolism*. Wallingford: Centre for Agriculture and Bioscience International.

41. Khan, M.A. and A. Wasim, eds. 2018. *Termites and Sustainable Management Volume 1: Biology, Social Behaviour and Economic Importance*. Cham: Springer.

42. Zimmerman, P.R. et al. 1982. "Termites: A potentially large source of atmospheric methane, carbon dioxide, and molecular hydrogen." *Science* 218: 563 – 5.

43. 헥타르당 수확량이 40톤일 경우, 손실을 감안한 후 추출된 당분은 절단된 사탕수수의 10%이다. 즉, 4톤의 자당(설탕)은 kg당 17메가줄의 에너지 값을 기준으로 총 68기가줄의 에너지를 함유하게 된다. 1인당 하루 에너지 요구량은 9.2메가줄이며, 이는 연간 3.35기가줄에 해당한다. 따라서 68÷3.35=20.2가 된다.

44. Walvin, J. 2018. *Sugar: The World Corrupted: From Slavery to Obesity*. New York: Pegasus Books.

45. 그중 절반 이상은 브라질, 인도, 중국, 태국, 미국 등 5개국에서 생산된다.

2장 우리는 왜 일부 식물은 많이 먹고 다른 식물은 먹지 않을까

1. Barigozzi, C., ed. 1986. *The Origin and Domestication of Cultivated Plants*. Amsterdam: Elsevier; Zohary, D. et al. 2012. *Domestication of Plants in the Old World: The Origin and Spread of Domesticated Plants in Southwest Asia, Europe and the Mediterranean Basin*. Oxford: Oxford Scholarship Online.

2. Armelagos, G.J. and K.N. Harper. 2005. "Genomics at the origins of agriculture, part one." *Evolutionary Anthropology* 14: 68 – 77; Kantar, M.B. et al. 2017. "The genetics and genomics of plant domestication." *BioScience* 67: 971 – 82.

3. Damama, A.B. et al., eds. 1998. *The Origins of Agriculture and Crop Domes-*

tication. Berkeley: University of California.

4. Hillman, G.C. and M.S. Davies. 1990. "Domestication rates in wild-type wheats and barley under primitive cultivation." *Biological Journal of the Linnean Society* 39: 39 – 78.

5. Meyer, R.S. et al. 2012. "Patterns and processes in crop domestication: an historical review and quantitative analysis of 203 global food crops." *New Phytologist* 196: 29 – 48.

6. 비리바의 영어 이름이 모든 것을 설명해준다. 바로 '레몬 머랭 파이 과일lemon meringue pie fruit'이다. 남아메리카에서 자라는 이 과일은 더 흔한 커스터드 애플custard apple과 비슷한 외형을 가지고 있다. 작은 와우손틀레 식물은 가지, 잎, 꽃, 씨 등 모든 부위를 먹을 수 있다. 멕시코에서는 채소이자 향신료로 사용되며, 특히 멕시코 중부에서 인기가 많다. 연녹색을 띠며 약간 쓴맛과 고약한 냄새를 풍기는 열매인 노니는 동남아시아에서 주로 식량이 부족할 때 먹는 편이다.

7. FAO. 2022. "FAOSTAT: Crops and Livestock Products." https://www.fao.org/faostat/en/#data/QCL

8. 현재 미국에서 연간 수확하는 옥수수의 약 40%는 에탄올 생산에 쓰이며, 브라질에서 수확하는 사탕수수도 약 45%가 에탄올로 전환된다. US Department of Agriculture. 2021. "Feedgrains Sector at a Glance." https://www.ers.usda.gov/topics/crops/corn-and-other-feed-grains/feedgrains-sector-at-a-glance/; Barros, S. 2021. "Sugar Semi-annual."

9. 브라질의 제당 산업은 연간 6억 톤이 넘는 사탕수수를 가공하며, 그 과정에서 약 1억 6,000만 톤의 찌꺼기인 버개스가 발생한다. Tilasto. 2021. https://www.tilasto.com/en/country/brazil/energy-and-environment/bagasse-production

10. Weiss, E. and D. Zohary. 2011. "The Neolithic Southwest Asian founder crops: Their biology and archaeobotany." *Current Anthropology* 52: S237 – S254.

11. Zaharieva, M. et al. 2010. "Cultivated emmer wheat (Triticum dicoccon Schrank), an old crop with a promising future: a review." *Genetic Resources and Crop Evolution*.

12. Einkorn.com. 2022. "The history of einkorn, nature's first and oldest

wheat." https://www.einkorn.com/einkorn-history/

13. Caracuta, V. et al. 2015. "The onset of faba bean farming in the Southern Levant." *Scientific Reports* 5: 14370.

14. Sedivy, E.J. et al. 2017. "Soybean domestication: the origin, genetic architecture and molecular bases." *New Phytologist* 214: 539 - 53.

15. Swarts, K. et al. 2017. "Genomic estimation of complex traits reveals ancient maize adaptation to temperate North America." *Science* 357: 512 - 5.

16. Haas, M. et al. 2019. "Domestication and crop evolution of wheat and barley: Genes, genomics, and future directions." *Journal of Integrative Plant Biology* 61: 204 - 25.

17. 빵의 모든 것을 알려주는 최고의 문헌. Myhrvold, N. and F. Migoya. 2017. *Modernist Bread*. Bellevue, WA: The Cooking Lab.

18. D'Andrea, S. K. et al. 2007. "Early domesticated cowpea (*Vigna unguiculata*) from Central Ghana." *Antiquity* 81: 686 - 98.

19. Henricks, R.G. 1998. "Fire and rain: A look at Shen Nung 神農 (The Divine Farmer) and his ties with Yen Ti 炎帝 (The Flaming Emperor or Flaming God)." *Bulletin of the School of Oriental and African Studies* 61: 102 - 24.

20. 식품들의 조성은 다음 웹사이트 참조. https://www.nutritionvalue.org

21. 미국인의 주된 체중과 활동 수준을 토대로 한 권장량보다 더 많다. 계산은 다음 문헌 참조. FAO. 2001. *Human Energy Requirements*. Rome: FAO.

22. 그러나 수백만 명이 이런 배급으로 견뎌야 했다. 소련 국가안보위원회 NKVD의 1939년 8월 14일자 업무 지시 00943호(소련 국가안보위원회 산하 교화노동수용소 및 유형지 재소자들의 영양과 의류에 대한 새로운 기준 도입에 관한 규정)에는 생산 할당량을 채우지 못한 노동자나 장애인에게 호밀빵 600g, 카샤(메밀죽) 100g, 감자와 채소 500g, 고기 30g을 지급하도록 명시되어 있었다. 그러나 처벌 대상에 오른 사람들은 빵 400g, 카샤 35g, 감자와 채소 400g만 배급받았으며, 고기는 아예 없었다. "European Memories of the Gulag." 2022. "Food rations." https://www.gulagmemories.eu/en/sound-archives/media/food-rations

23. Joint FAO/WHO/UNU Expert Consultation on Protein and Amino Acid Requirements in Human Nutrition. 2007. *Protein and Amino Acid Requirements in Human Nutrition: Report of a Joint FAO/WHO/UNU Ex-*

pert Consultation. Rome: FAO.

24. Report of an FAO Expert Consultation. 2013. *Dietary Protein Quality Evaluation in Human Nutrition.* Rome: FAO; Mathai, J.K. et al. 2017. "Values for digestible indispensable amino acid scores (DIAAS) for some dairy and plant proteins may better describe protein quality than values calculated using the concept for protein digestibility-corrected amino acid scores (PDCAAS)." *British Journal of Nutrition* 117: 490 – 9.

25. 콩을 가공하고(갈아서 응고해 만든 두부) 발효시키면(메주) 소화가 더 잘된다. Han, B. et al. 2001. "A Chinese fermented soybean food." *International Journal of Food Microbiology* 65: 1 – 10.

26. Dillehay, T.D. et al. 2007. "Preceramic adoption of peanut, squash, and cotton in northern Peru." *Science* 316: 1890 – 3.

27. Buck, J.L. 1930. *Chinese Farm Economy.* Nanking: Nanking University Press; Buck, J.L. 1937. *Land Utilization in China.* Nanking: Nanking University Press.

28. Bozhong, L. and P. Li. 1998. *Agricultural Development in Jiangnan, 1620– 1850.* New York: St. Martin's Press, 111; Li, L.M. and A. Dray- Novey. 1999. "Guarding Beijing's food security in the Qing dynasty: State, market, and police." *The Journal of Asian Studies* 58: 992 – 1032.

29. Oddy, D. 1970. "Food in nineteenth century England: Nutrition in the first urban society." *Proceedings of the Nutrition Society* 29: 150 – 7.

30. 식품 강화 지침은 나라마다 다르지만, 지금은 대개 정제된 흰 밀가루에 티아민(비타민 B1), 리보플라빈(비타민 B2), 니아신(비타민 B3), 엽산, 빈혈 예방을 위해 철분을 첨가한다.

31. FAO. 2022. "FAOSTAT Trade: Crops and Livestock Products." https://www.fao.org/faostat/en/#data/TCL

32. Smil, V. 2004. *China's Past, China's Future.* London, Routledge, 91.

33. Smil, V. and K. Kobayashi. 2012. *Japan's Dietary Transition and Its Impacts.* Cambridge, MA: MIT Press.

34. Bennett, M.K. 1935. "British wheat yield per acre for seven centuries." *Economy and History* 3: 12 – 29; Stanhill, G. 1976. "Trends and deviations in the yield of the English wheat crop during the last 750 years."

Agro-ecosystems 3: 1 – 10.

35. Rosentrater, K., ed. 2022. *Storage of Cereal Grains and Their Products*. Amsterdam: Elsevier.

36. Kumar, D. and P. Kalita. 2017. "Reducing postharvest losses during storage of grain crops to strengthen food security in developing countries." *Foods* 6 (8).

37. Posner, E.S. and A.N. Hibbs. 2004. *Wheat Flour Milling*. Eagan, MN: Cereals and Grains Association.

38. International Rice Research Institute. 2022. "Milling Yields." http://www.knowledgebank.irri.org/step-by-step-production/postharvest/milling/producing-good-quality-milled-rice/milling-yields

39. Pace, C.M. 2012. *Cassava: Farming, Uses, and Economic Impact*. Hauppauge, NY: Nova Science Publishers.

40. Peñarrieta, J.M. et al. 2011. "Chuño and tunta: The traditional Andean sun-dried potatoes." In: Caprara, C., ed., *Potatoes: Production, Consumption and Health Benefits*. Hauppauge, NY: Nova Science Publishers, 1 – 12.

41. 각국의 작물 농사 달력을 모아놓은 곳. FAO. 2022. "Crop Calendar." https://cropcalendar.apps.fao.org/#/ home

42. Wong, R.B. et al. 1991. *Nourish the People: The State Civilian Granary System in China, 1650–1850*. Ann Arbor, MI: University of Michigan Press.

43. Erdkamp, P. 2009. *The Grain Market in the Roman Empire: A Social, Political and Economic Study*. Cambridge: Cambridge University Press.

44. Watanabe, S. and A. Munakata. 2021. "China hoards over half the world's grain, pushing up global prices." https://asia.nikkei.com/ Spotlight/Datawatch/China-hoards-over-half-the-world-s-grain-pushing-up-global-price

45. Agflows. 2022. "A Guide to Bulk Carriers Types for Agricultural Commodities." https://www.agflow.com/commodity-trading-101/a-guide-to-bulk-carriers-types-for-agricultural-commodities/

46. Diamond, J. 1987. "The worst mistake in the history of the human race." *Discovery* May 1987: 64 – 6.

47. Lee, R.B. and I. DeVore, eds. 1968. *Man the Hunter*. New York: Aldine

Publishing.

48. Sahlins, M. 1968. "Notes on the original affluent society." In: *Man the Hunter*, 85 – 9.

49. Keeley, L.H. 1997. *War Before Civilization*. Oxford: Oxford Univer- sity Press; Kaplan, D. 2000. "The darker side of the 'Original affluent so- ciety.'" *Journal of Anthropological Research* 56: 301–4; Buckner, W. 2017. "Romanticizing the hunter-gatherer." *Quillette* December 16, 2017.

50. Diamond, "The worst mistake in the history of the human race."

51. D'Ormesson, J. 2016. *The Glory of the Empire*. New York: New York Re- view Books, 19.

52. Scott, J.C. 2017. *Against the Grain: A Deep History of the Earliest States*. New Haven, CT: Yale University Press.

53. Davis, W. 2015. *Wheat Belly: Lose the Wheat, Lose the Weight, and Find Your Path Back to Health*. New York: Collins.

54. 최근의 연평균 1인당 식량 수급표. FAO. 2022. "Food balances(2010 –)." https://www.fao.org/faostat/en/#data/FBS

55. Macrotrends. 2023. "World Life Expectancy 1950 – 2023." https:// www.macrotrends.net/countries/WLD/world/life-expectancy

56. Perry, J. M. G. and S. L. Canington. 2019. "Primate Evolution." https:// explorations.americananthro.org/wp-content/uploads/2019/10/Chap- ter-8-Primate-Evolutio-2.0.pdf

3장   우리가 기를 수 있는 것의 한계

1. Barker, A. V. and D. J. Pilbeam, eds. 2015. *Handbook of Plant Nutrition*. London: Routledge.

2. Wang, A. et al. 2022. "CO_2 enrichment in greenhouse production: To- wards a sustainable approach." *Frontiers in Plant Science* 13.

3. 놀라운 결과를 보고 싶다면, 현재의 에너지전환기 효율이 1950년, 아니 훨씬 더 나빴던 1900년 수준을 유지할 경우 대기오염이 어느 수준일지 한 번 계산해보라(그 밖에도 많은 사례가 있다).

4. Smil, V. 2017. *Energy and Civilization: A History*. Cambridge, MA: MIT Press.

5. Smil, V. 2010. *Prime Movers of Globalization: The History and Impact of Diesel Engines and Gas Turbines*. Cambridge, MA: MIT Press; General Electric, 2022. "GE's HA turbine recognized for powering world's most efficient power plants in both 50hz & 60hz segments." https:// www. gevernova.com/gas-power/resources/articles/2018/nishi-nagoya-efficiency-record

6. Energy Star. 2021. "ENERGY STAR Most Efficient 2021—Furnaces," https://www.energystar.gov/products/most_efficient/furnaces

7. Bowers, B. 1998. *Lengthening the Day: A History of ighting Technology*. Oxford: Oxford University Press; Lumega. 2018. "Highest LED energy efficiency." https://www.lumega.eu/laeringsmiljoe. Here are the comparisons in lumens per watt: incandescent bulbs, 10; fluorescent tubes, 80 − 100; LEDs, 100 − 200+.

8. Shockley, W. and H. J. Queisser. 1961. "Detailed balance limit of efficiency of p-n junction solar cells." *Journal of Applied Physics* 32: 510 − 19.

9. EnBW Company. 2021. "Biggest solar park without state funding inaugurated."https://www.enbw.com/company/press/enbw-inaugurates-germany-s-largest-solar-park.html; National Renewable Energy Laboratory. 2022. "Best Research-Cell Efficiency Chart." https://www.nrel.gov/pv/cell-efficiency.html

10. Benedict, F. and E. Cathcart. 1913. *Muscular Work: A Metabolic Study with Special Reference to the Efficiency of the Human Body as a Machine*. Washington, DC: Carnegie Institute; Lindinger, M.I. and S.A. Ward. 2022. "A century of exercise physiology: key concepts in⋯" *European Journal of Applied Physiology* 122: 1 − 4.

11. Forseth, I.N. 2010. "The Ecology of Photosynthetic Pathways." *Nature Education Knowledge* 3 (10): 4.

12. Encyclopedia of the Environment. 2022. RubisCO. https://www.encyclopedie-environnement.org/en/zoom/rubisco/

13. US Department of Agriculture. 2021. "Winter wheat yield." https://www.nass.usda.gov/Charts_and_Maps/graphics/wwyld.pdf

14. https://globalsolaratlas.info/ 참조.

15. Zucchelli, G. et al. 2002. "The calculated in vitro and in vivo chloro-phyll a absorption band shape." *Biophysical Journal* 82: 378–90; Möttus, M. et al. 2011. "Photosynthetically active radiation: Measurement and modeling." In: R. Meyers, ed. *Encyclopedia of Sustainability Science and Technology*. Berlin: Springer, 7970–8000.

16. Bathellier, C. et al. "Ribulose 1,5-bisphosphate carboxylase/oxygenase activates O_2 by electron transfer." *Proceedings of the ational Academy of Sciences* 117(39).

17. Amthor, J.S. and D.D. Baldocchi. 2001. "Terrestrial higher plant res-piration and net primary production." In: Roy, J., B. Saugier, and H.A. Mooney, eds., *Terrestrial Global Productivity*. San Diego: Academic Press, 33–59.

18. Zhu, X. et al. 2008. "What is the maximum efficiency with which photosynthesis can convert solar energy into biomass?" *Current Opinion in Biotechnology* 19: 153–9.

19. Bassham, J.A. and M. Calvin. 1957. *The Path of Carbon in Photosynthesis*. Engelwood Cliffs, NJ: Prentice-Hall; Calvin, M. 1989. "Forty years of photosynthesis and related activities." *Photosynthesis Research* 211: 3–16.

20. Nickell, L.G. 1993. "A tribute to Hugo P. Kortschak: The man, the scientist and the discoverer of C_4 photosynthesis." *Photosynthesis Research*. 35: 201–4.

21. Hatch, M.D. 1992. "C_4 photosynthesis: an unlikely process full of surprises." *Plant Cell Physiology* 4: 333–42.

22. Donald, C.M. and J. Hamblin. 1976. "The biological yield and harvest index of cereals as agronomic and plant breeding criteria." Advances in Agronomy 28: 361–405; Smil, V. 1999. "Crop residues: Agriculture's largest harvest." *BioScience* 49: 299–308.

23. 그런 키 큰 작물은 뇌우 때 강풍과 비에 쉽게 쓰러졌다. Agriculture and Horti-culture Development Board. 2022. *An introduction to lodging in cereals*. https://ahdb.org.uk/knowledge-library/an-introduction-to-lodging-in-cereals

24. Lumpkin, T.A. 2015. "How a Gene from Japan Revolutionized the

World of Wheat: CIMMYT's Quest for Combining Genes to Mitigate Threats to Global Food Security." In: Y. Ogihara et al., eds., *Advances in Wheat Genetics: From Genome to Field*. Berlin: Springer-Verlag, 13 – 20.

25. Thiyam-Holländer, U. et al. 2012. *Canola and Rapeseed Production, Processing, Food Quality, and Nutrition*. London: Routledge.

26. International Rice Research Institute. 2022. "Milling." http://www.knowledgebank.irri.org/step-by-step-production/postharvest/milling

27. Miracle, M.P. 1965. "The introduction and spread of maize in Africa." *Journal of African History* 6: 39 – 55; Ekpa, O. et al. 2019. "Sub-Saharan African maize-based foods: Processing practices, challenges and opportunities." *Food Reviews International* 35: 609 – 39.

28. Clark, C.M. et al. 2022. "Ethanol production in the United States: The roles of policy, price, and demand." *Energy Policy* 161: 2713; Rossi, L.M. et al. 2021. "Ethanol from sugarcane and the Brazilian biomass-based energy and chemicals sector." *Sustainable Chemical Engineering* 9: 4293 – 5.

29. Agricultural Marketing Resource Center. 2021. "Sweet corn." https://www.agmrc.org/commodities-products/vegetables/sweet-corn

30. Cursi, D.E. et al. 2022. "History and current status of sugarcane breeding, germplasm development and molecular genetics in Brazil." *Sugar Technology* 24: 112 – 33.

31. Buckley, T.N. 2019. "How do stomata respond to water status?" *New Phytologist* 224: 21 – 36.

32. Hatfield, J.L. and C. Dold, 2019. "Water-use efficiency: Advances and challenges in a changing climate." *Frontiers in Plant Science* 10.

33. Grossiord, C. et al. 2020. "Plant response to rising vapor pressure deficit." *New Phytologist* 226: 1550 – 66.

34. Briggs, L.J. and H.L. Shantz. 1913. *The Water Requirements of Plants. I. Investigation in the Great Plains in 1910 and 1911*. Washington, DC: Bureau of Plant Industry.

35. Sadras, V.O. et al. 2012. *Status of Water Use Efficiency of Main Crops*. Rome: FAO.

36. Mekonnen, M.M. and A.Y. Hoekstra. 2011. "The green, blue and grey

water footprint of crops and derived crop products." *Hydrology and Earth System Sciences* 15: 1577 – 600.

37. 견과는 특히 물을 많이 필요로 한다. 호두는 9,000t/t 이상, 아몬드는 약 16,000t/t이다. Mekonnen, M.M. and A.Y. Hoekstra. 2010. *The Green, Blue and Grey Water Footprint of Crops and Derived Crop Products.* Volume 1: Main Report. Enschede: University of Twente.

38. Farquhar, G.D. 1997. "Carbon dioxide and vegetation." *Science* 278: 1411.

39. Kimball, B.A. 2016. "Crop responses to elevated CO_2 and interactions with H_2O, N, and temperature." *Current Opinion in Plant Biology* 31: 36 – 43; Basso, B. et al. 2018. "Soil Organic Carbon and Nitrogen Feed-backs on Crop Yields under Climate Change." *Agricultural and Environmental Letters.*

40. DutchGreenhouses. 2022. "Dutch Greenhouses." https://dutchgreenhouses.com/en

41. Smil, V. 2001. *Enriching the Earth: Fritz Haber, Carl Bosch, and the Transformation of World Food Production.* Cambridge, MA: MIT Press; Mosier, A. et al., eds. 2004. *Agriculture and the Nitrogen Cycle: Assessing the Impacts of Fertilizer Use on Food Production and the Environment.* Washington, DC: Island Press.

42. Heard, J. and D. Hay. 2006. *Nutrient Content, Uptake Pattern and Carbon: itrogen Ratios of Prairie Crops.* https://umanitoba.ca/agricultural-food-sciences/school-agriculture/school-manitoba-agronomists-conference

43. Cameron, K.C. et al. 2013. "Nitrogen losses from the soil/plant system: a review." *Annals of Applied Biology* 162: 145 – 73; Anas, M. et al. 2020. "Fate of nitrogen in agriculture and environment: agronomic, ecophysiological and molecular approaches to improve nitrogen use efficiency." *Biological Research* 53: 47.

44. EU Nitrogen Expert Panel. 2015. *Nitrogen Use Efficiency (UE)—An Indicator for the Utilization of Nitrogen in Agriculture and Food Systems.* Wageningen: Wageningen University.

45. Sadras, O. and D.F. Calderini. 2021. *Crop Physiology Case Histories for Ma-*

jor Crops. Amsterdam: Elsevier.

46. Liu, J. et al. 2010. "A high-resolution assessment on global nitrogen flows in cropland." *Proceedings of the National Academy of Sciences* 107: 8035-40.

47. Conant, R.T. et al. 2013. "Patterns and trends in nitrogen use and nitrogen recovery efficiency in world agriculture." *Global Biogeochemical Cycles* 27: 558-66.

48. Lassaletta, L. et al. 2014. "50-year trends in nitrogen use efficiency of world cropping systems: the relationship between yield and nitrogen input to cropland." *Environmental Research Letters* 9: 105011.

49. Kuosmanen, N. 2014. "Estimating stocks and flows of nitrogen: Application of dynamic nutrient balance to European agriculture." *Ecological Economics* 108: 68-78.

4장 우리는 왜 일부 동물만 주로 먹는 것일까

1. 미국에서 스스로 채식주의자라고 말하는 사람은 인구의 5%(남성 4%, 여성 6%)다. Hrynowski, Z. 2019. "What percent-age of Americans are vegetarian?" https://news.gallup.com/poll/267074/percentage-americans-vegetarian.aspx. 영국도 비율이 비슷한 반면, 프랑스는 고기를 안 먹는 사람이 겨우 2.2%다. https://www.vegecantines.fr/influenceurs-cantines-agir-militer-comprendre-chiffres-ressources-journalistes/chiffres-clefs-menus-vege-a-la-cantine

2. Troy, C.S. et al. 2001. "Genetic evidence for Near-Eastern origins of European cattle." *Nature* 410: 1088-91; Zeder, M.A. 2008. "Domestication and early agriculture in the Mediterranean Basin: Origins, diffusion, and impact." *Proceedings of the National Academy of Sciences* 105: 11597-604.

3. Jansen, T. et al. 2002. "Mitochondrial DNA and the origins of the domestic horse." *Proceedings of the National Academy of Sciences* 99: 10905-10.

4. Burgin, C.J. et al. 2018. "How many species of mammals are there?"

Journal of Mammalogy 99: 1 – 14; Callaghan, C.T. et al. 2021. "Global abundance estimates for 9,700 bird species." *Proceedings of the National Academy of Sciences* 2021: e2023170118.

5. FAO. 2022. "Crops and livestock products." https://www.fao.org/faostat/en/#data/QCL

6. 중국은 오리와 거위를 가장 많이 기르는 나라이며(각각 거의 7억 마리와 3억여 마리), 미국은 칠면조를 약 2.5억 마리 키운다.

7. 오리는 동물 사료의 상당한 몫을 소비한다. 다양한 야생 오리종들은 풀과 수생식물(골풀 등의 뿌리와 줄기), 지렁이, 달팽이, 양서류(올챙이, 개구리)뿐 아니라, 장구벌레와 하루살이 애벌레 등 다양한 곤충, 작은 갑각류, 작은 물고기와 물고기 알도 먹는다.

8. Hui, D. 2012. "Food web: Concept and applications." *Nature Education Knowledge* 3(12): 6.

9. Clauss, M. 2019. "No evidence for different metabolism in domestic mammals." *Nature Ecology and Evolution* 3: 322.

10. Faas, P. 1994. *Around the Roman Table: Food and Feasting in Ancient Rome*. Chicago: University of Chicago Press, 290 – 1.

11. Goldstein, D.J. 2010. "The delicacy of raising and eating guinea pig." In: Haines, H.R. and C.A. Sammells, eds., *Adventures in Eating: Anthropological Experiences in Dining from around the World*. Boulder, CO: University Press of Colorado, 59 – 77.

12. 대규모로 방목해서 토끼 고기를 생산하자는 제안도 있다. Carangelo, N. 2019. *Raising Pastured Rabbits for Meat*. Chelsea, VT: Chelsea Green Publishing.

13. Chessa, B. et al. 2009. "Revealing the history of sheep domestication using retrovirus integrations." *Science* 324: 532 – 6; Alberto, F.J. et al. 2018. "Convergent genomic signatures of domestication in sheep and goats." *Nature Communications* 9: 813.

14. Landsberg, G.M. and S. Denenberg. 2016. "Social behavior of sheep." *Merck Vet Manual*. https://www.merckvetmanual.com/behavior/normal-social-behavior-and-behavioral-problems-of-domestic-animals/social-behavior-of-sheep

15. Fessler, D.M. and C.D. Navarette. 2009. "Meat is good to taboo: Dietary proscriptions as a product of the interaction of psychological mechanisms and social processes." *Journal of Cognition and Culture* 3: 1–40; Contreras, J. 2008. "Meat consumption throughout history and across cultures." *Consommer mediterràneen*. Europeo. Dossier EMS.97.004.

16. 정육형lean-type이든 지방형fat-type이든 돼지가 45kg에서 135kg으로 자라는 동안, 근육의 비율이 감소하고 지방은 증가한다. 지방형은 체중이 45kg일 때 지방이 거의 14%를 차지한다(정육형은 겨우 약 10%). 135kg일 때는 이 비율이 각각 40%와 30%다. Lonergan, S.M. et al. 2019. "Growth curves and growth patterns." In: Lonergan, S.M. et al., *The Science of Animal Growth and Meat Technology*. Amsterdam: Elsevier, 71–109.

17. Sowell, B.F. et al. 1999. "Social behavior of grazing beef cattle: Implications for management." *Proceedings of the American Society of Animal Science* : 1–6.

18. 이탈리아의 (키 2m에 체중이 1.7톤을 넘는) 키아니나Chianina 육우는 가장 크고 육중한 품종이며, (체중이 최대 1.6톤을 넘는) 사우스데번South Devon은 젖소와 육우 양쪽으로 그에 버금간다. AgronoMag. 2022. "Top 10 biggest cows in the world–largest cow breeds." https://agronomag.com/biggest-cows-world/. 그 반대편에는 인도의 지르Gyr가 있는데, 이 소는 첫 새끼를 낳을 무렵의 체중이 300kg을 밑돈다.

19. Smil, V. 2017. *Energy and Civilization: A History*. Cambridge, MA: MIT Press, 87–110.

20. Liebowitz, J.J. 1992. "The persistence of draft oxen in Western agriculture." *Material Culture Review* 36(1). https://journals.lib.unb.ca/index.php/MCR/article/view/17512

21. Moore, J.H. 1961. "The ox in the Middle Ages." *Agricultural History* 35: 93.

22. Faas, P. 1994. *Around the Roman Table: Food and Feasting in Ancient Rome*. Chicago: University of Chicago Press; Eden, F.M. 1797. *The State of the Poor*. London: J. Davis.

23. Smil, V. and K. Kobayashi. 2011. Japan's Dietary *Transition and Its Impacts*. Cambridge, MA: MIT Press.

24. Rogin, L. 1931. *The Introduction of Farm Machinery*. Berkeley: University

of California Press.

25. Smil, V. 2017. *Energy and Civilization: A History*. Cambridge, MA: MIT Press, 111.

26. Specht, J. 2019. *Red Meat Republic: A Hoof-to-Table History of How Beef Changed America*. Princeton, NJ: Princeton University Press.

27. US Department of Agriculture. 2022. "Livestock and Meat Domestic Data." https://www.ers.usda.gov/data-products/livestock-and-meat-domestic-data/

28. McKay, H. 2021. "Mega farms called CAFOs dominate animal agriculture industry." https://sentientmedia.org/cafo

29. 세계 최대의 소 사육업체는 미국 6개 주 11곳에 사육장이 있고, 동시에 98만 5,000마리를 기를 수 있다. Five Rivers. 2022. "Cattle Feeding." https://www.fiveriverscattle.com/pages/

30. Compassion in World Farming. 2022. "About chickens farmed for meat." https://www.ciwf.org.uk/farm-animals/chickens/meat-chickens/

31. McKay, H. 2021. "Mega farms called CAFOs dominate animal agriculture industry."

32. 이런 자료는 미국 농무부가 해마다 발행하는 농업 통계에 들어 있다. 다음은 최신판을 구할 수 있는 사이트다. https://downloads.usda.library. cornell.edu/usda-esmis/files/j3860694x/z890sn81j/cv43pq78m/Ag_Stats_2020_Complete_Publication.pdf

33. Smil, V. 2013. *Should We Eat Meat? Evolution and Consequences of Modern Carnivory*. Chichester: John Wiley, 109-11.

34. Mottet, A. et al. 2017. "Livestock: On our plates or eating at our table? A new analysis of the feed/food debate." *Global Food Security* 14: 1-8.

35. Bonhommeau, S. et al. "Eating up the world's food web and the human trophic level." *Proceedings of the National Academy of Sciences* 110: 20617-20.

36. FAO. 2022. "Global Livestock Environmental Assessment Model (GLEAM)." https://www.fao.org/gleam/en/

37. Mekonnen, M.M. and A.Y. Hoekstra. 2010. *The Green, Blue and Grey Water Footprint of Farm Animals and Animal Products*. Enschede: University of

Twente.

38. Farm Transparency Project. 2022. "Age of animals slaughtered." https://www.farmtransparency.org/kb/food/abattoirs/age-animals-slaughtered

39. Dennis, E. 2021. *Forage Production, Beef Cows and Stocking Density and Their Implications for Partial Herd iquidation Due to Drought.* https:// beef.unl.edu/beefwatch/2021/forage-production-beef-cows-and-stocking-density-and-their-implications-partial-herd

40. Dillon, J.A. et al. 2021. "Current state of enteric methane and the carbon footprint of beef and dairy cattle in the United States." *Animal Frontiers* 11: 57–68.

41. FAO. 2017. "Global Livestock Environmental Assessment Model (GLEAM)."

42. FAO. 2022. *The State of World Fisheries and Aquaculture.* Rome: FAO. https://www.fao.org/fishery/en/statistics/global-production/query/en

43. Fry, J.P. et al. 2018. "Feed conversion efficiency in aquaculture: do we measure it correctly?" *Environmental Research Netters* 13: 02401.

44. Tacon, A.G.J. and M. Metian. 2008. "Global overview on the use of fish meal and fish oil in industrially compounded aquafeeds: trends and future prospects." *Aquaculture* 285: 146–58.

45. Jackson, A. 2009. "Fish in–fish out ratios explained." *Aquaculture in Europe* 34(3): 5–10. http://iffo.net.769soon2b.co.uk/downloads/100.pdf

46. European Commission. 2021. *Fishmeal and Fish Oil.* https://eumofa.eu/documents/20178/432372/Fishmeal+and+fish+oil.pdf?

47. Kok, B. et al. 2020. "Fish as feed: Using economic allocation to quantify the Fish In: Fish Out ratio of major fed aquaculture species." *Aquaculture* 528: 735474.

48. Auchterlonie, N. 2019. "Fish In–Fish Out Ratios." https://effop.org/wp-content/uploads/2019/10/5-IFFO-EUFM-FIFO-251019.pdf

49. Maruha Nichiro. 2022. "Fish farming." https://effop.org/wp-content/uploads/2019/10/5-IFFO-EUFM-FIFO-251019.pdf; Waycott, B. 2020. "Japan's quest to conquer bluefin farming." https://www. hatcheryinternational.com/japans-quest-to-conquer-bluefin-farming/

50. Benetti, D.D. et al., eds. 2016. *Advances in Tuna Aquaculture*. Amster-dam: Elsevier.

51. AquaBounty. 2022. "A Better Way to Raise Atlantic Salmon." https:// aquabounty.com

52. Nardi, G. et al. 2021. "Atlantic cod aquaculture: Boom, bust, and re-birth?" *Journal of World Aquaculture Society* 2: 672-90.

53. Zangwill, N. 2022. "Why you should eat meat." https://aeon.co/essays/ if-you-care-about-animals-it-is-your-moral-duty-to-eat-them

54. Francione, G. 2022. "We must not own animals." https://aeon.co/ essays/why-morality-requires-veganism-the-case-against-owning-animals

55. Dobzhansky, T. 1973. "Nothing in biology makes sense except in the light of evolution." *American Biology Teacher* 35(3): 125-9.

5장   더 중요한 것: 식량일까, 스마트폰일까

1. World Bank. 2022. "GDP growth (annual %)." https://data.world-bank.org/indicator/NY.GDP.MKTP.KD.ZG

2. World Bank. 2022. "Agriculture, forestry, and fishing, value added (% of GDP)." https://data.worldbank.org/indicator/NV.AGR.TOTL.ZS

3. World Bank. 2022. "GFP (current US$) World." https://data.world-bank.org/indicator/NY.GDP.MKTP.CD?locations=1W

4. 세계 스마트폰 시장. https://www.marketdataforecast.com/market-re-ports/smartphone-market. 밀과 쌀의 가격. https://www.indexmundi.com

5. 초기 철 야금술의 방법과 기술. Smil, V. 2016. *Still the Iron Age*. Oxford: Butterworth-Heinemann, 1-17.

6. University of Southampton. 2014. "Roman amphorae: a digital re-source." https://archaeologydataservice.ac.uk/archives/view/amphora_ ahrb_2005/info_intro.cfm

7. 테르모폴리아가 흔했음을 밝힌 자료. Pompeii. 2022. "Thermopolium."

http://pompeiisites.org/en/archaeological-site/thermopolium. 그리고 황제의 무덤을 제외하고 로마에서 가장 잘 보존된 무덤은 대형 빵집 주인인 마르쿠스 베르길리우스 에우리사케스의 것이다. Petersen, L.H. 2003. "The baker, his tomb, his wife, and her breadbasket: The monument of Eurysaces in Rome." *Art Bulletin* 85: 230 – 57.

8. World Trade Organization. 2022. *World Trade Statistical Review* 2021. https://www.wto.org/english/res_e/statis_e/wts2021_e/wts2021_e.pdf

9. Bell, B. 2020. *Farm Machinery*. Aldwick: Old Pond Books; Chen. G. 2018. *Advances in Agricultural Machinery and Technologies*. London: Routledge. 미국 최대의 농기계 생산업체가 만드는 품목의 다양성. https://www.deere.com/en/agriculture/

10. 이런 고도로 집중된 유기성 쓰레기의 배출원을 운영하려면 효과적인 폐기물 관리가 핵심 전제 조건이다. 이것이 가금류 사육장에 지니는 의미를 다룬 문헌. Ross. 2010. *Environmental Management in the Broiler House*.

11. Miller, D. 2021. "Machinery Link." https://www.dtnpf.com/agriculture/web/ag/blogs/machinerylink/blog-post/2021/01/22/machinery-industry-sees-growth-2020

12. US Department of Agriculture. 2021. *Farm Production Expenditures 2020 Summary*. https://www.nass.usda.gov/Publications/Todays_Reports/reports/fpex0721.pdf

13. US Department of Agriculture. 2022. "Ag and food sectors and the economy." https://www.ers.usda.gov/data-products/ag-and-food-statistics-charting-the-essentials/ag-and-food-sectors-and-the-economy/

14. 부문별 고용 현황을 보여주는 중국의 최신 자료. https://www.ceicdata.com/en/china/no-of-employee-by-industry-monthly/no-of-employee-agricultural-sideline-food-processing

15. Engel, E. 1857. *Die Productions- und Consumtionsverhältnisse des Königreichs Sachsen. Zeitschrift des statistischen Bureaus des Königlich Sächsischen Ministerium des Inneren* 8 – 9: 28 – 9.

16. US Department of Agriculture. 2022. "Food prices and spending." https://www.ers.usda.gov/data-products/ag-and-food-statistics-charting-the-essentials/food-prices-and-spending; Eurostat. 2020.

"How much are households spending on food?" https://ec.europa.eu/eurostat/web/products-eurostat-news/-/ddn-20201228-1

17. Van Nieuwkoop, M. 2019. "Do the costs of the global food system outweigh its monetary value?" *World Bank Blogs*, June 17, 2019. https://blogs.worldbank.org/voices/do-costs-global-food-system-outweigh-its-monetary-value

18. International Energy Agency. 2021. *World Energy Balances*. Paris: IEA. https://www.iea.org/reports/world-energy-balances-overview

19. Hitaj, C. and S. Suttles. 2016. *Trends in US Agriculture's Consumption and Production of Energy: Renewable Power, Shale Energy, and Cellulosic Biomass*. Washington, DC: Department of Agriculture, Economic Research Service. https://www.ers.usda.gov/publications/pub-details/?pubid=74661

20. Canning, P. et al. 2010. *Energy Use in the US Food System*. https://www.ers.usda.gov/webdocs/publications/46375/8144_err94_1_.pdf ?v=2360

21. USDA. 2022. "Food prices and spending." https://www.ers.usda.gov/data-products/ag-and-food-statistics-charting-the-essentials/food-prices-and-spending

22. Environmental Protection Agency. 2021. *Advancing Sustainable Materials Management: 2018 Fact Sheet Assessing Trends in Materials Generation and Management in the United States*. https://www.epa.gov/sites/default/files/2021-01/documents/2018_ff_fact_sheet_dec_2020_fnl_508.pdf

23. National Bureau of Statistics. 2022. 2021 *China Statistical Yearbook*. Beijing: National Statistics Press.

24. Smil, V. 2008. *Energy in Nature and Society*. Cambridge, MA: MIT Press, 291-306.

25. FAO. 2011. *Energy-smart Food for People and Climate*. Rome: FAO.

26. FAOSTAT의 2022년 글로벌 수확량 자료. "Crops and livestock products." 화물의 에너지 비용은 트럭 3MJ/tkm(톤-킬로미터), 선박 1MJ/tkm, 철도 0.5MJ/tkm이라고 가정했다. https://www.eea.europa.eu/publications/ENVISSUENo12/page027.html

27. 연간 약 1.4GJ/인. Eurostat. 2021. "Energy consumption in households." https://ec.europa.eu/eurostat/statistics-explained/index.php?ti-

tle=Energy_consumption_in_house-holds; Hager, T.J. and R. Morawicki. "Energy consumption during cooking in the residential sector of developed nations: A review." *Food Policy* 40: 54−63.

28. 요리의 에너지 소비량은 중국 도시 지역에서 약 3GJ/인, 시골 지역에서 약 5GJ/인. Zheng, X. et al. 2014. "Characteristics of residential energy consumption in China: Findings from a household survey." *Energy Policy* 75: 126−35. 인도의 현황. Eckholm, T. et al. 2010. "Determinants of household energy consumption in India." *Energy Policy* 38: 5696−707.

29. 나는 모든 부유한 국가와 소득 중위권 국가는 평균 1.5~2GJ, 저소득 국가는 3~4GJ이라고 가정한다.

30. Barthel, C. and T. Götz. 2012. *The overall worldwide saving potential from domestic refrigerators and freezers.* https://bigee.net/media/filer_public/2012/12/04/bigee_doc_2_refrigerators_freezers_worldwide_potential_20121130.pdf; Global Data Lab. 2022. "% Households with a Refrigerator." https://globaldatalab.org/areadata/fridge/

31. FAO. 2021. *The State of the World's and and Water Resources for Food and Agriculture–Systems at breaking point. Synthesis report 2021.* Rome: FAO.

32. FAOSTAT. 2022. "Land, inputs and sustainability." https://www.fao.org/faostat/en/#data

33. Fowler, D. et al. 2013. "The global nitrogen cycle in the twenty-first century." *Philosophical Transactions of the Royal Society B* 368: 20130164.

34. Lepori, F. and F. Keck. 2012. "Effects of atmospheric nitrogen deposition on remote freshwater ecosystems." *Ambio* 41: 235−46; National Oceanic and Atmospheric Administration. 2021. "Larger-than-average Gulf of Mexico 'dead zone' measured." https://www.noaa.gov/news-release/larger-than-average-gulf-of-mexico-dead-zone-measured

35. Lynch, J. et al. 2021. "Agriculture's contribution to climate change and role in mitigation is distinct from predominantly fossil CO_2-emitting sectors." *Frontiers in Sustainable Food Systems* 4: 518039; Tubiello, F.N. et al. 2021. *Methods for estimating greenhouse gas emissions from food systems–Part III: energy use in fertilizer manufacturing, food processing, packaging, retail and household consumption.* Rome: FAO.

36. Crippa, M. et al. 2021. "Food systems are responsible for a third of global anthropogenic GHG emissions." *Nature Food* 2: 198 – 209.

37. Cunningham, E. 2021. "Cows, methane and the climate threat." https:// fidelityinternational.com/editorial/article/esgenius–cows–methane–/ and–the–climate–threat–e222b8–en5/; Waite, R. et al. 2022. "6 Pressing Questions About Beef and Climate Change, Answered." https:// www.wri.org/insights/6–pressing–questions–about–beef– and–climate– change–answered

38. Van Nieuwkoop, M. 2019. "Do the costs of the global food system outweigh its monetary value?" *World Bank Blogs*, June 17, 2019. https:// blogs.worldbank.org/voices/do–costs–global–food–system–outweigh– its–monetary–value

39. WHO. 2020. "World Obesity Day: All countries significantly off track to meet 2025 WHO targets on obesity." https://www. worldobesity. org/news/world–obesity–day–all–countries–significantly–off–track–to– meet–2025–who–targets–on–obesity

40. 음식물 쓰레기에 가격을 매기려는 시도. von Massow, M. et al. 2019. "Valuing the multiple impacts of household food waste." *Frontiers in Nutrition* 6: 143; Conrad, Z. 2020. "Daily cost of consumer food wasted, inedible, and consumed in the United States, 2001 –2016." *Nutrition Journal* 19: 35. 콘래드는 2017년에 평균적인 미국인이 휘발유, 의류, 집 난방, 재산세보다 버려지는 음식물에 쓴 돈이 더 많았다고 결론지었다.

41. Gillingham, K. 2019. "Carbon calculus." *Finance & Development* 7: 11.

42. Tegtemeier, E.M. and M.D. Duffy. 2004. "External costs of agricultural production in United States." *International Journal of Agricultural Sustainability* 2: 1 –20.

43. FAO. 2011. *The State of the World's and and Water Resources for Food and Agriculture (SOLAW)–Managing Systems at Risk.* Rome: FAO.

44. FAO. 2021. *The State of the World's and and Water Resources for Food and Agriculture (SOLAW)–Systems at Breaking Point. Synthesis report* 2021. Rome: FAO.

45. Teixeira, M. 2018. "Deforestation in the Brazilian Amazon has reached

a 10-year high." https://www.weforum.org/agenda/2018/11/deforesta-tion-in-the-brazilian-amazon-reaches-decade-high/

46. Heilmayr, R. et al. 2020. "Brazil's Amazon Soy Moratorium reduced deforestation." *Nature Food* 1: 801–10.

47. Spracklen, D.V., and L. Garcia-Carreras. 2015. "The impact of Ama-zonian deforestation on Amazon basin rainfall." *Geophysical Research Let-ters* 42: 9546–52.

48. Dangar, S. et al. 2020. "Causes and implications of groundwater deple-tion in India: A review." *Journal of Hydrology* 596: 126103.

49. Bhanjaa, S.N. and A. Mukherjee. 2019. "In situ and satellite-based esti- mates of usable groundwater storage across India: Implications for drinking water supply and food security." *Advances in Water Resources* 126: 15–23.

50. Delang, C.O. 2018. "Heavy metal contamination of soils in China: standards, geographic distribution, and food safety considerations. A review." *Die Erde* 4: 261–8; Sodango, T.H. et al. 2018. "Review of the spatial distribution, source and extent of heavy metal pollution of soil in China: Impacts and mitigation approaches." *Journal of Health & Pol-lution* 8: 53–70.

51. FAOSTAT. 2022. "Crops and livestock products."

52. Eurostat. 2022. "Agri-environmental indicator—livestock patterns." https://ec.europa.eu/eurostat/statistics-explained/index.php?title=Agri-environmental_indicator_-_livestock_patterns

53. Foreign Agriculture Service. 2021. "New Government Coalition Ac-cord Reached in the Netherlands Country: Netherlands."

54. US Drought Monitor. 2022. "Map releases: March 31, 2022." https://droughtmonitor.unl.edu/

55. Williams, A.P. et al. 2020. "Large contribution from anthropogenic warming to a developing North American megadrought." *Science* 368: 314–18; Williams, A.P. et al. 2022. "Rapid intensification of the emerg-ing southwestern North American megadrought in 2020–2021." *Na-ture Climate Change* 12: 232–4.

56. National Oceanic and Atmospheric Administration. 2023. "Spring Out-look: California drought cut by half with more relief to come." https://www.noaa.gov/news-release/spring-outlook-california-drought-cut-by-half-with-more-relief-to-come

6장 건강하려면 무엇을 먹어야 할까

1. Mozaffarian, D. et al. 2018. "History of modern nutrition science—implications for current research, dietary guidelines, and food policy." *British Medical Journal* 361. 2019 Jul 31: 11(8): 1760.

2. 미국의 지침은 상세하다. Institute of Medicine. 2005. *Dietary Reference Intakes for Energy, Carbohydrate, Fiber, Fat, Fatty Acids, Cholesterol, Protein, and Amino Acids*. Washington, DC: The National Academies Press.

3. 이런 계산값은 예상 평균을 가리킨다. 개인별 대사율 차이는 놀라울 만큼 큰 효과를 낳을 수 있다.

4. FAO. 2001. *Food Balance Sheets: A Handbook*. Rome: FAO. https:// www. fao.org/3/x9892e/x9892e00.htm

5. FAO. 2022. *Food Balance Sheets*. Rome: FAO. https://www.fao.org/faostat/en/#data/FBSH

6. FAO. 2021. *The State of Food Security and Nutrition in the World*. Rome: FAO.

7. World Food Programme. 2022. "Our work." https://www.wfp.org/our-work

8. Institute of Medicine. 2005. *Dietary Reference Intakes for Energy, Carbohydrate, Fiber, Fat, Fatty Acids, Cholesterol, Protein, and Amino Acids*. Washington, DC: The National Academies Press.; Seidelmann, S.B. et al. 2018. "Dietary carbohydrate intake and mortality: a prospective cohort study and meta-analysis." *Lancet Public Health* 3: e419 – e428.

9. World Health Organization. 2007. *Protein and Amino Acid Requirements in Human Nutrition: Report of a Joint FAO/WHO/UNU Expert Consultation*.

10. Boye, J. et al. 2012. "Protein quality evaluation twenty years after the

introduction of the protein digestibility corrected amino acid score method." *British Journal of Nutrition* 108 (S2): S183 – S211.

11. Smil, V. 2020. *Grand Transitions*. New York: Oxford University Press.

12. 미국은 이런 식사 조절 방식에 집착하기에 이르렀지만, 성공의 증거는 모호하다. 미국은 인구가 많은 다른 나라들보다 과체중(체질량 지수BMI 25~30)과 비만(BMI)30)인 사람의 비율이 더 높다. The World Obesity Federation. 2022. *World Obesity Atlas 2022*. http://s3-eu-west-1.amazonaws.com/wof-files/World_Obesity_ Atlas_2022.pdf

13. Moreno, L. et al. 2022. "Perspective: Striking a balance between planetary and human health—Is there a path forward?" *Advances in Nutrition* 13: 355 – 75.

14. 이 비율은 식량농업기구의 식량 수급표를 토대로 했다. (도매, 소매, 가정 쓰레기에 따라 조정한) 실제 소비 비율은 20~30% 더 낮을 것이다.

15. 온실가스 생성에 미치는 영향을 무시한다고 해도, 쇠고기를 비롯한 되새김동물의 고기 생산량을 단지 2배로 늘리는 것만 해도 유지하기가 어려울 것이다.

16. 1장에서 설명했듯 개량되지 않은 품종조차 1년 내내 약 20명을 먹여 살릴 수 있을 만큼 헥타르당 충분한 설탕을 생산한다. 현대 품종은 생산량이 그보다 2배 더 많을 것이다.

17. Phillips, R.D. 1993. "Starchy legumes in human nutrition, health and culture." *Plant Foods and Human Nutrition* 44: 195 – 211.

18. Polak, R. et al. 2015. "Legumes: Health benefits and culinary approaches to increase intake." *Clinical Diabetes* 33(4): 198 – 205.

19. 아마 콩류에서 가장 중요한 항抗영양 인자는 트립신 억제제trypsin inhibitors 일 것이다. 이 물질은 식이 단백질의 소화와 흡수를 방해하지만, 불활성화하면 영양소 손실을 초래하고, 기능적 특성에 영향을 미치고, 에너지 투입량이 늘어난다. Avilés- Gaxiola, S. et al. 2018. "Inactivation methods of trypsin inhibitor in legumes: A review." *Journal of Food Science* 83: 17 – 29.

20. Alves, R. 2021. "The economics behind feijoada, Brazil's signature dish."

21. Selvi, A. and N. Das. 2020. *Fermented Soybean Food Products as Sources of*

Protein-rich Diet: An Overview. Boca Raton, FL: CRC Press.

22. Pavan, K. et al. 2017. "Meat analogues: Health promising sustainable meat substitutes." *Critical Reviews in Food Science and Nutrition* 57(5): 923 – 32.

23. van Vliet, S. et al. 2020. "Plant-based meats, human health, and climate change." *Frontiers in Sustainable Food Systems* 4: 128.

24. Grandview Research. 2019. *Tofu Market Size, Share & Trends Analysis Report By Distribution Channel (Supermarkets & Hypermarkets, Grocery Stores, Online, Specialty Stores), By Region, And Segment Forecasts, 2019–2025.* https://www.grandviewresearch.com/industry-analysis/tofu-market; Otsuka Pharmaceutical. 2022. "Soybean consumption." https://www.otsuka.co.jp/en/nutraceutical/about/soylution/ encyclopedia/consumption.html

25. Richter, F. 2022. "Meat Substitutes Still a Tiny Sliver of US Meat Market." https://www.statista.com/chart/26695/meat-substitute-sales-in-the-us/

26. Tuomisto, H.L. et al. 2017. "Effects of environmental change on popu- lation nutrition and health: A comprehensive framework with a focus on fruits and vegetables." *Wellcome Open Research* 2: 21.

27. Center for Urban Education about Sustainable Agriculture. 2022. "Seasonality charts: Vegetables." https://foodwise.org/eat-seasonally/seasonality-charts/

28. Mekonnen, M.M. and A.Y. Hoekstra. 2010. *The Green, Blue and Grey Water Footprint of Crops and Derived Crop Products.* Volume 1: Main Report. Enschede: University of Twente.

29. Neira, D.P. et al. 2018. "Energy use and carbon footprint of the tomato production in heated multi-tunnel greenhouses in Almeria within an exporting agri-food system context." *Science of the Total Environment* 628: 1627 – 36.

30. 양배추는 신선한 토마토보다 비타민C가 약 3배 더 많고, 토마토와 달리 수확한 뒤 몇 주 동안 저장할 수 있다. 젖산균으로 발효시켜서 사우어크라우트sauerkraut로 만들면 원래의 비타민C 중 거의 절반을 보존할 수 있다.

31. Mekonnen, M.M. and A.Y. Hoekstra. 2010. *The Green, Blue and Grey Water Footprint of Crops and Derived Crop Products*. Volume 1: Main Report. Enschede: University of Twente.

32. Hullings, A.G. et al. 2020. "Whole grain and dietary fiber intake and risk of colorectal cancer in the NIH-AARP Diet and Health Study cohort." *The American Journal of Clinical Nutrition* 112: 603 – 12.

33. Kahleova, D. et al. 2018. "A plant-based high-carbohydrate, low-fat diet in overweight individuals in a 16-week randomized clinical trial: The role of carbohydrates." *Nutrients* 10: 1302.

34. Khan, S.A. et al. 2021. "Effect of omega-3 fatty acids on cardiovascular outcomes: A systematic review and meta-analysis." *EClinicalMedicine*.

35. Amini, M. et al. 2021. "Trend analysis of cardiovascular disease mortality, incidence, and mortality-to-incidence ratio: results from global burden of disease study 2017." *BMC Public Health* 21: 401.

36. Mahmood, S.S. et al. 2014. "The Framingham Heart Study and the epidemiology of cardiovascular diseases: A historical perspective." *Lancet* 383: 999 – 1008.

37. Keys, A. 1980. *Seven Countries: A Multivariate Analysis of Death and Coronary Heart Disease*. Cambridge, MA: Harvard University Press; Keys, A. and M. Keys. 1975. *How to Eat Well and Stay Well the Mediterranean Way*. New York: Doubleday.

38. 액체 지방은 수소를 첨가하면 고체로 전환되는데, 가공식품의 유통기한을 늘리고 생산비를 줄이기 위해 쓰인다.

39. Ferrières, J. 2004. "The French paradox: lessons for other countries." Heart 90: 107 – 11; Renaud, S. and M. de Lorgeril. 1992. "Wine, alcohol, platelets, and the French paradox for coronary heart disease." *Lancet* 339: 1523 – 6.

40. Chowdhury, R. et al. 2014. "Association of dietary, circulating, and supplement fatty acids with coronary risk: a systematic review and meta-analysis." *Annals of Internal Medicine* 160: 398 – 406; De Souza, R.J. et al. 2015. "Intake of saturated and trans unsaturated fatty acids and risk of all cause mortality, cardiovascular disease, and type 2 dia-betes:

systematic review and meta-analysis of observational studies." *British Medical Journal*.

41. American Heart Association. 2020. "Dietary Cholesterol and Cardiovascular Risk. A Science Advisory from the American Heart Association." *Circulation* 141: e39 – e53.

42. Bier, D.M. 2016. "Saturated fats and cardiovascular disease: Interpretations not as simple as they once were." *Critical Reviews in Food Science and Nutrition* 56(12): 1943 – 6; Siri-Tarino, P.W. et al. 2010. "Saturated fat, carbohydrate, and cardiovascular disease." *American Journal of Clinical Nutrition* 91: 502 – 9.

43. Seidelmann, S.B. et al. 2018. "Dietary carbohydrate intake and mortality: a prospective cohort study and meta-analysis." *Lancet Public Health* 3: e419 – e428.

44. Hu is cited in: O'Connor, A. 2014. "Study doubts saturated fat's link to heart disease." *New York Times*, March 18, page A3.

45. 예를 들어, 유럽에서 핀란드와 그리스는 공간적으로도 영양학적으로도 가장 거리가 멀지만, 기대 수명은 거의 똑같다(남성은 79.2년과 79.5년, 여성은 양쪽 다 84.5년).

46. Eurostat. 2022. "Life expectancy across EU regions in 2020." https://ec.europa.eu/eurostat/web/products-eurostat-news/-/ddn-20220427-1

47. 스페인만 그런 것이 아니다. 지중해 식단은 프랑스, 이탈리아, 크로아티아, 그리스에서도 줄어들었다. Smil, V. 2016. "Addio to the Mediterranean diet." *IEEE Spectrum*, September 2016: 24.

48. FAO. 2022. Food balance sheets; Landgeist. 2021. "Meat consumption." https://landgeist.com/2021/10/05/meat-consumption-in-europe/

49. Serra-Majem, L. et al. 1995. "How could changes in diet explain changes in coronary heart disease mortality in Spain—The Spanish Paradox." *American Journal of Clinical Nutrition* 61: S1351–S1359.

50. Cayuela, L. et al. 2021. "Is the pace of decline in cardiovascular mortality decelerating in Spain?" *Revista Española de Cardiología* 74: 750 – 67.

51. Xiao, H. et al. 2015. "The puzzle of the missing meat: Food away from

home and China's meat statistics." *Journal of Integrative Agriculture* 14(6):
1033－44.

52. Chen, H. et al. 2018. "Understanding the rapid increase in life expect-
ancy in Shanghai, China: a population-based retrospective analysis."
BMC Public Health 18: 256.

53. 식이 보충제가 체중 감소에 미미한 역할밖에 못 한다는 최근 연구 결과
도 있다. Batsis, J.A. et al. 2021. "A systematic review of dietary supple-
ments and alternative therapies for weight loss." *Obesity* 29(7): 1102－13.

54. Olson, R. et al. 2021. "Food fortification: The advantages, disadvan-
tages and lessons from Sight and Life programs." *Nutrients* 13: 1118.

55. Johns Hopkins University. 2019. *Methodology Report: Decade of Vaccines
Economics (DOVE) Return on Investment Analysis.* https://static1.square-
space.com/static/556deb8ee4b08a534b8360e7/t/5d56d54c6dae8
d00014ef72d/1565971791774/DOVE-ROI+Methodology+Re-
port+16AUG19.pd

56. Bailey, R.L. et al. 2015. "The epidemiology of global micronutrient defi-
ciencies." *Annals of Nutrition and Metabolism* 66 (suppl. 2): 22－33; Bhutta,
Z.A. et al. 2013. "Meeting the challenges of micronutrient malnutrition
in the developing world." *British Medical Bulletin* 106: 7－17.

57. Wirth, J.P. et al. 2017. "Vitamin A supplementation programs and
country-level evidence of vitamin A deficiency." *Nutrients* 9: 190.

58. 2010년 이후 아프리카에서 체계적으로 자료를 축적한 국가는 남아프리
카공화국, 케냐, 우간다 등 몇 개국에 불과하다.

59. Safri, S. et al. 2021. "Burden of anemia and its underlying causes in 204
countries and territories, 1990－2019: results from the Global Burden
of Disease Study 2019." *Journal of Hematological Oncology* 14: 185.

60. Miller, J.L. 2013. "Iron deficiency anemia: A common and curable dis-
ease." *Cold Spring Harbor Perspectives in Medicine* 3: a011866/.

61. Zhu, X. et al. 2020. "Correlates of nonanemic iron deficiency in rest-
less legs syndrome." *Frontiers in Neurology*, 30 April 2020.

62. Mei, Z. et al. 2021. "Physiologically based serum ferritin thresholds for
iron deficiency in children and non-pregnant women: a US National

314

Health and Nutrition Examination Surveys (NHANES) serial cross-sectional study." *Lancet Haematology* 8(8): e572 – e582.

63. Biban, B.G. and C. Lichiaropol. 2017. "Iodine deficiency, still a global problem?" *Current Health Sciences Journal* 43: 103 – 11.

64. Rah, J.R. et al. 2015. "Towards universal salt iodisation in India: achievements, challenges and future actions." *Maternal and Child Nutrition* 11: 483 – 96.

65. Gupta, S. et al. 2020. "Zinc deficiency in low- and middle-income countries: prevalence and approaches for mitigation." *Journal of Human utrition and Dietetics* 33: 624 – 43.

66. Caulfield, L.E. and R.E. Black. 2003. "Zinc deficiency. Comparative quantification of health risks: global and regional burden of disease attributable to selected major risk factors." *World Health Organization* 1: 257 – 80; Kumssa, D.B. et al. 2015. "Dietary calcium and zinc deficiency risks are decreasing but remain prevalent." *Scientific Reports* 5: 10974 – 84; Wessells, K.R. and K.H. Brown. 2012. "Estimating the global prevalence of zinc deficiency: Results based on zinc availability in national food supplies and the prevalence of stunting." *PLoS ONE* 7: 1 – 11.

67. Belay, A. et al. 2021. "Zinc deficiency is highly prevalent and spatially dependent over short distances in Ethiopia." *Scientific Reports* 11: 6510.

68. Kashi, B. et al. 2019. "Multiple micronutrient supplements are more cost-effective than iron and folic acid: Modeling results from 3 high-burden Asian countries." *Journal of Nutrition* 149: 1222 – 9.

69. FAO. 2021. *The State of Food Security and Nutrition in the World*. Rome: FAO.

70. Tarasuk, V. and A. Mitchell. 2020. *Household Food Insecurity in Canada, 2017–18*. "Toronto: Research to identify policy options to reduce food insecurity (PROOF)." https://proof.utoronto.ca

71. US Department of Agriculture. 2022. *Methodology Report: Decade of Vaccine Economics*. Supplemental Nutrition Assistance Program (SNAP); Kim, L. 2022. "France considers giving out food subsidies amid rising prices." *Forbes*, March 22, 2022; Josling, T. 2011. *Global Food Stamps: An*

Idea Worth Considering? Geneva: International Centre for Trade and Sustainable Development.

72. *Global Yield Gap Atlas.* 2022. Lincoln, NE: University of Nebraska. https://www.yieldgap.org

73. US Department of Agriculture. 2021. *Nigeria: Grain and Feed Update.*

74. The International Crops Research Institute for the Semi-Arid Tropics. 2022. "Groundnut pyramids in Nigeria: Can they be revived?"

75. Ji, Y. et al. 2020. "Will China's fertilizer use continue to decline? Evidence from LMDI analysis based on crops, regions and fertilizer types." *PLoS ONE* 15(8): e0237234.

76. The Global Economy. 2022. "Political Stability in Sub Sahara Africa." https://www.theglobaleconomy.com/rankings/wb_political_stability/Sub-Sahara-Africa/

77. Nippon.com. 2021. "Japan's Food Self-Sufficiency Rate Matches Record Low." https://www.nippon.com/en/japan-data/h01101/

78. OECD/FAO. 2021. *OECD-FAO Agricultural Outlook 2021–2030.* Paris: OECD Publishing.

79. Hoddinott, J. 2013. "The Economic Cost of Malnutrition." https://www.nutri-facts.org/content/dam/nutrifacts/media/media-book/RTGN_chapter_05.pdf

7장 환경 영향을 줄이면서 늘어나는 인구 먹여 살리기: 의심스러운 해결책

1. United Nations. 2019. *2019 Revision of World Population Prospects.* New York: UN. https://population.un.org/wpp/

2. Bricker, D. 2021. "Bye, bye, baby? Birthrates are declining globally— here's why it matters." https://www.weforum.org/agenda/2021/06/birthrates-declining-globally-why-matters/

3. FAO. 2022. "FAOSTAT—Food Balances (2010 –)."

4. 2020년과 2021년에 중국의 밀을 비롯한 곡물 수입량은 2000년 이래로 최고 수준에 다다랐는데, 동물 사료의 수요 증가가 주된 이유였다.

5. FAO. 2022. "FAOSTAT—Crops and Livestock Products."

6. OECD/FAO. 2021. OECD-FAO *Agricultural Outlook 2021–2030*. Paris: OECD Publishing.

7. Ibid.

8. Vaughan, C. 2020. "Ethanol market is disturbing to American farmers." *Successful Farming*, https://www.agriculture.com/news/business/ethanol-market-is-disturbing-as-hell-to-american-farmers-and-now-there-s-covid-19; Samora, R. 2021. "Brazil 2021/22 sugar output seen down sharply; adverse weather cited." https://www.reuters.com/markets/commodities/brazil-202122-sugar-output-falls-sharply-due-adverse-weather-2021-12-16/

9. 나는 다른 저서에서 실패했거나 심하게 과장된 기술 혁신의 대표적인 사례들을 살펴본 바 있다. Smil, V. 2023. *Invention and Innovation: A Brief History of Hype and Failure*. Cambridge, MA: MIT Press.

10. 이 방안을 비판적으로 평가한 문헌. Kirchmann, H. and L. Berg-ström, eds. 2008. *Organic Crop Production—Ambitions and Limitations*. Berlin: Springer.

11. Russel, D.A. and G.W. Williams. 1977. "History of chemical fertilizer development." *Soil Science Society of America Journal*.

12. FAO. 2022. "FAOSTAT—Fertilizers by Nutrient."

13. Badgley, C. et al. 2007. "Organic agriculture and the global food supply." *Renewable Agriculture and Food Systems* 22: 86 – 108.

14. de Ponti, T. et al. 2012. "The crop yield gap between organic and conventional agriculture." *Agricultural Systems* 108: 1 – 9.

15. Alvarez, R. 2021. "Comparing productivity of organic and conventional farming systems: A quantitative review." *Archives of Agronomy and Soil Science*.

16. Bergström, L. et al. 2008. "Widespread Opinions About Organic Agriculture—Are They Supported by Scientific Evidence?" In: Kirchmann, H. and L. Bergström, eds., *Organic Crop Production—Ambitions and Limitations*. Berlin: Springer, 3.

17. Hülsbergen, K.-J. et al. 2023. *Umwelt- und Klimawirkungen des ökologischen*

Landbaus. Berlin: Verlag Dr. Köster.

18. Packroff, J. 2023. "Eat less meat, we need space for biofuels, German producer says." https://www.euractiv.com/section/politics/news/eat-less-meat-we-need-space-for-biofuels-german-producer-says/

19. Estel, S. et al. 2016. "Mapping cropland-use intensity across Europe using MODIS NDVI time series." *Environmental Research Letters* 11: 024015; Jeong, S-J. et al. 2014. "Effects of double cropping on summer climate of the North China Plain and neighbouring regions." *Nature Climate Change* 4: 615 – 19; Waha, K. et al. 2020. "Multiple cropping systems of the world and the potential for increasing cropping intensity." *Global Environmental Change* 64: 102131.

20. Siebert, S. et al. 2010. "Global patterns of cropland use intensity." *Remote Sensing* 2: 1625 – 43.

21. Nadeem, F. et al. 2019. "Crop rotations, fallowing, and associated environmental benefits." *Environmental Science.* https://doi.org/10.1093/acrefore/9780199389414.013.197

22. Roesch-McNally, G.E. et al. 2017. "The trouble with cover crops: Farmers' experiences with overcoming barriers to adoption." *Renewable Agriculture and Food Systems* 33(4): 322 – 33.

23. Leavitt, M. and M. Smith. 2020. "Nine things that can go wrong with cover crops: prevention and management." https://alseed.com/nine-things-that-can-go-wrong-with-cover-crops-prevention-and-management

24. 콩류 피복작물의 경작을 상세히 다룬 문헌. Islam, R. and B. Sherman, eds. 2021. *Cover Crops and Sustainable Agriculture.* Boca Raton, FL: CRC Press.

25. Runck, B.C. et al. 2020. "The hidden land use cost of upscaling cover crops." *Communications Biology* 3: 300.

26. Chorley, G.P.H. 1981. "The agricultural revolution in Northern Europe, 1750 – 1880: nitrogen, legumes, and crop productivity." *Economic History* 34: 71 – 93.

27. Smil, V. 2004. *China's Past, China's Future.* New York: Routledge Curzon.

28. FAO. 2022. "FAOSTAT—Livestock Manure."

29. 이는 사하라사막 이남 대부분 지역과 주식 작물 경작이 주로 소농 형태로 이루어지는 아시아 각지에서 특히 노동력 수요를 증대시키는 결과를 초래할 것이다.

30. Bordonal, R.d.O. et al. 2018. "Sustainability of sugarcane production in Brazil." *Agronomy for Sustainable Development* 38: article 13.

31. Wagoner, P. and J.R. Schaeffer. 1990. "Perennial grain development: Past efforts and potential for the future." *Critical Reviews in Plant Sciences* 9: 381–408; Jackson, W. 1980. *New Roots for Agriculture.* Lincoln, NE: University of Nebraska Press; Kantar, M.B. et al. 2016. "Perennial grain and oilseed crops." *Annual Review of Plant Biology* 67: 703–29.

32. Land Institute. 2022. "Transforming Agriculture, Perennially." https://landinstitute.org/our-work/perennial-crops/kernza/; Kernza. 2022. "Kernza goes to market." https://kernza.org/the-state-of-kernza/

33. Rudoy, D. et al. 2021. "Review and analysis of perennial cereal crops at different maturity stages." *IOP Conf. Series: Earth and Environmental Science* 937: 022111.

34. Shen, Y. et al. 2019. "Can ratoon cropping improve resource use efficiencies and profitability of rice in central China?" *Field Crops Research* 234: 66–72.

35. Zhang, Y. et al. 2021. "An innovated crop management scheme for a perennial rice cropping system and its impacts on sustainable rice production." *European Journal of Agronomy* 122: 126186.

36. Zhang, S. et al. 2023. "Sustained productivity and agronomic potential of perennial rice." *Nature Sustainability* 6: 28–38.

37. Shaobing Peng, Professor and Director, Crop Physiology and Production Center, Huazhong Agricultural University Wuhan, Hubei, email of April 27, 2022.

38. Cassman, K.G. and D.J. Connor. 2022. "Progress towards perennial grains for prairies and plains." *Outlook on Agriculture* 51(1).

39. McAlvay, A.C. et al. 2022. "Cereal species mixtures: an ancient practice with potential for climate resilience. A review." *Agronomy for Sustain-*

able Development 42: 100.

40. Loomis, R.S. 2022. "Perils of production with perennial polycultures." *Outlook on Agriculture* 51(1).

41. Pankiewicz, V.C.S. et al. 2019. "Are we there yet? The long walk towards the development of efficient symbiotic associations between nitrogen–fixing bacteria and non–leguminous crops." *BMC Biology* 17: 99; Bloch, S.E. et al. 2020. "Harnessing atmospheric nitrogen for cereal crop production." *Current Opinion in Biotechnology* 62: 181–8; Huisman, R. and R. Geurts. 2020. "A roadmap toward engineered nitrogen fixing nodule symbiosis." *Plant Communications* 1(1).

42. Giles Oldroyd, cited in: Arnason, R. 2015. "The search for the holy grail: nitrogen fixation in cereal crops." *The Western Producer*.

43. Lin, M.T. et al. 2014. "A faster Rubisco with potential to increase photosynthesis in crops." *Nature* 513: 547–50; Carmo–Silva, E. et al. 2015. "Optimizing Rubisco and its regulation for greater resource use efficiency." *Plant, Cell and Environment* 38: 1817–32.

44. Somerville, C.R. 1986. "Future prospects for genetic manipulation of Rubisco." *Philosophical Transaction of the Royal Society* B 313: 459–69.

45. Hennacy, J. and M.C. Jonikas. 2020. "Prospects for engineering biophysical CO_2 concentrating mechanisms into land plants to enhance yields." *Annual Review of Plant Biology* 71: 461–85.

46. Souza, A.P. de et al. 2022. "Soybean photosynthesis and crop yield are improved by accelerating recovery from photoprotection." *Science* 377: 851–4.

47. Sinclair, T. et al. 2023. "Soybean photosynthesis and crop yield are improved by accelerating recovery from photoprotection." *Science* 379.

48. Kupferschmidt, K. 2013. "Here it comes . . . The $375,000 lab–grown beef burger." *Science*. https://www.science.org/content/article/here–it–comes–375000–lab–grown–beef–burger; Ramani, S. et al. 2021. "Technical requirements for cultured meat production: a review." *Journal of Animal Science Technology* 63: 681–92; Phua, R. 2020. "Lab–grown chicken dishes to sell for S$23 at private members' club 1880 next month."

https://www.channelnewsasia.com/singapore/lab-grown-chicken-nuggets-1880-eat-just-price-customers-495251

49. Good Food Institute. 2021. *Cultivated Meat and Seafood*. Washington, DC: Good Food Institute.

50. Good Food Institute. 2021. *Alternative Seafood*. Washington, DC: Good Food Institute.

51. Good Food Institute. 2021. *Deep Dive: Cultivated Meat Bioprocess Design*. Washington, DC: Good Food Institute.

52. Good Food Institute. 2022. *Cultivated Meat Scaffolding*. Washington, DC: Good Food Institute.

53. Vergeer, R. et al. 2021. *TEA of cultivated meat. Future projections of different scenarios*. Delft: ce Delft.

54. Hughes, H. 2021. *Review of Techno-Economic Assessment of Cultivated Meat*. https://www.linkedin.com/pulse/cultivated-meat-myth-reality-paul-wood-ao

55. Humbird, D. 2021. "Scale-up economics for cultured meat." *Biotechnology and Bioengineering* 118: 3239–50.

56. Wittman, C. et al., eds. 2017. *Industrial Biotechnology: Products and Processes*. Weinheim: Wiley VCH.

57. Mattick, C.S. et al. 2015. "Anticipatory life cycle analysis of in vitro biomass cultivation for cultured meat production in the United States." *Environmental Science and Technology* 49: 11941–9.

58. Belkhir, L. and A. Elmeligi. 2019. "Carbon footprint of the global pharmaceutical industry and relative impact of its major players." *Journal of Cleaner Production* 214: 185–94.

59. Tiseo, K. et al. 2020. "Global trends in antimicrobial use in food animals from 2017 to 2030." *Antibiotics* 9(12): 918; Van Boeckel, T.P. et al. 2015. "Global trends in antimicrobial use in food animals." *Proceedings of the National Academy of Sciences* 112: 5649–54.

60. Good Food Institute. 2021. *Cultivated Meat and Seafood*. Washington, DC: Good Food Institute.

61. ResearchAndMarkets. 2022. *Global Market for Cultured Meat—Market Size,*

Trends, Competitors, and Forecasts. https://www.researchandmarkets.com/reports/5515331/global-market-for-cultured-meat-market-size

62. Delft University of Technology. 2022. "Dutch government confirms €60M investment into cellular agriculture." https://www.tudelft.nl/en/2022/tnw/dutch-government-confirms-eur60m-investment-into-cellular-agriculture

63. Good Food Institute. 2023. *Cultivated Meat and Seafood*. Washington, DC: Good Food Institute.

64. Plant-Based Food Association. 2023. https://members.plantbased-foods.org/checkout/2022-summary-report

65. van Vliet, S. et al. 2020. "Plant-based meats, human health, and climate change." *Frontiers in Sustainable Food Systems* 4: 128.

66. Smil, V. 2023. *Invention and Innovation: A Brief History of Hype and Failure*. Cambridge, MA: MIT Press.

8장 늘어나는 인구 먹여 살리기: 무엇이 효과적일까

1. Flach, B. and M. Selten. 2021. "Dutch Parliament approves law to reduce nitrogen emissions." *Global Agricultural Information Network* January 7, 2021.

2. Bomgardner, M.M. and B.E. Erickson. 2021. "How soil can help solve our climate problem." *Chemical and Engineering News* 99: 18.

3. Khan, S. et al. 2019. "Development of drought-tolerant transgenic wheat: Achievements and limitations." *International Journal of Molecular Sciences* 20(13): 3350.

4. Cisternas, I. et al. 2020. "Systematic literature review of implementations of precision agriculture." *Computers and Electronics in Agriculture*; Nowak, B. et al. 2021. "Precision agriculture: Where do we stand? A review of the adoption of precision agriculture technologies on field crops farms in developed countries." *Agricultural Research* 10: 515–22.

5. 많은 사례 중에서 가나 북부의 경우를 다룬 문헌. Danso-Abbeam, G. et

al. 2018. "Agricultural extension and its effects on farm productivity and income: insight from Northern Ghana." *Agriculture & Food Security* 7: 74.

6. 물론 이는 점진적인 증가가 아니라 급진적인 혁신이 표준이 될 것이라는, 현재 널리 퍼진 믿음과는 거리가 있다. 나는 앞서 언급한 발명과 혁신을 다룬 저서에서 이 문제를 논의한 바 있다.

7. US Environmental Protection Agency. 2020. *Advancing Sustainable Materials Management: 2018 Fact Sheet Assessing Trends in Materials Generation and Management in the United States.* Washington, DC: US EPA.

8. Food Share. 2022. "Shelf Life guide." https://foodshare.com/wp-content/uploads/2018/06/Food-Shelf-Life-Guide.pdf

9. 캐나다에서도 삼중 유리창을 의무화하는 건축 규정은 2030년에야 적용될 것이다. https://www.usglassmag.com/ canada-code-updates-what-you-need-to-know/

10. 연간 발생하는 플라스틱 쓰레기 중 재활용 비율은 10%도 채 되지 않는다. Letcher, T., ed. 2020. *Plastic Waste and Recycling.* Amsterdam: Elsevier.

11. Gustavsson, J. et al. 2011. *Global Food osses and Food Waste.* Rome: FAO.

12. FAO. 2014. *Global Initiative on Food oss and Waste Reduction.* Rome: FAO.

13. Waste and Resources Action Programme (WRAP). 2007. *The Food We Waste.* Banbury: WRAP. https://wrap.s3.amazonaws.com/the-food-we-waste.pdf

14. WRAP. 2012. *Household Food and Drink Waste in the United Kingdom* 2012.

15. Gunders, D. 2012. *Wasted: How America Is Losing Up to 40 Percent of Its Food from Farm to Fork to Landfill.* Washington, DC: NRDC.

16. Nikkel, L. et al. 2019. *The Avoidable Crisis of Food Waste: Roadmap.* Toronto: Second Harvest and Value Chain Management International.

17. PubMed.gov. 2022. "Food waste." https://pubmed.ncbi.nlm.nih.gov /?term=food+waste

18. Bellemare, M.F. et al. 2017. "On the measurement of food waste." *American Journal of Agricultural Economics* 99: 1148–58.

19. Conrad, Z. 2020. "Daily cost of consumer food wasted, inedible, and consumed in the United States, 2000–2016." *Nutrition Journal* 19: 35.

20. Verma, M. et al. 2020. "Consumers discard a lot more food than widely

believed: Estimates of global food waste using an energy gap approach and affluence elasticity of food waste." *PLoS ONE* 15(2): e0228369.

21. Lopez Barrera, E. et al. 2021. "Global food waste across the income spectrum: Implications for food prices, production and resource use." *Food Policy* 98: 101874.

22. Li, C. et al. 2022. "A systematic review of food loss and waste in China: Quantity, impacts and mediators." *Journal of Environmental Management* 303.

23. Gao, L. et al. 2021. "Vanity and food waste: Empirical evidence from China." *Journal of Consumer Affairs* 55: 1211 – 25.

24. Luo, Y. et al. 2021. "Household food waste in rural China: A noteworthy reality and a systematic analysis." *Waste Management & Research* 39: 1389 – 95.

25. The National People's Congress of the People's Republic of China. 2021. *Order of the President of the People's Republic of China No. 78.* http://www.npc.gov.cn/englishnpc/c23934/202112/f4b687aa91b0432baa4b6bdee8aa1418.shtml/

26. Liljestrand, K. 2017. "Logistics solutions for reducing food waste." *International Journal of Physical Distribution & Logistics Management* 47: 318 – 39.

27. Eurostat. 2022. "Daily calorie supply per capita by source."

28. AKCP. 2020. "Importance of Monitoring Food Storage Warehouse Environmental Conditions." https://www.akcp.com/blog/how-to-monitor-food-storage-warehouse-conditions/#:~:text=Importance%20of%20Monitoring%20Food%20Storage%20Warehouse%20 Environmental%20Conditions

29. Neff, R.A. et al. 2015. "Wasted food: US consumers' reported awareness, attitudes, and behaviors." *PLoS ONE* 10(6): e0127881.

30. Verghese, K. et al. 2015. "Packaging's role in minimizing food loss and waste across the supply chain." *Packaging Technology and Science* 28: 603 – 20; Evans, D. 2011. "Blaming the consumer once again: The social and material contexts of everyday food waste practices in some English households." *Critical Public Health* 21: 429 – 40.

31. See, for example: Davis, J.L. 2003. "French Secrets to Staying Slim: US and French Portion Sizes Vary Vastly." https://www.webmd.com/diet/news/20030822/french-secrets-to-staying-slim

32. Stöckli, S. et al. 2018. "Normative prompts reduce consumer food waste in restaurants." *Waste Management* 77: 532 – 6.

33. 그리고 일본의 사례가 보여주듯이(1인당 하루 공급량이 평균 2,700kcal에 불과하다), 기대 수명에 그 어떤 부정적 영향도 없이!

34. Malito, A. 2017. "Grocery stores carry 40,000 more items than they did in the 1990s." *MarketWatch*. https://www.marketwatch.com/story/grocery-stores-carry-40000-more-items-than-they-did-in-the-1990s-2017-06-07

35. Houck, B. 2019. "There's too much yogurt." *Eater*, April 9, 2019. https://www.eater.com/2019/4/9/18303432/yogurt-decline-us-sales

36. Zeballos, E. and W. Sinclair. 2020. "Average Share of Income Spent on Food in the United States Remained Relatively Steady From 2000 to 2019." https://www.ers.usda.gov/amber-waves/2020/november/average-share-of-income-spent-on-food-in-the-united-states-remained-relatively-steady-from-2000-to-2019/; Eurostat. 2020. "How much are households spending on food." https://ec.europa.eu/eurostat/web/products-eurostat-news/-/ddn-20201228-1; Statistics Bureau of Japan. 2022. "Summary of the Latest Month on Family Income and Expenditure Survey." https://www.stat.go.jp/english/data/kakei/156.html; National Bureau of Statistics of China. 2022. "Households' Income and Consumption Expenditure in 2021." http://www.stats.gov.cn/english/PressRelease/202201/t20220118_1826649. html

37. 세계식량계획WFP의 2022년《세계 식량 위기 보고서》가 보여주듯이 초기 반응은 대체로 재난 수준으로 평가되었다. https://www.wfp.org/publications/global-report-food-crises-2022

38. 포괄적인 국제적 비교 연구. Regmi, A. and J.L. Seale, Jr. 2010. *Cross-Price Elasticities of Demand Across 114 Countries*. Washington, DC: USDA.

39. 1960년 이후 추세는 FAOSTAT(2022) 참조. "Food balances." https://www.fao.org/faostat/en/#data/. FBSH 최신 데이터는 다음을 참조.

https://landgeist.com/2021/10/05/meat-consumption-in-europe/

40. Viande. 2018. "La consommation de viande diminue régulièrement." https://www.franceagrimer.fr/fam/content/download/66996/document/NCO-VIA-Consommation_viandes_France_2020.pdf?version=2

41. 2021년 1인당 가금류, 돼지고기, 쇠고기의 평균 소비량은 약 42kg이었다. OECD. 2022. "Meat consumption."

42. Gibbs, H.K. and J.M. Salmon. 2015. "Mapping the world's degraded lands." *Applied Geography* 57: 12−21.

43. Vallentine, J.F. 1990. *Grazing Management*. San Diego: Academic Press; Smil, V. 2013. *Should We Eat Meat?* Chichester: Wiley-Blackwell.

44. 깻묵(씨에서 기름을 짜고 남은 찌꺼기)은 단백질 함량이 가장 높은 사료원 중 하나다. FAO. 2004. *Protein Sources for the Animal Feed Industry*. Rome: FAO.

45. Brown, L. 1994. "How China could starve the world: its boom is consuming global food supplies." *Washington Post*, Outlook Section, August 24, 1994; Brown, L. 1995. *Who Will Feed China?: Wake-Up Call for a Small Planet*. New York: W.W. Norton.

46. Smil, V. 1995. "Who will feed China?" *China Quarterly* 143: 801−13.

47. National Bureau of Statistics. 2022. *2021 China Statistical Yearbook*. Beijing: National Statistics Press.

48. Monbiot, G. 2022. "Contagious collapse." https://www.monbiot.com/2022/05/20/contagious-collapse/

49. 사실 2008년 파산한 기업 중 가장 규모가 큰 곳은 은행이 아니라 금융서비스 업종이었다. 2008년 9월 15일, 자산 규모 6,000억 달러 이상인 리먼브라더스가 문을 닫았다. 그러나 널리 퍼진 견해와 달리, 이 파산의 직접적 원인은 금융 위기가 아니었다. Skeel, D. 2018. "History credits Lehman Brothers' collapse for the 2008 financial crisis. Here's why that narrative is wrong." https://www.brookings.edu/articles/history-credits-lehman-brothers-collapse-for-the-2008-financial-crisis-heres-why-that-narrative-is-wrong/

50. Huang, J. et al. 2017. "The prospects for China's food security and imports: Will China starve the world via imports?" *Journal of Integra- tive*

Agriculture 16: 2933 – 44.

51. Grimmelt, A. et al. 2023. "For love of meat: Five trends in China that meat executives must grasp." https://www.mckinsey.com/industries/consumer-packaged-goods/our-insights/for-love-of-meat-five-trends-in-china-that-meat-executives-must-grasp

52. Deng, N. et al. 2019. "Closing yield gaps for rice self-sufficiency in China." *Nature Communications* 10: 1725.

53. Global Network Against Food Crises. 2022. *Global Report on Food Crises.* Rome: FAO.

54. ten Bergen, H.F.M. et al. 2019. "Maize crop nutrient input requirements for food security in sub-Saharan Africa." *Global Food Security* 23: 9 – 21.

55. Saito, K. et al. 2019. "Yield-limiting macronutrients for rice in sub-Saharan Africa." *Geoderma* 338: 546 – 54.

56. Setilkhumar, K. et al. 2020. "Quantifying rice yield gaps and their causes in Eastern and Southern Africa." *Journal of Agronomy and Crop Science* 206: 478 – 90.

57. Guilpart, N. et al. 2017. "Rooting for food security in Sub-Saharan Africa." *Environmental Research Letters* 12: 114036.

58. Harahagazwe, D. et al. 2018. "How big is the potato (*Solanum tuber- osum L.*) yield gap in Sub-Saharan Africa and why? A participatory approach." *Open Agriculture* 3(2): 180 – 9.

59. Anago, F.N. et al. 2021. "Cultivation of cowpea. Challenges in West Africa for food security: Analysis of factors driving yield gap in Benin." *Agronomy* 11: 1139.

60. Dzanku, F.M. et al. 2015. "Yield gap-based poverty gaps in rural Sub-Saharan Africa." *World Development* 67: 336 – 62.

61. van Ittersum, M.K. et al. 2016. "Can sub-Saharan Africa feed itself?" *Proceedings of the National Academy of Sciences* 113: 14964 – 9.

62. 물 순환의 집중화. Olmedo, E. et al. 2022. "Increasing stratification as observed by satellite sea surface salinity measurements." *Scientific Reports* 12: 6279. 포도주용 포도의 수확 날짜 변경. Labbé, T. et al. 2019. "The longest homogeneous series of grape harvest dates, Beaune 1354 –2018, and its significance for the understanding of past and present climate." *Climates of the Past* 15: 1485 – 501. 영양 함량(아연과 단백질 부족) 변화. Smith, M.R. and S.S. Myers. 2018. "Impact of anthropogenic CO_2 emissions on global human nutrition." *Nature Climate Change* 8: 834 – 9.

63. 생물권의 녹화. Zhu, Z. et al. 2016. "Greening of the Earth and its drivers." *Nature Climate Change* 6: 791 – 5. For an example of higher crop yields: Degener, J.F. 2015. "Atmospheric CO_2 fertilization effects on biomass yields of 10 crops in northern Germany." *Environmental Science* 3. For corn yields: Rizzo, G. et al. 2022. "Climate and agronomy, not genetics, underpin recent maize yield gains in favorable environments." *Proceedings of the National Academy of Sciences* 119(4): e2113629119.

64. Knauer. J. et al. 2023. "Higher global gross primary productivity under future climate with more advanced representations of photosyn–thesis." *Science Advances* 9: eadh9444/.

65. Pugh, T.A.M. et al. 2016. "Climate analogues suggest limited poten–tial for intensification of production on current croplands under climate change." *Nature Communications.*

66. Davis, K.F. et al. 2017. "Increased food production and reduced water use through optimized crop distribution." *Nature Geoscience* 10: 919 – 24.

67. Minoli, S. et al. 2022. "Global crop yields can be lifted by timely adap–tation of growing periods to climate change." *Nature Communications* 13: 7079.

68. Pontzer, H. et al. 2021. "Daily energy expenditure through the human life course." *Science* 373: 808 – 12.

69. Vollset, E. et al. 2020. "Fertility, mortality, migration, and population scenarios for 195 countries and territories from 2017 to 2100: A fore–casting analysis for the Global Burden of Disease Study." *Lancet* 396: 1285 – 306.

찾아보기